宋明儒學的問題與發展

宋明儒學綜述
宋明理學演講錄
陸王一系之心性之學

牟宗三　著

目　次

宋明儒學綜述

出版說明

盧雪崑

　　《宋明儒學綜述》是牟宗三先生於1963年為香港大學校外課程部講授「宋明儒學」課程之講辭。據文前的〈小序〉可知，當時牟先生已計畫撰寫《心體與性體》，而以此作為該書之引論。此一講辭原分為十二講。前六講由王煜記錄、整理，經牟先生校訂後，在香港《人生》雜誌連載，由第25卷第12期至第26卷第4期（1963年5月1日至7月1日）分五期刊出。

　　在發表了前六講之後，牟先生又親自撰成〈寂感真幾之生化之理與「道德的形上學」之完成〉一文，刊載於《民主評論》第14卷第16期（1963年8月20日）。據牟先生在文前之說明，此文應為《宋明儒學綜述》之第七、八講，其內容原定為六節，篇目如下：

第一節　對於前講之回顧
第二節　實現之理與形成之理之區別
第三節　實現之理與科學歸納所得之理之區別
第四節　道德性的實理天理與實然自然之契合
第五節　康德所以只有「道德的神學」而無「道德的形上學」
　　　　之故

第六節　「道德的形上學」之完成

但實際上，此文僅包含前三節，而且牟先生爲此三節加上一標題：「第七講　寂感眞幾之生化之理（實現之理）與邏輯定義之形成之理及科學歸納所得之理之區別」。後三節則分別獨立成文，亦刊於《民主評論》。其篇目及出處如下：

〈道德性的實理、天理與實然自然之契合——兼論道德理性三義〉

第14卷第17期　1963年9月5日

〈康德所以只有「道德的神學」而無「道德的形上學」之故〉

第14卷第18/19期　1963年9月20日/10月5日

〈「道德的形上學」之完成〉

第14卷第20期　1963年10月20日

其後，於1968年出版之《心體與性體》第一冊收入以上三篇論文，成爲第一部〈綜論〉第三章之三節。

根據以上的事實，我們可作如下的推斷：牟先生在1963年在香港大學講授「宋明儒學」課程時已構思撰寫《心體與性體》一書，最初擬以講授內容之十二講作爲該書之引論，前六講由王煜整理成稿，發表於《人生》雜誌。其後，牟先生親撰〈寂感眞幾之生化之理與「道德的形上學」之完成〉一文時，又改變計畫，擬將後六講合併爲兩講，每講包括三節，前三節爲第七講，後三節爲第八講。但實際上，此文僅包含第七講之內容，第八講原定包含的三節則分別獨立成文。迨牟先生撰寫《心體與性體》一書時，乃重寫〈綜論〉部，原先之〈綜述〉僅保留最後撰成之〈道德性的實理、天理與實然自然之契合——兼論道德理性三義〉、〈康德所以只有「道

德的神學」而無「道德的形上學」之故〉、〈「道德的形上學」之
完成〉三篇論文，前此之七講均割捨不用。故此七講可視爲《心體
與性體》最初形式的〈綜論〉，對研究牟先生思想之發展極具參考
價值。

小　序

　　余去年爲港大校外課程部講《中國哲學之特質》，此已印成一單行冊。今年復應其約，爲之講宋明之儒學，顏曰《宋明儒學綜述》，即此講辭是也。凡看本講辭之讀者，如能取該單行冊參閱合觀，則於了解上當不無助盆。

　　本講辭仍由王煜同學記錄。第三講中所牽涉之原料大抵皆由王君檢原文錄出，增加該講完整性不小。蓋講時只能約略提及，未能詳引原文也。

　　本講辭仍爲十二講。但講時只能說大義，而見諸文字，則必期其完整。故每講皆必徵引幾段原文以作根據。凡所徵引皆具有代表性，讀者由此或可得一肯要之線索。蓋宋明儒之義理系統並非容易把握者，其語錄中諸話頭，東一句西一句，時而說此，時而說彼，極不易見其條貫；而各家之觀念辭語復有許多極其相似，語意含混，可上下其解，亦極不易簡別其同異與輕重。是以解者惑焉，而不明其本質義理究何在也；誤引迷謬、似是而非，亦不知其眞實問題究爲何也。時至今日，學術多方，觀念紛披，若不得當，盆增迷亂。故民國以來講宋明學者，所在多有，而大都東抄西掠，不成義理，即或稍有理路，亦誤解歧出，極不相應。如不眞懂先秦儒家孔

孟立敎之精神，固不易鑒察宋明儒者所發之當否，如或進而不能會通魏晉玄學及南北朝隋唐佛敎而觀之，則亦不知其中心義理，重點所在，何以必若此也。宋明儒之弘揚儒敎是發之於眞實生命，並以宗敎精神出之，非今之所謂「研究」態度者。今之人無此眞實生命，亦無講此學之性情，而於思想義理又無精湛之訓練，則其浮泛不切，固亦宜矣。

　　余茲十二講只是一綜括之簡述。至若深入其內部而作詳細之疏導與展現，則俟將來《心體與性體》之一書。此講辭即作爲該書之引論可也。

第一講 正名

宋明儒學的通用英文名爲 Neo-Confucianism，此名即「新儒學」或「新儒家思想」之意。如此，「宋明儒」的英譯可爲 Neo-Confucianist 或 Neo-Confucian。其實「新儒學」一名勝於「理學」。嚴格地說：理學一名實非恰當。因爲「理」字在中國哲學史上的涵義極爲廣泛。首先應當明瞭「理」字的廣義與狹義：

一、廣義。理字可以包括數理、物理、名理、玄學、空理等，這些都不同宋明儒的學問，可見理學一名過分籠統，不能使人顧其名思其義，而立知此種學問與先秦儒家的關係。反觀英文名「新儒學」一義，卻一語道破了宋明儒學與先秦儒家的血緣關係！

二、狹義。宋明儒向來被分割爲兩大派系。程、朱一系言「理」，可稱「理學」；陸、王一系言「心」，可稱「心學」。如照「理」的狹義，「理學」只能局限於程、朱一系，陸、王一系竟不入圍，而以「心學」一名與之相對。所以狹義的「理學」僅代表了宋明儒學的一系，便又難免太狹之嫌了。

廣義嫌太廣，狹義嫌太狹，這就是理字的不妥之處。用其廣義，令人不能顧名而知此學的範圍，更不能知它與先秦儒家的關係。用其狹義，又不能涵蓋宋明儒的全部。總之，理學一名未能表

示本身爲儒家學問，代表儒家精神的思想。然而，我們可不取理學的廣義或狹義，而說此學爲宋明「性理」之學，或者乾脆連「之」字亦放棄，說「性理學」。這名顯然較佳，因爲它已有準確的內容，直指宋明儒學的二系，不太廣泛也不太狹隘。進一步，我們也可用「心性之學」一名。這又由於程朱一系講「性即理」，著重「性」；陸王一系講「心即理」，著重心，「心性之學」恰好代表了這兩系。但如只說「理學」，理字便難免含混不清了。

先秦典籍對講「理」的學問，未作區分。開始作此區分的，是漢末魏初劉劭的《人物志》。《人物志》第四篇〈材理〉說：

> 夫建事立義，莫不須理而定。〔……〕夫理有四部，〔……〕若夫天地氣化，盈虛損益，道之理也。法制正事，事之理也。禮教宜適，義之理也。人情樞機，情之理也。〔……〕是故質性平淡，思心玄微，能通自然，道理之家也。質性警徹，權略機捷，能理煩速，事理之家也。質性和平，能論禮教，辯其得失，義禮之家也。質性機解，推情原意，能適其變，情理之家也。〔……〕

可見劉劭分「理」爲四種：

一、「道」理。即陰陽變化之理，所謂「氣化」之理，相當於西方的形而上學（metaphysics），詳細點說：此形上學是偏於宇宙論（cosmology）一面的。形上學家在劉劭眼中，便是「思心玄微，能通自然」的「道理之家」。須知此「道理」是狹義的「道理」，並非俗語「講道理」此廣義的道理，這乃是宇宙論的道理。

　　二、「事」理。「法制正〔政者正也〕事」，即政事之理。政事可包括政治的制度與政治的措施兩面，因此用今日的話說：「事」理即政治制度與政治措施之理。當日最高的政治措施的道理，集中於宰相一身，所以產生了「宰相肚裡可撐船」的俗語。劉劭所言的「事理」，還是橫的、靜態的，等於今語的政治哲學。但事理可不只從橫的、靜態的這方面看去，亦可從縱的、動態的方面看去，如是觀看事理的學問，用今語言之，便不是政治哲學，而是歷史哲學了。劉劭的「事理」，只有政治哲學一面，而缺乏歷史哲學一面。中國古代最擅長於歷史哲學的，就是明末清初的大儒王夫之（船山），他的《讀通鑑論》、《宋論》等皆可謂歷史哲學，歷代大儒甚至明智典實如朱子，亦不能講出歷史哲學來。朱子的《資治通鑑綱目》，究竟是經而非史。

　　三、「義」理。「禮教宜適」，就是人倫教化方面的問題，故「義禮之家」（劉劭雖不說「義理之家」，但「禮者理也」，「義禮之家」亦即「義理之家」。）「能論禮教，辯其得失」。《人物志》所用的「義」字是狹義的，即指「禮教」之適宜問題的義，屬於道德方面。至魏末，才有人開始應用「義」字的廣義，「義」的最廣義，等於思想（thought）、原則（principle）、學說（theory）與概念（concept）等詞。狹義的「義」，即道德方面的「義」，可有內外之分。如劉劭所言的「禮教宜適」，是從外面觀看的「義」，宋、明儒不從外面觀看，而從道德的內面觀看。宜適的禮教，不外內在道德性合理的、外在的具體表現，即道德的客觀化而已。故此，劉劭所說的「義理」，是從外面觀道德而得的禮教，不是宋、明儒從內面觀道德而得的心性之學。

　　四、「情」理。「人情樞機」就是情理，這原是屬於政治與歷史方面的，即客觀的人群活動之理，與「事理」最近。「推情原意，能適其變」，以今日俗語言之，便是能「懂人情」，進一步言之，更有所謂「富人情味」之語。不懂人情，沒有半點人情味的人，是注定不能過家庭生活的。西方哲學家，多重純理智的思辨，而致疏略於人情，可謂不通「情理」，故多失意於婚姻與家庭生活。「事理」是很具體的 concrete，「情理」也很具體，懂事理、情理所須的智慧是東方之長，亦西方之短。「理」字極難譯成英文，一般譯爲 reason，即「理性」，由此而生的形容認爲 rational，即「合理」，再由此而生的名詞 rationalism，中國人向來譯爲「理性主義」，但日本譯作「合理主義」，此譯不如「理性主義」。西方人說 rational，大體是就某人的思想合 1.邏輯 2.科學 3.數學，即說他的思想方法是邏輯的（logical），是科學的（scientific），或是數學的（mathematical），如此說合理，是抽象的（abstract）、非人情的、無人情味可言的。西方人鮮能懂情理與事理，故此開創了邏輯、數學與科學，卻開創不出情理之學。情理之學不單就客觀的人群活動講事理，更可就主觀的個人的活動講具體的人情，這是中國人特長的學問。二十世紀前半段最偉大的哲學家懷悌海（A. N. Whitehead），最能了解中國人的「情理」。抗日期間，張君勱先生曾赴美探訪懷氏，當時懷氏臥病在床，對張先生說中國人生活得很 reasonable，即指中國人懂人情，明事理，但他沒有用 rational 一字。我們須知：中國人雖最懂人情，最能享受生活的情趣，然而此與國勢的強弱並無關係。一個國家可有極高的物質文明，與極低的精神生活，反之亦然。

　　劉劭的四分法，至佛教傳入中國後，便嫌粗疏不足了。友人唐君毅先生有〈論中國哲學思想史中「理」之六義〉一文（原載《新亞學報》第1卷第1期），重新整理了數千年來「理」字的一切涵義，把它分爲下述六種：

　　一、名理。主要是先秦名家之流所談的，相當於邏輯。名理的內容大抵爲名實之間的關係。「實」就是對象（object）。但「名理」一詞起於魏晉。魏晉使用名理，其義甚廣，已超出先秦名家、《墨辯》、荀子〈正名篇〉等之所講。拙作《才性與玄理》中〈魏晉名理正名〉一章，可以參考。

　　二、物理。屬形而下的理，即今日的科學。中國以前雖沒有發展出嚴整的科學，然「物理」一詞卻是有的。故在今日最好以科學代表「物理」。

　　三、玄理。首先由道家開出，老子《道德經》首章已言「玄之又玄，衆妙之門。」魏晉南北朝時代，一方面先秦的道家玄理發展到高峰，同時另一方面，又在攝受佛教。因此魏晉南北朝的學問，以玄學爲最高。此時的佛教大師，都極喜用玄字。而且道家思想如從道教方面說，亦可稱爲「玄教」。「玄教」或「玄學」，在當時是包括道、佛二教的。然而，嚴格地說：道家玄理與佛家玄理有著迥異的特殊意義。我們可把佛家玄理，另外名爲「空理」。

　　四、空理。佛學家較魏晉玄學家更喜用理字。僧肇與竺道生已言理，後來發展的法相、天臺、華嚴三宗更常用理字。例如華嚴宗所講的「事」與「理」，實爲兩個概念，與《人物志》的「事理」大異。「事」爲「緣起」，即因緣生起。「理」爲「空性」，從事物之性空，即無自性而言。空理一名，可由此而有。但是佛家的

「空」不同道家的「無」。道家從「無」談玄，《道德經》首章說有與無「此兩者同出而異名，同謂之玄，玄之又玄，眾妙之門。」此即表示有與無是由同一根源分發出來的，「同謂之玄」即是說「玄」指「有」、「無」的渾一，有、無的渾一是辯證的融合。佛教談「般若」一系的，把道家的「玄」義發展得最為深透。從印度傳來的佛教，對固有的中國文化產生了極大的補足與刺激，佛學部分的思想可與儒、道二家相通相契，而且佛學本身亦開闢了學問的新境界。在佛學的對照之下，儒學的特色是不得不顯揚的，沒有他方的比照，己方的特徵便難突顯。經過佛學的對照，新儒學便產生了。《人物志》對「理」的分法，大致是依儒家而說的，其中事理與情理雖然重要，儒家雖然必須表現於事、情二理方面，然而必須再透進一步，才可顯出本身的勝場。宋儒把儒學的「性」，特別提出來深究，用以對抗佛學的「性空」，於是宋明儒的學問，可稱為「性理」。

　　五、性理。佛道二教在魏晉南北朝隋唐大盛以後，儒教顯得黯淡了，無精打采了，此時假若再如昔日只談劉劭所言的道、事、義、情四理，便無能與佛教的空理對抗。而且此四理亦非儒家獨有，譬如「道理」，儒家以外，陰陽家也曾大講特講，所以此四種不足以顯露儒家的真本色。用佛家的語言來說，此時的儒學僅有「世間」的真理，而無「出世間」的真理。佛家的真理，是有三個層次的：

　　1.「世間」，即俗諦。

　　2.「出世間」，即真諦。

　　3.「世出世間」，即真諦與俗諦的圓融為一。

　　由此可見宋代以前的儒學，未有出世間的眞諦，更談不上眞俗二諦的圓融了。未有眞諦，即未有超世間的學問，如此，正如天主教徒眼中所見，儒學只是世間的學問，未能超脫凡塵。不過天主教徒不用「超世間」一詞，而用「超越性」或「超越界」一詞，他們可說當日的儒學是無「超越界」的。無超越界、或無出世間的學問，而只局限於人倫日用 ethical 一方面，儒學絕對不能抵抗道佛二敎。事實上，先秦儒學並非限於塵世，先秦儒家早已表現了儒學可以超出人倫日用的性命天道了，最可惜的是：兩漢四百多年的經生，未能了解先秦儒學超越凡塵一面的深奧意義，致令儒學的奧義長期隱晦而不彰。人倫日用一面的意義還是顯淺的，其上的宗敎的（religious）一面、即性命天道一面的意義才是深奧的，只有把這意義昭顯，才可衝破或解除道、佛二敎的威脅。而且，不單要顯出儒學本身的超越義，更要顯出儒學可以講得比道、佛二敎更爲圓融通透。儒學的可以更爲圓融，絕非牽強附會後來的佛敎而生的，而是先秦固有，「由來久矣」的。「性命天道」向來爲儒家思想的中心問題，把這問題的意義確定，把儒學超越的奧義大大地昭彰，就是宋明儒大談「性理」的功績。因此，儘管他們未能把全部儒學彰著得好，但他們的「性理之學」在宏揚儒敎上，卻佔著極高的位置。

　　六、事理。正如《人物志》所言的，事理代表政治哲學與歷史哲學，後者尤爲王船山的特長。

　　嚴格地說：情理可蘊含於事理。在儒家思想裡，事理與情理必融合爲一。事、情二理爲肯定世間的學問，但是所謂「肯定」，有幾個層次，不能混淆。佛敎與耶敎，在表面的層次，彷彿亦肯定現

世，但在較深一層言之，佛、耶二教均不眞能肯定現世。尤其是佛
教，只是「隨緣」，沒有儒教嚴謹的「義」之精神。「義」所代表
的儒家精神，道、佛二教比耶教對它更難了解。仁義是「能」方面
的，即主體性 subjectivity 方面的學問，是儒家的特色。至於
「所」一方面，即客體（觀）性 objectivity 方面的學問，那是西方
哲學的勝場，如柏拉圖與近代德哲胡塞爾 Husserl 等人講「存有」
（being），就是「所」的學問，至近世西方哲學邁進了一步，即
是康德、黑格爾一系的哲學，可謂從「所」轉向「能」，或者通過
「能」去了解「所」。西方哲學還有萊布尼茲、羅素的一系，講最
客觀、最抽象的邏輯數學，對「能」的學問更無能了解。因此康
德、黑格爾一系的哲學，是西方哲學的高峰。重「能」的學問，不
但柏拉圖式的心靈不易了解，基督教徒也不易。我常說基督教「證
所不證能，泯能而歸所」，即說基督教也是偏重「所」的。佛教的
頭腦亦不易了解儒學，性空固是要者，然從某方面說，佛教亦偏重
於「所」。唯識宗一派是重「所」的，它講的「眞如空性」代表客
觀性。「般若智」才是「能」，才是觀照「眞如空性」的主體。唯
識宗在中國不能盛行，便是由於偏重於「所」，不合中國人傳統的
心態。也正因此，中國本身開創的佛教宗派，不停留於唯識宗與空
宗的階段，而將「眞如空性」的客觀性之意義統於心來講，心是代
表主體性的。此爲中國人的靈魂，對印度佛學的消化與轉進。近代
熊十力先生與歐陽竟無先生的爭論，其主要問題便在此。

　　總之，儒家的「性理」，是亦主觀亦客觀的。從「天理」言，
即性命所上通的天道，是客觀的；這是《中庸》、《易傳》所代表
的儒學。從內在道德性而言，「性理」是主觀的，這是孟子所代表

的儒學（參考去年講的《中國哲學的特質》）。儒學的圓融，便在這兩方面，即主客觀性二面的統一。佛家眼中，一切事物皆緣起而性空，皆如幻如化，因此不能眞正肯定世間，儒家從「性理」去肯定現世，才眞正比起其他一切宗敎，對現世最能肯定得住。在這基礎之上，我們可以認爲：儒敎所言的主客觀性的統一，是確比其他任何宗敎，更爲圓融通透的。

第二講　新之所以為新

　　宋明理學之為新儒學，理由在那裡？這一講便是為了解決這問題。宋代以前，一向是周公與孔子並稱為周、孔的，自宋開始，才以孟子與孔子並稱為孔、孟。這是思想世界裡面一個極為重要的分水嶺。中國上古三代的聖哲，以周公為最顯赫，三代之中周朝為期八百多年，在文化方面遠較夏、商二代為特出。周公在周朝，奠定了儒家禮樂的基礎，他在政治上建立了典章制度，在社會上建立了人倫教化，然而這些都是外延的、廣度的，並非內容的、深度的。周公創建的政教，究竟屬外王而非內聖的，所以當宋儒為了對抗佛教，而深論「性理」的奧義之時，他們必須標出講「內聖」之學的代表思想家，於是放棄了周公，而代以講內聖之學的孟子，這是中國哲學史上的一個大關鍵。

　　孔、孟二人均未曾得意於政治活動，他們的心思大抵用於立教。但其所立之教之真精神與其教之所以為教之真實形態與最內在的內容，在原始儒家，就自身說，是夾雜在儒家所傳承的經典文獻中，就社會上的觀聽說，是當作「子」的形態而被看待的。兩漢雖推尊儒聖，然因為忙於傳經，並未真能了解孔、孟立教之真精神、真形態以及其真實內容的。魏晉南北朝隋唐又不是儒家思想發揚的

時代。所以孔、孟立教之眞精神，在漫長的歲月中，一直沒有得到
機會來弘揚與提煉。至宋儒，始把儒家原有的眞精神弘揚提煉出
來，而成爲一純粹的「內聖」之教。就社會階層而言，它是一純粹
的「士」的宗教，士即士農、工、商之士。如作進一步的規定，可
不說士的宗教，而說「人的德行完成之教」，簡稱爲「成德之
教」，成德便須作內聖的工夫，所以又可稱爲「內聖之教」。這都
是外部地言之，若是內部地言其義理之內容，那便是「天道性命相
貫通」之教。宋儒由於對抗佛教，而把儒家內聖、成德的內在義理
特別提出來，發揮與錘鍊，這就是新之所以新了。然而此義並非宋
儒無中生有，原始儒家思想早有此義，不過未至彰顯罷了。現在我
們順次先考察孔子、曾子、孟子、荀子與《易傳》：

　　一、孔子。孔子教人作仁者，「仁者」爲最高的人格，「仁」
爲道德踐履所要體現完成的最高之道。仁道是人道，亦是天道。所
以未見孔子稱讚某人爲仁者。《論語》中的「仁者」，無疑就是
「聖人」。就連孔子自己也不敢自居爲聖人。故曰：「若聖與仁，
則吾豈敢？」但是我們可不從人格的最高境界看起，而先從最低限
度看起。孔子說：「志士仁人，無求生以害仁，有殺身以成仁。」
志士之爲士，一個人可稱爲「士」而無愧色，便在乎此。

　　二、曾子。傳播聖人之道的孔門第一個大弟子，就是曾子。他
說：「士不可以不弘毅，任重而道遠。仁以爲己任，不亦重乎？死
而後已，不亦遠乎？」「仁」的擔負，是無窮無盡的，士之以仁爲
己任，怎能不弘毅？

　　三、孟子。可觀以下四段：

　　1.孟子說：「士尙志。」士可不限於讀書人，農工商亦可成

仁，但必須從「尙志」表現士應有的本質。農人如只懂得以田地等物質條件爲生活的憑藉，而沒有自覺地開發出建立其道德人格之志，那末他就只是農人而未成爲士。孟子以尙志規定士人一格的本質，就是說士人的生命，應建立於心志的基礎之上，絕不是建立於任何的物質憑藉之上。

2.《孟子·告子》章說：「養其小者爲小人，養其大者爲大人。」大是從「心之官」來決定，小是從「耳目之官」來決定。所以說：「思則得之，不思則不得也。」此思所得就是理義，就是孟子所謂「悅我心」的「理義」。大人、小人之別，在於尙志與否，不在政治上、社會上地位的高低。

3.《孟子·盡心》章又說：「君子所性，雖大行不加焉，雖窮居不損焉。分定故也。」「所性」，便是「作爲本性的東西」，大行與窮居對言，是飛黃騰達、富貴榮華之意。君子自有其志氣與操守，當然外在的職務與其本質無關。君子縱使作了大總統，於他的本質亦並無增益。那麼，就是窮居陋巷，也於他的本質並無減損了。「分定」之「分」，是從「所性」規定的。所以

4.孟子進而指出「所性」的內容：「君子所性，仁、義、禮、智根於心，其生色也，睟然見於面，盎於背，施於四體，四體不言而喻。」這是儒家對君子人格具體而生動的精采描繪。「生色」便是表現於外。由於生命內部有仁義禮智之心性，生命外部便自然產生不平凡的威儀與氣象。四體的活動，也因具有內在的仁義禮智之心性之周流貫徹，所以甚至能夠「不言而喻」。有人認爲此段最後一句「四體不言而喻」的「四體」是重複了的衍辭，但是如此仍不影響原文的涵義。

四、荀子。〈勸學篇〉說：「學惡乎始？惡乎終？曰：其數，則始乎誦經，終乎讀禮；其義，則始乎爲士，終乎爲聖人。」「數」指爲學的次序途徑，「經」指《詩》、《書》。「義」是目的、宗旨，荀子以士、君子、聖人爲人格的三等，故以士爲修身的初始目的，以聖人爲修身的最高目的。古代中國人所謂爲學與修養，著重整個人格的圓滿，而不重成爲專家或爭取博士學位。士爲達到人格圓滿的最初階段。因此荀子在〈儒效篇〉又說：「言志意之求，不下於士」。可見荀子認爲：人的志向或意向，絕不應低下於士人，即爲士之志是最低限度應有的。

五、《易·乾·文言》。孔子所言的最高人格爲「仁者」，孟、荀所言的最高人格均爲「聖人」，其實仁者、聖人，與《易·乾·文言》所謂的大人均異名同實，〈乾文言〉有很著名的幾句：「夫大人者，與天地合其德，與日月合其明，與四時合其序，與鬼神合其吉凶。」天地、日月、四時、鬼神均代表了宇宙的秩序 cosmic order，與它們相合的「大人」的一切活動，無不合乎宇宙的本質、秩序與節奏。天地的本質，《易經》是從乾、坤了解的。乾代表生生不息的創造性，坤代表永恆的順成。與天地合德表示與宇宙同有不斷創造與順成的本質。與日月合明表示與宇宙的本體同有內在的光明和朗照。與四時合序表示與宇宙的變化同節奏、共韻律。與鬼神合吉凶表示與宇宙的幽明或隱顯兩面息息相通。總之，大人的個人生命可與整個宇宙打成一片而渾然無間。大人由於與家人、國人而至全人類、全宇宙層層向外感通，於是以「與天地萬物爲一體」爲終極。「大人」的最高標準就是與宇宙和諧地打成一片，此中道理極爲深奧。宋儒緊握這奧義而且把它大大地發揮了。這成

聖、成大人的奧義，是以成士爲起點的，所以宋明儒所發揚的儒敎就是「士的宗敎」或成德之敎。宋明新儒學之所以爲新，便在於昭著了由士成聖的奧義。兩漢至隋唐的人由於種種時代的局限，以致長期未能發揮先秦儒家內聖的深義。宋儒卻因佛敎的刺激，而把先秦儒學發展爲一純粹的「士的宗敎」、「成德的宗敎」。

　　宋學的開山祖是周濂溪，我們現在從他談起，經過張橫渠、程明道、程伊川、朱元晦而談到陸象山、王陽明：

　　一、周濂溪在《通書》說：「聖可學乎？曰：可。」「可學」等於「可學而至」，並非簡單的模倣。兩漢的經生一般認爲聖人具有天縱之資，是不可學而至的。所以在他們眼中，儒家的聖人好比道敎的神仙一樣，一般人只可修煉神仙的法術而得點好處，然而要成仙卻不是單純地學所能達到的，這要看有沒有天縱的異禀。如此，儒家的聖人，亦好比耶敎的基督耶穌，雖可以學習與模倣，但卻不是修行所能至的。他是天縱，或是神的差遣。作爲宋學開山祖的周子，首先衝破了這第一關，呼應了孟子的精神，顯明地肯定聖人可學而至。他又指出聖人的大本，說：「誠者，聖人之本。」誠是道德人格的直接根據，而且是本質的根據。人雖通曉百家衆技，沒有「誠」，便不足以語入德，更不要說聖人。聖不從「無所不知、無所不能」或「全知全能」去規定，而是從道德的眞誠去規定。具有此眞誠，生命才可得到純化或淨化（purification），才可如友人唐君毅先生所言：「從根上消化非理性的東西」，即掃除內心的一切污穢。這個「誠」字的意義很深奧，周子說此字是根據《中庸》而說的。「天地之道，可一言而盡也，其爲物不貳，則其生物不測」，也只是一個「誠」。所以周子又說：「聖，誠而已

矣。」又說:「誠、神、幾,曰聖人。」這是對聖人的深刻而內在的界說。上引《易‧乾‧文言》對大人「與天地合德」云云的說法,尚是較爲外延與廣度的說法,因爲它畢竟未接觸到「誠」的內心境界,而僅從生命的廣大著手形容一番。

二、張橫渠。張子未有如周子《通書》及大程子〈識仁〉篇一般,顯明地表達他的嚮往,而較爲隱含地在〈西銘〉說:「乾稱父,坤稱母,予茲藐焉,乃渾然中處。故天地之塞吾其體,天地之帥吾其性。民吾同胞,物吾與也。」儒家「士的宗敎」,立足於所謂乾坤大父母,即是宇宙,不是家庭中的父母。張子從乾坤大父母論起,顯然屬宇宙論的思想進路。孟子的「士尙志」,卻不是宇宙論的說法,而是道德的說法。張子所言的「藐焉」(焉通然)表示人類形軀的藐小,「渾然中處」即居天地之中,承天順地,與宇宙的生命息息相通。這合下也就是「大人」的規格了。至於「天地」二句,在標點方面有問題。如依朱子開始的傳統解法,應作「天地之塞,吾其體;天地之帥,吾其性」,此時塞指充塞宇宙的大氣,帥是統率之意,來自孟子「志,氣之帥也」一語。「吾其體」與「吾其性」的其字 ,作「之」字解,古文常有,不足爲奇,這樣那兩句等於「充塞天地的大氣就是我的形體,統率天地萬物的那創造性,健德天道,就是我的本性。」但亦可標點爲「天地之塞吾,其體;天地之帥吾,其性。」這樣,意思是說:「天地以其氣充塞吾,便形成吾之體(孟子:「氣,體之充也」)。天地以其道或理統帥我,便形成吾之性(孟子:「志,氣之帥也」)。文意未變,然而此時「吾」字作賓詞(受詞,object)用,似未見於中國古籍。張子爲文作風獨特,他有否不自覺地或不合常軌地以「吾」爲

賓詞的可能，後人無法得知。不過今日看來，朱子所代表的傳統讀法，亦確可從，雖然亦有點彆扭。好事之人，如有暇考證此二句的斷句問題，當亦不無價值。

三、程明道。大程子在〈識仁〉篇說：「學者須先識仁。仁者，渾然與物同體；義、禮、智、信，皆仁也。」即言仁者的生命與宇宙的大生命混融無間，文學地說：仁者與宇宙「不隔」。仁者的境界即是聖人的境界。

四、程伊川。少年時代的小程子，受胡安定的考察而作〈顏子所好何學論〉，文成而胡氏大爲驚異。文中有言「學以至聖人之道也」，一下子點出他要學要講的，便是成聖的學問。其中繼續說：「聖人可學而至與？曰：然。」此語與周子《通書》「聖可學乎？曰：可」相同。

五、朱元晦。集北宋儒學大成的朱子，說得最爲精闢：「格物致知是夢覺關，誠意是聖凡關。」可見一個人假如未能格物致知，那末他的生活彷如作夢；一個人假如不能誠意，那末他到底總是凡人，不能超凡入聖。他說：「某嘗謂，物格、知至後，雖有不善，亦是白地上黑點；物未格，知未至，縱有善，也只是黑地上白點。」（《朱子語類》卷第十五）這就表示人要自覺地作清澈自己生命的工夫，不要在不自覺的習慣中只是混沌地順俗而行。

六、陸象山。象山的思路不同以上五人，但在「成德之教」之最高的嚮往上還是同的。他比張子「民胞物與」的思想更進一步說：「宇宙內事，乃己分內事；己分內事，乃宇宙內事。」驟觀之下，這話好像是空泛不著邊際的「大話」，但其中含有深義，這與「大人者與天地合德」並無兩樣。亦與「仁者與天地萬物爲一體」

同其旨趣。他又說：「宇宙便是吾心，吾心即是宇宙。」由此他進一步而言「心即理」與「心外無物」。這些話頭與孟子的「萬物皆備於我」亦無二致。象山認為人與宇宙本應合一，只是利欲之私障蔽了，遂不合一。故說：「一念警策，便與天地相似。」「大人」生命之為大，便在於與宇宙為一。在宋儒成德的宗教裏，對大人、仁者、聖人作這樣的規定，可謂最佳的規定。

七、王陽明。早在孩提時代，他已說要作「第一等人」了。他的老師聽到這話，告他將來可考狀元，可見這老師庸俗，天資遠遜於陽明。「第一等人」的等，不是政治上、社會上地位的等級，而是道德人格上的最高境界——仁者、大人與聖。故他在〈大學問〉裡亦說：「大人者與天地萬物為一體者也。」「明明德乃所以立其一體之體，親民乃所以達其一體之用。」陽明到底於三十七歲時，在龍場驛開出了「作第一等人」的學問，那就是「致良知」之教了。

由上述七子的要語，我們大致可以了解，新儒學的新在那裡，即是宋明的新儒家，怎樣提煉與昭彰先秦儒家成德的教義，以抵抗盛極一時的佛教。

我們可以綜起來說：成德之教的最高目標是聖、仁者或大人。

聖、仁者或大人的規定，外延地說是與天地萬物為一體，內容地說是從根上消化自家生命中那些非理性的東西，就是徹底清澈自家的生命，而使之歸於純。孟子「大而化之之謂聖」一語是最好的表示。化就是化那些執著、界限、封域、固蔽、以及生命中那些非理性的渣滓。「聖而不可知之之謂神。」聖、神是一。

孟子說：「充實之謂美，充實而有光輝之謂大。」所充實的是

什麼呢？那必是「天道性命相貫通」這個立體的骨幹。張橫渠云：
「天所性者，通極於道，氣之昏明不足以蔽之。天所命者，通極於
性，遇之吉凶不足以戕之。」（《正蒙·誠明篇》）這幾句話是
「天道性命相貫通」之最好而又最恰當的表示。如何去充實呢？那
就是踐仁，或說至誠以盡性。《中庸》說：「肫肫其仁，淵淵其
淵，浩浩其天。」這就表示出踐仁（肫肫其仁）所至的深遠廣大的
境界了。在通過踐仁的健行過程中以「充實而有光輝」，以至「大
而化之」之境，那必無一毫意、必、固、我之私，亦必無任何執
著、界限、封域、固蔽，即動靜、有無、內外、將迎之偏滯，而同
時仁心誠體如春風之化，如時雨之潤，必遍潤一切而無有窮極，必
感通一切而靡有所遺，此即仁體之「體物而不遺」，故潤一切即成
就一切也。在這裡，自必以「與天地萬物一體」爲終極，此就是仁
者的生命，大人的生命了。「與天地萬物爲一體」的「一」是由無
執無滯之化與仁體之通與潤而定。所以這個「一」決不是操縱把持
攬歸於己的「一」，若如此，那正是固執自私而不一。故陸象山所
說的「宇宙內事，乃己分內事」，這不是說一切事皆由我自己來
辦，若如此，那正是極權專制，「藏天下於筐篋」。其意乃是：宇
宙內事，皆是一天心仁體之所函攝，無一而能外。此天心仁體即是
眞我也。故「己分內事」之己不是私己、小己、意見之己。此只表
示無私而敞開。從天心仁體之「體物而不遺」言，皆屬於己分而不
隔，隔則不通。從「無私而敞開」言，則一體平舖，皆各歸其自
己，此方是天地氣象。幾曾見天地把持任何物來？都是讓它自適其
性，自遂其生。故一體之「一」實不是封閉孤總之「一」，而乃是
通而不隔，化而不滯之散成之「一」。此「一」是虛位，而實者則

在天心仁體也。故眞能體現天心仁體者皆是天地氣象也。故孔子之
「老者安之，朋友信之，少者懷之」，程子贊之爲「分明是天地氣
象」，這正是無心而成化，讓開散開而成全一切也。這是聖人「大
而化之」的境界。至於要處理人間事情，雖就是聖人，亦要守分
際，明界限，順事理之自然與當然，物各付物，而成全之，不是操
縱把持皆攬歸於己也。這在以前如象山那種話頭，決不至生誤會。
現在到處生疑，故須略解如上。

　　道家雖無天心仁體之遍潤，然從無執無滯之化境言，亦有「天
地與我並生，萬物與我爲一」之境（《莊子·齊物論》）。莊子說
眞人曰：「其一也一，其不一也一。其一，與天爲徒。其不一，與
人爲徒。天與人不相勝也，是之謂眞人。」（〈大宗師〉）此是道
家眞人之圓境。佛家天臺宗「一念三千，圓具一切」，亦是一體之
境，教義之內容雖不同，而最高境界之圓教之「一」，則同也。

　　就儒家言，在體現「天道性命相貫通」這個立體的骨幹而達到
化境之時，則以下諸辭語皆同時成立：

　　1.道外無性，性外無道。

　　2.道外無物，物外無道。

　　3.心即是理，心外無理。

　　4.無心外之物，無物外之心。（此不是西方的認識論與本體論
之所說）

　　此亦猶佛家所謂色心不二、智如不二、因果不二、性修不二等
等也。

　　以上諸義總提於此，以下諸講隨時明之。

第三講　興起之機緣及與佛教之關係

　　第一講說明宋明儒者所講的學問是「性理」之學，第二講則明宋明儒學被稱爲新儒學，其新之所以爲新乃在自覺地發揮與錘鍊「內聖之敎」，「人的德行完成之敎」，其最高目標是「成聖」。宋明儒學之內部義理即在此兩綱領的範域下而被展開。但是說到它的內部義理是並不容易講的，頭緒紛繁，大有不知從何說起之感。爲了使我們易於契入與把握它的內蘊，我想先從外部對它的迷惑說起，從辯惑中逐步展露它的內部義理。外部來的迷惑大體不外三端：

　　一、說它是襲取佛、老，雜揉而成；或說它是「陽儒陰釋」，並非孔門的眞面目。

　　二、著重事功者說它無用。「無事袖手談心性，臨難一死報君王。」

　　三、文人的輕薄與譏諷，說它是「僞學」，惟酒色風流、軟塌恣肆，方是率眞：「率吾性即道也，任吾情即性也。」

　　本講先從第一端說起。第二、第三端兩端則留在末後再講。

　　宋儒的興起當然與佛教有關係，其內部的義理與關於境界的話頭亦自有與佛、老相同處，但不能因此就說新儒學是襲取佛、老或陽儒陰釋。它自有它的基幹，本質地不同於佛、老處；而宋明儒者亦確有他們的真切感受處，確有實見諦見，與自家的真實生命，決不是學無根柢、東拉西湊的。這裡先講它興起的機緣，藉以明它與佛教的關係。

　　說到它興起的機緣，可從兩方面來看：

　　㈠唐末五代社會上的無廉恥。這個時代可說是中國歷史上最不成話的時代，人道掃地無餘。其中最顯明的例子便是馮道。這位「五朝元老」真可謂厚顏無恥了。其實這還是後人的說法，最可憐的是他身處那個時代竟無恥不恥這個觀念，而當時人亦不以無恥責之。馮道字可道，一生竟事唐、晉、漢、周四姓六帝，不但不以為恥，而且自鳴得意，自號「長樂老」，更著〈長樂老自叙〉以述經歷，似視喪君亡國為家常便飯。馮道只是無恥的最高典型罷了，如果僅有幾人如此，社會尚無大問題，然而，當時整個社會風氣如此，所以一般人亦不會視馮道為無恥之尤。為甚麼當時人心衰敗至全無道德觀念，不知「人道」、「人性」為何物？大唐的餘波何以竟至如此悲慘的境地？這雖不無歷史發展上的理由可說，但無論如何這是事實。承接先秦儒學的新儒家，立刻抓緊這個問題，發揚人道、人性以挽救如狂瀾般可怕的社會墮落。因此宋明儒學最低限度能使人了解人道、人性的尊嚴，單就這點來說，宋明儒家已有不可泯滅的豐功偉績。熊十力先生常說宋明儒學「卓然立人道之尊」，這話極好。儒家的精粹正在人的道德性之豎立，即在人性、人道的尊嚴之挺拔堅貞的豎立。回顧先秦與宋之間，曾有漢、唐兩代為盛

世，國勢強大，典章制度亦甚多可取之處，但於道德性方面正視人道、人性的學問，偏無所用心。宋儒深感唐末五代社會的墮落，與人道的掃地，因而以其強烈的道德意識復甦了先秦的儒學。歷史運會演變至此，正該是正視道德意識的時候，因而道德意識中的內容以及其所涵蘊的諸般義理亦容易被契悟。宋儒是眞能清澈而透澈地立於道德意識上而用其誠的，因而亦眞能把握儒聖立教之本質。新儒學的興起，五代的墮落是直接喚醒其道德意識的機緣；但其興起的機緣還不止此，還有另一方面，就是對佛教的抵禦，間接地因佛教之刺激而益顯其「道德性的性理」之骨幹之不同於佛、老。因此我們再說第二點：

㈡佛教方面的刺激。當時所謂佛教，大抵指禪宗而言。禪宗自唐代六祖慧能往下流傳演變，開出了五宗，即五個宗派。五宗均頂盛於唐末五代。此時社會大亂，而佛教大盛，可見佛教對世道人心並無多大關係，換句話說，佛教對救治世道人心的墮落衰敗，簡直是無關宏旨的。宋初儒學，就把握這點來闢佛。佛教不能建國治世，不能起治國平天下的作用，表示它的核心教義必有所不足。宋初儒家闢佛，是就人生觀、宇宙觀的根本處而發，並且積極地宏揚前二講所說的先秦儒家思想中本有的心性奧義，以抵禦與排斥佛教。宋明儒都懂得不能只從表面去分辨儒、佛，必須從根源上、從心性的奧義上去分辨。問題演變至此，必須透至最核心處方能立住自己而不搖動。儒、佛二教心性奧義的歧異，是必須先弄清楚的，不要以爲談這些奧義是沒有緊要的，尤其不要以爲談這些虛玄的奧義，便流入佛、老的窠臼。孟子早已說過，「生於其心，害於其政。」根源處一念之差是與現實大有關係的。許多誤解思想問題的

人，認為談思想義理是多餘而無謂，這是大錯。人間的災殃禍患大都根源於思想的、觀念的災禍；要對治那思想的偏差，便先要全幅地了解它，疏導它，以明其蔽。不能認為一接觸它，便是替它宣傳。蓋如此，無異掩耳盜鈴，乃是可笑的逃避。例如要對治為禍的辯證唯物論與唯物史觀，便不得不首先了解它，攻破它的悖謬。在宋初，新儒家為了對治佛教而接觸到心性的根本問題，同時受它的影響與刺激而闡發儒家的真義，這些事實都不足以推出新儒家為「陽儒陰釋」的結論。佛徒如是說，往往由於門戶之見；社會人士如是說，那是懵然無知。我們應再次申明：宋儒受佛教的影響與刺激，是不言而喻的鐵一般的事實。為有應運而生的學術，可以不接上時代？然而萬不能說他們是「陽儒陰釋」。北宋的程明道，有感於士大夫的天天談禪，而發慨嘆（詳下第五講），想到此時有誰真能堂堂正正地站得住？有誰能負起救治與領導時代的大使命？這是新儒家受佛教刺激的一例。宋儒出來對治佛教而大談儒學，可謂站於儒家聖教的穩定立場，接得上時代，因此亦能使儒學放射光芒，以領導時代。

因受佛教的影響與刺激，又因要從心性的奧義上來辨別，所以浮光掠影之輩便以為新儒學「陽儒陰釋」。這是最簡單而淺薄的頭腦。但使他們有這淺薄之見，亦並非無因。然則在接觸心性的奧義上，儒、佛間必有些相同的風光。這毫不足為奇。任何問題，見地無論如何不同，討論起來不能不有共通的辭語，否則兩不相干，就不成為問題。現在的問題就是：

（甲）從何處能表現出這相同的風光？

（乙）相同之處是否為佛教所專有？

　　爲了解答這兩個問題，必須兼看新儒學外部與內部的指責。外部的指責主要來自功業之士之實用主義與經生考據之淺薄的理智主義，所謂俗學。至於內部的互相指責，則大都根源於朱子，這形成內部無謂的禁忌。許多不同的宗教都有相同的地方，或者共通的地方，但不必是誰襲取誰的，更不必是某一教所專有的。思想方法與最高的境界不是財富，不能壟斷與囤積居奇，你可應用，我亦可應用，你能達至，我也能達至，你能說出，我也能自動地契悟到而自行說出。在這裏很難說是誰所專有，亦不能視他人一應用便爲竊取。相同相通的思想方法與境界，如用佛教的名詞來表達，可以說是「共法」。例如黑格爾的辯證法，誰都可用。凡是接觸到精神生活的昇進與超化的，誰都會自然地表現出來。（唯物辯證法不在內）。道家和佛教在玄智與般若方面所表現的那些詭辭都是辯證的詭辭，雖然那時並沒有「辯證法」這個名詞。我們當然不能說佛、老竊取自黑格爾，亦不能說黑格爾竊取自佛、老。黑格爾所以能顯著地表現出辯證法，正因他能精察體悟精神的發展。只有無眞實生命、對眞理無眞實契悟的人，才專著眼於詞語，說這是發自誰，那是取自誰，此即所謂浮光掠影，指手畫腳數他人家珍也。外部對新儒學的指責，往往由於誤認儒、佛之間的「共法」爲佛教的「私法」，又認爲聖人之教根本不應接觸到這心性的奧義，只應拖下來完全限於現實。本講先舉出幾個最重要的例子，以明來自外部的斥責。至於內部的指責，則留待下次再講。

　　㈠葉水心（適）《習學記言》批評程明道〈定性書〉云：

　　　按程氏答張載論定性：「動亦定，靜亦定，無將迎，無內

外」、「當在外時，何者爲內？」、「天地普萬物而無心，
聖人順萬事而無情。」、「廓然而大公，物來而順應。」、
「有爲爲應迹，明覺爲自然。」、「內外兩忘，無事則定，
定則明。」、「喜怒不繫於心，而繫於物。」：皆老、佛、
莊、列常語也。程、張攻斥老、佛至深，然盡用其學而不能
知者，以《易·大傳》〔即《易·繫辭傳》)〕語之，而又自
於《易》誤解也。子思雖漸失古人本統，然猶未至此。孟子
稍萌芽。其後儒者則無不然矣。

葉水心的可取之處，不在對宋儒思想的批評，而在對宋代政制的批
評，例如他的〈法度總論〉，對宋立國的格局，作了精闢肯要的分
析與洞察（詳《政道與治道》第九章），熊十力先生說他聰明而器
小，最是恰當。我們須知：上引明道〈定性書〉諸語，乃是說人生
修養的境界。決不能說它們「皆老、佛語」，尤其不能說「盡用其
學而不知」。定性實即定心。明道認爲定無分動靜，方是眞定；而
且定心無出入，定心亦無所謂內外，即旣不封限於內，亦不紛馳於
外。至於「無將迎」，「將」是送之意，將迎就是迎送，語出《莊
子·知北遊》「無有所將，無有所迎。」成玄英疏：「夫聖人如
鏡，不送不迎。」迎爲逆，爲億，即《論語·先進》載孔子說子貢
「億則屢中」的「億」，是預想之意。修養到定的境界，自然「發
而皆中節」，「不勉而中，不思而得，從容中道。」不須在事物未
來時因亂作預想而張惶失措，亦不須在事物過去時因瞻前顧後而追
憶悔恨。道家的理想人格是如鏡般地不迎不送，即莊子所謂「無有
所將，無有所迎。」儒家的理想人格，也是不迎不送，即孟子「大

而化之之謂聖」中「化」的境界，也就是孔子毋意、必、固、我的
境界。將迎絕非道家專有的詞語。儒、道二家的最高人格都是無執
著的，王弼所說的「聖人體無」即「大而化之」之「化」的境界。
這是二家所共同可用之詞語，不是儒家取自道家的。明道所說的
「天地之常，以其心普萬物而無心，聖人之常，以其情順萬物而無
情」，前一句表示天道的遍在性，也表示了明道另一語「天地無心
而成化」之意。「無心」就是「不是有意」的意思。儒家認為天道
生萬物是「無心」的。天道以生物為心，而其生又是「無心」之
生。耶教說上帝有意以七日造世界，便是「天地普萬物而有心」，
便是「天地有心而成化」，從此可見儒、耶不同的一面。至於後一
句「聖人之常，以其情順萬物而無情」，表示聖人的思想感情，依
順於天理，物各付物，不容心喜怒於其間，而喜怒好惡自得其正，
故此「廓然而大公，物來而順應」。此即是有情而無情了。明道
說：「有為為應迹，明覺為自然」表面上似為佛、老之語。嚴格言
之，儒家似不應用「應迹」字樣。作義理上所當然應作之事，不是
道家的因應，亦不是佛家的權現（方便）。故明道用「應迹」字眼
實易引起誤會。應會、應迹，這都是魏晉王弼郭象之「迹本論」中
之詞語。但表面上雖沿用了魏晉玄學中之詞語，而其言之之基本精
神卻仍是儒家的。他說「以有為為應迹」，只在表示我們的凡百作
為皆是順天理之大公，是對遮「自私」而發的。迹與本，本是形式
名詞，亦猶言本末，或體用。同言體用，而所以言體用者則不同。
名是公器，不能悉自我造。一時造不出來，沿用亦不妨。魏晉人雖
造了「迹本」之詞（源於《莊子》），然若取其形式意義，他人亦
未始絕對不可用。要者在能明其言之之基本精神。儒、道二家均肯

定現實生活，但所以肯定不同。佛家亦在某一層次的意義上肯定現
實生活，如謂挑水砍柴無非妙道，不毀世間而證菩提等，但此等只
表示現實生活可以不妨礙修道，並非從義理上真正肯定現實生活。
至於「以明覺為自然」，這是對遮「用智」（穿鑿）而發的。「明
覺」雖是佛家語，「自然」雖是道家語，然儒家講到虛靈不昧之本
心，亦未始不可用「明覺」，講到此本心之呈現，就其不穿鑿言，
亦未始不可用「自然」。豈是一用明覺、自然，便是「盡用其學」
耶？又佛教所談的「有為」、「無為」就翻譯說，顯然從道家而
來，但其義並不相同。儒家的「自然」義是從「大而化之」與「無
心而成化」諸語顯現的。「自然」一詞雖早見於道家的老子，但並
非道家所可專有。儒家的程明道，當然亦可說儒家聖人的「定」之
境界，是「內外兩忘」的、「無為」的、「自然」的。孔子曰：
「無為而治者，其舜也與？」《易傳》曰：「易，無思也，無為
也。」「無為」豈是道家所可專用？「喜怒不繫於心，而繫於
物」，這更不能說是老、佛語。它的原意為：聖人的喜怒哀樂均依
順天理，發於性情之正，而不陷溺於情，即不純為情感的
（emotional），換句話說：聖人的行為不由主觀的私情決定，而
是全順於客觀的天理的。即上文所謂物各付物，不容心喜怒於其
間。明道曰：「萬物皆只是一個天理，己何與焉？至如言天討有
罪，五刑五用哉，天命有德，五服五章哉，此都只是天理自然當如
此，人幾時與？與則便是私意。有善有惡，善則理當喜，如五服自
有一箇次第以彰顯之。惡則理當惡（一作怒），彼自絕於理，故五
刑五用。曷嘗容心喜怒於其間哉？」（《二程全書》，〈遺書第二
上〉）。此即是此處「喜怒不繫於心，而繫於物」之意。此與佛、

老有何關係？簡言之，聖人是仁義雙彰的。如果不能達至「天理流行」的境地，行動便不免乖舛，此時如喜愛某人便不免過分地獎賞他，憎惡某人又不免過分地懲罰他，那就是私而不公了。葉水心不但反對程、張，而且牽連到先秦的子思與孟子，亂作指責，可見他的思想在這方面實在淺妄。他認為程、張不了解《易傳》。他又以為子思（傳統以為是《中庸》的作者）雖不似明道的悖謬，但已「漸失古人體統」。其實葉水心認為「皆老、佛語」的明道諸語所示之函義與境界，都是來自《易傳》與《中庸》的，水心竟因責罵張、程而連帶怨及《易傳》與《中庸》，可見他根本不明《易傳》、《中庸》的奧義，因此亦不明理解這些奧義的程明道之所說，他把這些都歸給佛、老，這是何等的淺妄自貶與自愚！他似乎想把《中庸》、《易傳》與《孟子》都燒掉。近人亦復有想把這些都從儒家裡抹去，把孔子之教盡量往下拖。這與葉適同一淺妄。當年歐陽竟無痛罵宋明理學，以為理學不死，孔子之道不彰。但是他還沒有怨恨《中庸》、《易傳》與《孟子》，他卻用偷天換日的手法，拿佛教來解釋《中庸》。他亦不好意思罵孔子，只把他貶抑到七地菩薩的地位。我以為這都是動機不純正的。宏揚自家教義不是這樣宏揚的，傳教不是這樣傳的，學問不是這樣講的。平心而論，儒家從「化」的境界言心，其中亦實可蘊藏著許多「辯證的詭辭」（dialectical paradox），它們玄妙詭譎，不易領悟。老子《道德經》謂「正言若反」，詭辭便是若反的正言了。而且，詭辭的智慧是曲線型的，不是直線型的。明道所說的「動亦定，靜亦定」已含藏詭辭的意味。至於辯證的精義，就在通過一個否定的過程而統一正反兩面，最後達到破除正反兩面的表面分際而超越正反兩面的境

界。佛教最重視破執著，從破執著而出現的玄談即是「般若」的理論，參考《金剛經》便可知。般若智的表現是去除執著，即以般若照空。道家亦重破執著，但不用空字，而用無字。儒家從德性的境界立論，當然亦藏有從「大而化之」「毋意、必、固、我」所表現的不執著之境界，不過儒家沒有正面的應用空、無一類的字眼而已。先秦儒家從正面論道德的最高境界，很少從反面去論破執著，因此先秦儒家的詭辭不多亦不顯。然而儒家如要運用詭辭，一樣可以，問題在於儒家不必運用詭辭罷了。宋儒中程朱一系從「性即理」立論，詭辭不多，陸王一系從「心」立論，詭辭亦頗稀少。總之，儒家講到「心」一方面在義理上與老、佛不無相通相契之處。儒家罕用詭辭，但詭辭可謂藏於儒家詞句的背後，並非只老、佛才可擁有，而是儒、釋、道三教的共法。由此可知：葉適對程顥的批評完全不行，它消滅了《易傳》、《中庸》、《孟子》的廣大精微的深遠意義，把儒學壓縮到日常生活的事物，純現實世界裏去。否定了孔、孟等儒家之形而上的要求，等於否定了儒家的高明的智慧，也等於自我貶抑，把心靈之光壓抑至原始的狀態，因而開闢不出高級的智慧。須知：智慧便是心靈之光的開闢與放射，智慧高的人必有形而上的要求。叔本華觀察一個人氣質的清濁，就從有無形而上的要求這一點著眼。

　　㈡李習之（翱）的〈復性書〉。李氏在唐代，本不屬於宋明儒的範圍，然其〈復性書〉與宋明儒學為同類。這是處於佛學鼎盛的唐代出來弘揚儒家「性命」之奧義的，可謂鳳毛麟角。然一般耳食恍惚之輩，亦以為其思想是來自佛學。故亦列於此，一併論之。他的〈復性書〉無疑未臻程明道〈定性書〉的圓熟之境，但在唐代能

寫出此文已甚難得，而且〈復性書〉的境界是勝於他的老師韓昌黎之〈原道〉的。〈復性書〉主要講心性的寂然不動，如說：「性者，天之命也。聖人得之不惑者也。情者，性之動也。百姓溺之而不能知其本者也。聖人者，豈其無情邪？聖人者，寂然不動，不往而到，不言而神，不耀而光。制作參乎天地，變化合乎陰陽，雖有情也，未嘗有情也。」這已與王弼聖人有情而不累於物，同其旨趣。亦與明道「夫天地之常，以其心普萬物而無心，聖人之常，以其情順萬物而無情」並無二致。這可謂前後同揆。同對於聖人的化境有所了悟。你可以說李習之之能言此，是受了佛教的刺激。然而，絕不能說〈復性書〉的思想與文辭皆來自佛老。因為「寂然不動」顯然源於儒家《易・繫辭傳》的「寂然不動，感而遂通天下之故。」從天道的寂感說到心性的寂感，這是先秦儒家論「性」的《易傳》、《中庸》一路，與佛、老完全無關。論及修養成聖的工夫之時，〈復性書〉又說：「弗慮弗思，情則不生。情既不生，乃為正思。正思者，無慮無思也。《易》曰：『天下何思何慮哉？』」其中「弗慮弗思」及「天下何思何慮」的思想，皆出《易傳》。後來又引《易傳》的「易無思也，無為也，寂然不動，感而遂通天下之故，非天下之至神，其孰能與於此？」《易傳》以外，儒家經典裡亦常有「弗慮弗思」的思想，如《論語》載孔子之語：「天何言哉？四時行焉，百物生焉。天何言哉？」與及《中庸》所謂「誠者，不勉而中，不思而得，從容中道，聖人也。」可見以為〈復性書〉取自佛教，實為大謬。〈復性書〉復曰：「嗚乎！性命之書雖存，學者莫能明，是故皆入於莊、列、老、釋。不知者謂夫子之徒不足以究性命之道。信之者皆是也。有問於我，我

以吾之所知而傳焉。逐書於書，以開誠明之源，而缺絕廢棄不揚之道，幾可以傳於時，命曰〈復性書〉。」此本是弘揚儒聖固有之義。人淡忘旣久，遂以爲一涉此域，便是取自佛、老。此豈足謂爲得學術之眞者？馮友蘭《中國哲學史》第十章，講韓愈與李翱，標題爲「道學之初興及道學中『二氏』之成分」，此中二氏指佛、老。他在此章中以李翱〈復性書〉爲滲雜佛學成分的儒學。他說：「此雖仍用韓愈〈原性〉中所用之性、情二名詞，然其意義中所含之佛學的分子，灼然可見。性當佛學中所說之本心，情當佛學中所說之無明煩惱。」像這樣的拉扯，眞不知學問爲何物。你說「灼然可見」，實則只表示你「瞑然無知」而已。

㈢淸代的顏習齋（元）、李恕谷（塨）、戴東原（震）。顏李師生攻擊程朱，可謂不遺餘力，他們拚命反對宋、明的新儒學，好像葉水心一般，以爲上古三代的聖王與孔子才是正統派，才是「古人體統」，一切宋明理學家都是異端。（其實照他們所說，孔子已不是「古人體統」了）。顏元說：

自漢、晉氾濫於章句，不知章句所以傳聖賢之道，而非聖賢之道也；競尚乎清談，不知清談所以闡聖賢之學，而非聖賢之學也。因之虛浮日盛。而堯、舜三事六府之道，周公、孔子六德、六行、六藝之學，所以實位天地，實育萬物者，幾不見於乾坤中矣。追於佛老昌熾，或取天地萬物而盡空之，一歸於寂滅；或取天地萬物而盡無之，一歸於陘脫。〔……〕奈何趙氏運中〔指宋代〕紛紛躋孔子廟庭者，皆修輯註解之士，猶然章句也；皆高坐講論之人，猶然清談也。

甚至言孝弟忠信如何教，氣稟本有惡，其與老氏以禮義爲忠
信之薄，佛氏以耳目口鼻爲六賊者，相去幾何也？故僕妄論
宋儒，謂是集漢、晉、釋、老之大成者則可，謂是堯、舜、
周、孔之正派則不可。〔……〕某爲此懼，著〈存學〉一
篇，明堯、舜、周、孔三事六府六德六行六藝之道。大旨明
道不在詩書章句，學不在穎悟誦讀，而期如孔門博文約禮，
身實學之，身實習之，終身不懈者。（〈存學〉篇卷一，〈上
太倉陸桴亭先生書〉）

可見習齋竟誤宋學爲「集漢、晉、釋、老之大成」而非「堯、舜、
周、孔之正派」。他自以爲可代表正派，然而他不解儒學形而上的
要求，不解儒家內聖外王的全部智慧。他的心思只落在原始生活的
事物，正如墨子一般，只可算是狹隘的功利主義者，原始的體力主
義者。照他所說，孔子亦不能算是正派，祇有原始素樸的野人才算
是正派。他最重視的「三事六府」，語出僞《古文尙書·大禹
謨》。「水、火、金、木、土、穀」，謂之六府；「正德、利用、
厚生」，謂之三事。六府不外人生所依賴的六種物質，三事就是敎
人好好地利用這些物質。列于「三事、六府」之下的，是「六德、
六行、六藝」。六德在《周禮》有兩種相似的名目，大司徒說是
知、仁、聖、義、忠、和，大司樂說是中、和、祗、庸、孝、友。
《周禮·大司徒》說：「以鄉三物敎萬民而賓興之。一曰六德：
知、仁、聖、義、忠、和。二曰六行：孝、友、睦、婣、任、恤。
三曰六藝：禮、樂、射、御、書、數。」習齋喜好列舉先秦儒家的
德目，可是完全不懂先秦儒家「致廣大而盡精微，極高明而道中

庸，尊德性而道問學」的通透心靈。戴東原更接不上儒家的學問，他一如顏、李的攻擊宋明新儒學：「宋以前，孔孟自孔孟，老釋自老釋。談老釋者，高妙其言，不依附孔孟。宋以來，孔、孟之書，盡失其解，儒者雜襲老、釋之言以解之。」（《戴東原集》卷八，〈答彭進士允初書〉）可見戴東原對儒學是何等「外行」！他也不問問自己究竟對于孔、孟與釋、老知道有多少，也要妄肆論列！其實顏、李的思想雖非全無可取，但一陷於庸俗的功利主義，便開創不出高深宏大的學問。儒家並非不講正德利用厚生，亦非不貴水火金木土穀，人皆知這是人生最基本的物質條件；然而單講這些，絕不足成立高深的學問，亦不足開擴仁智的心靈，亦決不能創闢出光明燦爛的文運。儒家固重視躬行實踐，然祇是騎馬射箭，學習珠算，如顏、李之狹隘的實用主義，原始之體力主義，便眞能開出科學、數學嗎？儒家固重視敦品勵行，然試問顏、李個人之踐履，以及其移風易俗之影響，眞能有超過程、朱者乎？程、朱豈不更重視六德、六行、六藝之眞實而有深度的踐履嗎？於以知顏、李亦祇是急於另立說法，罔顧學脈之承傳與開發，結果亦祇是一場鄉氣的閒議論，其用又何在？至於戴東原妄談孟子，心靈根本不相及，而又力攻程、朱以理殺人，正是不知天高地厚癡兒之見。熊先生謂戴東原「有聰明，而根器太薄。」（《讀經示要》上冊，頁145）薄就薄在這裡了。

　　㈣顧亭林（炎武）。亭林爲明末之大儒，與黃梨洲、王船山並稱。顧、黃、王之志業本自不同，旣與顏、李不可同日而語，亦與滿清考據學風基本有異。詳見吾《政道與治道》一書。吾所以把他列在這裡，是因爲他亦不能正視「內聖之學」之價值，而反對談性

命與天道。他與黃梨洲、王船山同處於明末亡國之時，對於時代俱有深深的感觸，因此他們的基本精神同有一種從內聖向外開的要求。但是既向外開，外王固重要，內聖仍是本，不可忽。梨洲與船山俱不反對談性命天道之心性之學，這方是能接得上儒家學脈傳承之整全的通識，但顧亭林在此便接不上，這就不免落於偏了。這偏固是有激而然，但擔當時代使命，徹底反省文化發展的癥結以開前進之坦途，決不可停在那原初之偏激上。這是亭林之不足處。但他不說宋儒是雜取佛、老，他祇反王學及其末流，不反程、朱。這是他勝過一般口耳妄談之輩處。但他雖不反程、朱，卻亦並不正視程、朱的學問，這就不能無弊。因此，故把他列於此一併說說。

　　亭林深感於王學末流的「束書不觀，游談無根」，故此激烈地反對陸、王；然而從踐履與博學兩方面來說，程、朱的作風比較合乎亭林的胃口，所以他不大反對程、朱。事實上，程、朱在篤行方面，誰敢非議？在實踐與博學方面，程、朱是多受後人的接受與肯定的。亭林總不愧為大儒，他懇切敦篤，志節堅貞。他鑑於亡國之禍，故志切實用。這本是對應時代所可有亦是應有的態度。但其思想並不夠廣大精深。他主張經學即理學，捨經學無理學。這本也是可以說的。因為宋、明儒講學也是就先秦儒家的經典講的，不過是偏重在提煉其內聖一面而已。但若經學一詞祇就兩漢傳統說，則「經學即理學」一語便函對於宋明儒學之不滿。後來章實齋說六經皆史，這又是把經學吞於史學裡去。六經中本有些文物制度，屬於史學的範圍。但若說孔子祇是史學家，則顯然非是。毋寧宋、明儒的發揚才真是相應孔、孟立教的精神的。這是不可隨便歪曲與抹殺的。故經學即理學，捨經學無理學，「經學」一詞有歧義，包括的

亦太廣，這便不能彰顯出儒家教義的特殊精神。亭林如此說，實表
示其不能正視宋明儒學的價值，亦不能正視孔、孟立教的精神，其
心思祇落在「散學」與經驗知識上而已。他不能見出「性命天道」
的意義與作用，他以爲這一切都是空談而已。他說：

> 竊歎夫百餘年以來之爲學者，往往言心言性，而茫乎不得其
> 解也。命與仁，夫子之所罕言也。性與天道，子貢之所未得
> 聞也。〔……〕其答問士也，則曰行己有恥。其爲學則曰好
> 古敏求。〔……〕聖人之所以爲學者，何其平易而可循也。
> 〔……〕今之君子則不然，聚賓客門人之學者數十百人，譬
> 諸草木，區以別矣。而一皆與之言心言性。舍多學而識以求
> 一貫之方，置四海之困窮不言而終日講危微精一之說，是必
> 其道之高於夫子，而其門弟子之賢於子貢，〔……〕我弗敢
> 知也。〔……〕愚所謂聖人之道者如之何？曰博學於文，
> 曰行己有恥。自一身以至於天下國家，皆學之事也；自子臣
> 弟友以至出入往來，辭受取與之間，皆有恥之事也。
> 〔……〕士而不先言恥，則爲無本之人；非好古而多聞，則
> 爲空虛之學。以無本之人，而講空虛之學，吾見其日從事於
> 聖人，而去之彌遠也。（《亭林文集》卷三，〈與友人論學
> 書〉）

亭林鑑於王學末流的空疏虛浮，因而主張平實的「博學於文」與
「行己有恥」，這當然不錯，然而這亦表示他不能深明儒學中「心
性」一面的切義與眞實義。他說「古之清談談老、莊，今之清談談

孔孟」。清談固有流弊，王學末流固有流弊。然魏晉玄學家之弘揚
老莊，宋、明儒者之弘揚孔、孟，亦不可因清談流弊，王學流弊，
而一律予以堵絕。聖人固平易，但聖人之平實、平易，決不只是平
面的「散學」，亦不只是原始本能的「有恥」。焉能以聖人之俯
就，隨機指點，便執著一二語以為定本，而抹殺其他？人若真想作
到「行己有恥」，在德性上能徹底站得住，則「心性之學」之講習
仍是不可少的。不然，何以孔子不輕許人以仁？亭林說：「命與
仁，夫子所罕言。」這句話在《論語》本有不同的讀法，它本是
「子罕言利，與命與仁。」不是「命與仁」連同「利」一起不言。
《論語》不是到處言仁嗎？「五十而知天命」，「畏天命」，「道
之將行也與？命也！道之將廢也與？命也！」不是常言命嗎？孟子
亦言「立命」，亦「性也命也」對言。《易傳》亦言「窮理盡性以
至於命。」焉有一個偉大的生命，真實的德性人格，而不知命的？
而亭林在這裡卻說「命與仁，夫子所罕言」，誤讀原句，以湮沒
《論語》之事實，泯滅聖人立教之精神。亦由於心境不平正，故對
於德性生命亦無真實痛切深遠之諦見也。至於「性與天道」固不見
於《論語》，但卻見於《易傳》與《中庸》。子貢「不可得而聞」
不表示聖人不言，亦不表示就此為界，不准言。你能說《中庸》與
《易傳》，皆非聖門之教嗎？於以知只限於下，而不准通於上，只
限於散學，而不准通於高明，只限於習慣、社會之踐履，而不准通
過自己之自覺以求深度的內在之體悟，皆非能得聖人立教之精神
者。王學末流之弊自是末流之弊，焉可逆而連其根而拔之？故亭林
雖不反對程、朱，而卻反對談「性命」，則其不反程、朱者亦只是
由於習慣，或權威，或停滯於程朱之末果，而不能真及其精神。

程、朱之踐履與篤實，並非不自覺之冥行，正是由於其天天講性命天道而來者。其重博學，亦是由其講格物窮理正心誠意貫通性命天道而來者，豈是堵截上面裡面而只重散學乎？要知程、朱的篤行踐履必須通過道德的自覺，並以此爲根，否則僅爲冥行與習慣而已。道德實踐的目標是成聖成賢，絕非作一個庸俗的「老好人」就完了。章太炎不懂儒學，竟視程、朱爲「曲謹的好人」，進而稱他們爲「鄉愿」。鄉愿是孔子之所深惡，孟子也明說鄉愿爲「德之賊」。章氏當然知道此詞的原義，卻要對此詞加上一點一滴的好意義，成爲「曲謹的好人」。他以爲孔子曾稱讚狂狷，而狂狷如表現不佳，即出毛病，即一旦爲假狂狷，反不如曲謹的好人。故他要「思鄉愿」，以宋儒爲鄉愿式的曲謹好人。這是章太炎繞圈罵人的文人惡習，正是肆無忌憚。亦是顧亭林不能正視「道德自覺之學爲踐履根源」的必然流弊。故凡只重散學而反對談「性命天道」之內聖之學者，此固已非儒家內聖外王之教之全，而其散學結果亦祇是專家知識之學，其篤行亦祇是習慣之冥行，至多是曲謹之好人，決不足語於創造之道德。

㈤惠士奇與惠棟。惠棟與戴震齊名，是三世治經學的考據大家，以易學尤爲著名。但他受時風影響，隨乃父惠士奇（天牧）棄宋易而治漢易，以漢學相標榜。熊先生說：

> 士奇自題〈紅豆山齋楹帖〉云：「六經尊服、鄭，百行法程、朱。」（皮錫瑞《經學歷史》引此帖，作「六經宗孔孟」，殊誤。）是直以經學當宗服、鄭，而於行誼不必有關。程、朱行誼可法，而其行誼又不本於經學。惠氏三世爲

學，蓋全不知經學果爲何學，而直以考據之業當之。宜其視
程、朱爲「曲謹好人」，而不見其有何學術也。生而瞽者，
不知日月之明，蟻旋大磨，自以爲世界更無有大於此者，非
惠氏之謂歟？（江藩《宋學淵源記》，即本惠氏見解。）昔
南宋之亡也，其時大儒，眞誦法程、朱者，皆畢志林壑，不
肯仕元，許衡家世陷寇已久，垂死猶念仕胡之恥。惠氏當中
夏正朔猶存海外之日（永明絕於緬，而鄭氏康熙二十二年始
亡）。便已晏然仕清，稱天頌聖，無絲毫不安於心者，其異
於禽獸之幾希，尚有存乎？法程、朱者如是乎？清人之業，
本無可托於宋學。其終以漢學自標榜，固其宜也。（《讀經
示要》卷二，頁144）

惠士奇的「六經尊服、鄭，百行法程、朱」，表面好像不錯，服虔
鄭玄代表漢學，程、朱代表宋學，這二句似乎表示了對漢、宋兩學
的兼顧不偏。然而觀深一層便知：鄭玄祇是以傳經爲務的經生，擅
長從文物訓詁方面解經，而不懂經裡的大義奧義，「六經尊服、
鄭」表示尊崇服虔、鄭康成的解詁，不說「六經尊程、朱」，是表
示對六經的研究走漢學路徑而不走宋學路徑。至於「百行法程、
朱」，熊先生已作嚴正的指斥。其實惠士奇那能懂程、朱篤行的所
以然的來歷。惠氏父子但取程、朱的篤行，即暗示了不取程、朱的
學問，這是清代一般考據家宗漢反宋的共同特徵。其「法程、朱」
者亦祇是順俗勉強承認而已，焉能說是眞法程、朱？篤行之於程、
朱是「溥博淵泉而時出之」，有本有源，有光有熱，是通過自覺而
來的德性生命之開發，有艱苦的感受與奮鬥，有企向高明而又歸於

平實的眞實性情作支持，這其中有一套學問，就是聖賢之學、心性之學。自亭林以來，不反程、朱，甚至法程、朱者，不講此種學問，甚至反對此種學問，則其「取」與「法」豈非成爲無意義之廢辭？故所謂取者法者，實祇是順俗之浮說。而撤離其學問，祇取其篤行，則程、朱之篤行成爲無源之水，成爲陳列品之木乃伊，只好放在博物館，尚何足法？亭林一時之偏激，盡量向「散學」方面拖，不期而有滿淸之陋風，此亦非其所始料也。

　　總之，自葉水心對明道〈定性書〉發那無知之讕言以來，凡重視知識、實用之學，而反對德性生命之學者，皆不能了解儒聖立敎之核心本質的意義。眞諦、俗諦原不相礙。儒聖立敎亦重視知識、實用之學。內聖外王在儒家立場本爲本質地相連結，然有本有末，而核心之本質要在德性生命之開發，決不能停滯於知識、實用之學而割截堵塞其本源。人之才力資質俱有所偏適。偏適於知識、實用之學者，即於此而用其力，於己所不適之德性之學，則讓他人講而不必反對，或己雖不能而心存嚮往之敬意，如是方是尊崇聖道者。若必自原則上劃一立場，成一門戶，割截堵塞其所不適不知之德性之學而抹殺之，以爲惟此知識、實用之學方是聖道，惟考據訓詁方是通聖道之門，則此種態度極爲淺陋而又自卑，此是中國知識分子中最大不幸之惡習。何以說淺陋？不識聖人立敎核心之本質，割截堵塞德性生命之本源，便是淺陋。何以說自卑？知識、實用之學，亦有其本身之價值，如只適於此者，以畢生之精力鑽研於其中亦並非不值得，如此，即知識、實用之學而已矣，又何必依託聖道爭取門戶？西方研究科學者，即科學而已矣，亦未以此爲通神學之途徑。而惟中國以前之倡知識、實用之學者，則有此陋習，此其所以

爲自卑。宋、明儒開發德性之學之最核心之本質，而不抹殺忽視知識、實用之學，於踐履篤行又能「溥博淵泉而時出之」，即此相較，即可見出心量器識之高下，重知識實用之學者又何曉曉爲？夫眞知聖道者，內聖必通外王，外王亦必本於內聖。今重知識、實用之學者，而必割截堵塞德性之學之本源，則如何能謂之爲眞知聖道、眞崇聖道者？其假託聖道以爭門戶，又何所取義哉？今日之知識分子如能免於淺陋，祛除自卑，革除以往之陋習，則中國之學術文化始可走上現代化之健康坦途焉。

第四講　與佛教之關係㈡

　　上一講評論了新儒學來自外部的指責，此講再評論內部的互相指責。宋、明儒皆自稱「出入佛、老」，「佛」主要是指禪宗。北宋緊接唐末五代，禪宗可說在當時是天下的顯學，亦即天下人聰明才智的匯聚所在，是時代上最活動而凸顯的靈魂。北宋諸儒承風接響，受其影響與刺激是不可免的。這在前講已經說過。但理學家之出入佛老，並不曾深入內部作過細密的研究，接觸的經典亦並不多。而何況禪宗就是教外別傳，本不是從經論下手的。但理學家似乎從外部總能把握它的基本精神，覺得總有不能相契處。對禪宗亦似能嗅到它的大體氣氛，覺得到一個大體的輪廓。但既有所宗主，便不想作積極的研究，是以凡有談論與批評亦只是消極地涉及，不是真對它負責的。宋儒的互相指責，便是斥對方為禪，但亦僅為籠統的說法。宋儒內部的互責，以發自朱子的為最多，他自命為正統派，陸象山的精神與他迥異，於是成為他的對方。朱子方面的攻擊性極為猛烈與凌厲，自然陸象山也可反擊，但朱子的牽連總較多較猛。朱子最尊崇二程，其實主要乃是伊川，因為他對明道的境界接不上，可是他對明道，比對象山是客氣得多了。他不好意思直接指責，所以另以一些話頭表達他對明道的不滿與批評。現在就從此開

始，逐段疏解朱子對其他類禪或他所認爲不妥者所作的指責之意義。

一、朱子謂：「明道說話渾淪，然太高，學者難看。」又謂：「程門高弟，如謝上蔡、游定夫、楊龜山，下梢皆入禪學去。必是程先生當初說得高了。他們只睹見上一截，少下面著實功夫，故流弊至此。」渾淪即圓融，這是明道學問的特徵，所以黃梨洲以「其語言流轉如彈丸」形容明道，確極生動恰當。它表示了兩面的意義：

㈠不採分解的方式。我們參看橫渠、伊川、元晦的作品與話頭，可知他們都採分解方式說理。從此方式表達的義理，明道亦未必反對，不過他自己不喜用這方式。

㈡破執著所呈現的境界。中國古典中採用分解說法的，例如《易‧繫》的「形而上者謂之道，形而下者謂之器」，便是以分解的方式，表示道、器的意義。伊川與朱子常以分解的方式說心、性、情等字的確義。然而，明道卻不喜歡這方式，只喜歡從渾圓的境界上說，以免僵死在語言的分解上。明道破除了對語言的執著，換言之，破除了分解上所顯的分崩離析，進而把中心義理統統圓融起來，表現出渾淪的狀態。破執著才可到達最高的境界，如果心境停滯於分解所建立的抽象概念之上，便是執著了。因爲道是具體的、渾淪的，即是超乎抽象概念的限制的。籠統地說，破執著要從生活上作工夫。嚴格地說，破執著要從心上作工夫。此工夫必須化掉概念、觀念的停滯或一偏，故如以語言陳說，便是「其語言流轉如彈丸。」如果你執著於「形而上者謂之道」一語，明道可說「道亦在形而下者」以破你的執著。明道以「無將迎，無內外」形容破

了執著的心境。但是這種通過破執著而顯的渾圓境界，是完全取自佛、老嗎？在先秦儒家中有沒有根據呢？曰：有。孟子說「大而化之之謂聖」的「化」就是無執著的境界了。孔子言「毋意、毋必、毋固、毋我」就是「無將迎，無內外」的化的境界了。「天何言哉？四時行焉，百物生焉，天何言哉？」這就是內外兩忘，無言之教了。若以此為禪或類禪，而造成禁忌，則孔子已是禪了！孔子亦取自佛、老嗎？禪不禪並不能在這裡分別。明道說：「禪學者，總是強生事。至如山河大地之說，是他山河大地，又干你何事？至如孔子，道如日星之明，猶患門人未能盡曉，故曰：予欲無言。如顏子，則便默識，其他未免疑問，故曰：小子何述？又曰：天何言哉？四時行焉，百物生焉。可謂明白矣。若能於此言上看得破，便信是會禪也。」（《二程全書》，〈遺書第一〉）山河大地為幻妄，這是佛教的根本教義問題，儒者自不贊成。明道「強生事」之語即表明了儒佛的基本不同。至如「天何言哉」，則明道說：「若能於此言上看得破，便信是會禪」。可見這並不能造成禁忌，全推給佛教的禪宗。這裡看得破，便是會禪，這種境界不能說是從禪家來，亦非禪家所可獨佔。聖是最高的德性人格，這人格從化掉執著顯。哲學家一般不是聖人，極其量可謂賢人或智者，因為他們縱使思想深刻精闢，仍然不免執著於名言與思想，即未臻化境。哲學家通過分解的方式可以建立宏偉壯大的思想體系，如西方康德、黑格爾二哲，都有無所不包的壯偉體系，然而一旦是體系或系統，便不是天地本身，便不免體系的嚴格限制。大人或聖人不限制於思想體系，而得「與天地合德，與日月合明，與四時合序，與鬼神合吉凶。」體系界限的化掉，好比投石於水時，掀起由內向外的層層漣

漪，造成水面層層圓圈的界限，等到水面復歸平靜如鏡，漣漪消散
得無影無蹤，水面一切界限都被化掉渾融爲一了。在東方的哲學
中，人格的最高境界都要「化」，當然，儒家講破執著的方式未曾
像佛家那樣顯著與著力，也未有那麼多的詭辭。這也許就是儒家比
較平實之故。但不能說儒家沒有或不知這境界。只是無許多詭辭而
已。明道有充分的聰明智慧來表達這無執著的化境，這決非抄襲禪
宗的。禪宗甚至整個佛敎很易被中國人了解與接受，因爲他的詭辭
爲用，在中國老傳統的道家思想中早已多著呢！因此文人名士之流
亦能談禪，不是有所謂名士禪與野狐禪嗎？所以單從圓轉活潑的境
界看，不可說明道思想得自佛敎。朱子對這點解悟未透，而致造成
一種禁忌，表示了深深的厭惡。他說「明道說話渾淪，然太高」，
「太高」就是禁忌與厭惡的表示，我們須知：聖人「大而化之」的
境界當然最高，此境界無論多高，亦有理路可循，亦可用說話講出
來或暗示出來，不應視它爲禁忌而閉口不談。當然無切實根底而隨
意妄談，也令人生厭。但如要講成聖的路數，自然要講到聖人的境
界，不必認爲這是「太高」而故意避免，以致不敢正視而漸失其的
義，把它全讓於佛老，以爲非儒聖所固有。道理有深有淺，對最深
最高的道理，便須作最高最深的理解，不必逃避不講不理。佛敎的
義理，亦有高低深淺之分割。如小乘較低，大乘較高。中國佛徒中
的天臺、華嚴兩宗，均有判敎，即對一切佛學作出高低層次的判
別。天臺宗的高低次序是藏、通、別、圓，一共四敎，所謂化法四
敎。華嚴宗更判成五敎：小、始、終、頓、圓。由於天臺宗所判的
圓敎亦可包含頓敎，所以二宗所判成的，雖然名目與數目不盡同，
其實一般無異。儒學的道理中也有這高低、深淺、分圓之不同。都

要切實正視，不可造成忌諱。朱子偏重下面的部份，即較低較淺的部份。明道卻喜談徹上徹下「極高明而道中庸」的渾化境界，即較高較深的部份。朱子討厭明道講最高的義理，可見他對最高境界了解不夠，至少不能正視。由於對明道比較尊重，所以只說他「太高」，否則朱子會進一步，直斥之為禪。如此，朱子認為程門的謝、游、楊三人的末流（下梢）「皆入禪學去」，意即謂這三人講論的聖人之道均似是而非，已入於佛而非儒家本色。朱子又猜想個中因由，說：「必是程先生當初說得高了。他們〔那三人〕只瞥見上一截，少下面著實工夫。」平心而論，說這三人的學問仍未夠紮實穩當，這是可以的；但如說他們已入於禪，那就不對。

二、朱子反對明道〈識仁〉篇以「仁者渾然與物同體」一語說仁，認為它不著邊際。其實明道此語最為實際，他是從仁之感通性而言的。孔子說的仁是惻惻之感，是要對宇宙萬物感痛癢。感通有差別與層次，孟子言「親親而仁民，仁民而愛物」，親、民、物便是由親及疏的層次了。感通無限制，無一定的界限為標準，它應是無停滯地以「與萬物渾然同體」為終極。仁者是聖人的別稱，作仁者談何容易！朱子對惻惻之感把握不著，故嫌明道此語籠統不實，對人無益。朱子論仁從「生意」著眼，不是錯，但不夠（其實這也是從明道來）。因為仁的第一義是道德方面的，言「生意」落於第二義，即重宇宙論方面的意義，而削弱了道德的意義。孔子當年論仁是始於道德性的惻惻之感之真實生命之覺與健，而非始於宇宙論的「生意」，雖然因感通之無限可以與萬物為一體，所謂「體物而不遺」，因而可以證實此義，亦因而函蘊此義。所以明道該語大有根據，他從感通了解仁，極為恰當。

　　三、朱子非難謝上蔡的從「覺」論仁。覺是不麻木、知痛癢。
此意，顯然是得自其師明道。上蔡說：「心者何也？仁是已。仁者
何也？活者爲仁，死者爲不仁。今人身體麻痹不知痛癢謂之不仁。
桃杏之核可種而生者謂之仁，言有生之意。推此，仁可見矣。」
（《宋元學案》〈上蔡學案·語錄〉）。此皆明道所已言者。從
「覺」說仁，當然沒錯。「覺」與「生意」扣在一起說，這覺當然
是悱惻之感，生意亦直接從這裡說，這純粹是具體的道德心靈的。
然而朱子卻把這「覺」視爲「知覺運動」之覺，從仁提出來而謂屬
於智之事。這是把覺從悱惻之感中孤離起來，而單屬於智。朱子
說：「仁固有知覺，喚知覺做仁卻不得。以名義言之，仁自是愛之
體，覺自是智之用。」（《朱子語類》卷六，〈性理三〉，仁義禮
智等名義）。智固有覺了之用，但仁亦有覺感之性。這兩個覺的意
思根本不同。一是覺了辨別，一是痛癢關切。朱子劃而一之，概屬
於智，只准於智說覺，不准於仁說覺，顯然非是。《朱子語類》卷
六中復有一條云：「問：先生答湖湘學者書以『愛』字說仁，如
何？曰：緣上蔡說得『覺』字太重，便相似說禪。」這就是朱子特
別不喜歡以「覺」言仁的緣故了。禪宗名詞有「靈知」、「本覺」
之類。《大乘起信論》有本覺、始覺、不覺之說。圭峰宗密分別靈
知與般若（智），云：「知之一字，衆妙之門。」這靈知與本覺是
基於「如來藏自性清淨心」而言的，與上蔡之以覺言仁根本不同。
上蔡言覺是從「麻木不仁」反顯，顯然是指具體的道德的心靈而
言，代表悱惻之感。從這裡說，可以說得很高。但無論如何高，總
是有悱惻之感在後面定著，總是儒家的仁心，不會變成佛家的「如
來藏自性清淨心」，或禪宗的靈知、本覺之類。朱子認爲一說

「覺」，就是禪，這禁忌是多餘的。

茲引朱子〈仁說〉之語以明其對於明道與上蔡之說之不滿。
〈仁說〉云：

> 或曰：程氏之徒言仁多矣。蓋有謂愛非仁，而以「萬物與我
> 為一」為仁之體者矣。〔案：此指龜山說〕亦有謂愛非仁，
> 而以「心有知覺」釋仁之名者矣。今子之言若是，然則彼皆
> 非與？曰：彼謂「物我為一」者，可以見仁之無不愛矣，而
> 非仁之所以為體之真也。彼謂「心有知覺」者，可以見仁之
> 包乎智矣，而非仁之所以得名之實也。觀孔子答子貢博施濟
> 眾之問，與程子〔伊川〕所謂「覺不可以訓仁」者，則可見
> 矣。子尚安得復以此而論仁哉？抑泛言「同體」者，使人含
> 糊昏緩，而無警切之功，其弊或至於認物為己者有之矣。專
> 言「知覺」者，使人張皇迫躁，而無沈潛之味，其弊或至於
> 認欲為理者有之矣。一忘一助，二者蓋胥失之。而知覺之云
> 者，於聖門所示樂山能守之氣象，尤不相似。子尚安得以此
> 而論仁哉？

案：這些批評都是多餘的，甚至是根本不相應的臆測。只是作文
章，誠有如象山所說只是閒議論。以悱惻之感之無限制而說與物同
體，此正是精神生命（仁體本心）之「體物而不遺」，何至想到
「使人含糊昏緩，而無警切之功，其弊或至於認物為己」？ 此豈
是昏沈物化之同體？朱子此評雖指龜山說，而龜山之意是來自明
道。所以實是不滿明道。此義之線索，朱子並非不知。然則其所以

對此義不能予以同情之理解者，亦正見其對此義無眞切體會也。復次，恓惻之感即是覺，此覺是由「不痳木」而顯，由「知痛癢，相關切」而顯。恓惻不痳木之仁覺何至「使人張遑迫躁，而無沈潛之味，其弊或至於認欲爲理」？以上蔡之仁覺爲了別之知覺，屬於智之事，這已是乖謬了。又以爲「心有知覺，可以見仁之包乎智，而非仁之所以得名之實。」此豈是名義問題耶？以「物我爲一，可以見仁之無不愛，而非仁之所以爲體之眞。」即是說，此只是「仁之量」，而非「仁之體」。（《朱子語類》卷第六）在感通之無限量上，仁之量即是仁之體。故吾曾云：「仁以感通爲性，以潤物爲用。」此豈是字義之事耶？

　　〈仁說〉開頭云：「天地以生物爲心者也，而人物之生又各得夫天地之心以爲心者也。」又云：「此心何心也？在天地則塊然生物之心，在人則溫然愛人利物之心，包四德而貫四端者也。」這是從天地生物之心說下來，是宇宙論的路數。再加上程伊川以仁爲性，以愛爲情，而有朱子的「仁者心之德愛之理」的說法。這些說法，雖都是可以的，然都不比明道、上蔡所說諸義更爲妥貼。仁固有溫潤之意，仁者固有「樂山、能守」氣象，然仁亦有覺義、恓惻義、感通義、創生義、健行義。若眞會得，這些俱不相礙。只因伊川說「覺不可以訓仁」，此在伊川已經是滯了，到了朱子手裡，則根據伊川之語，益成滯礙。此誠象山所說「定本」之弊。在定本之拘礙限制之中，以此遮彼，則反見從宇宙論說下來，以及「心之德愛之理」之格局，不但不比明道、上蔡所說之義更爲妥貼，且更爲不妥貼，益喪失仁之生動活潑義、周匝眞實義、精誠惻怛義。其所以不滿明道、上蔡之說者，只因有一禪之禁忌橫梗心

中，故多方避諱，不能弘通，反成滯礙。

　　由以上朱子對明道、龜山、上蔡之不滿，而謂其是禪或類禪，我們可以總起來點醒一下，即凡可以令朱子聯想到是禪或類禪者，大抵是在涉及以下兩面時：

　　㈠涉及最高的渾化境界時。

　　㈡涉及「本心」的自然呈現與破執著時。

　　關於第㈠點，說最高的渾化境界是就工夫的體現說，不是就客觀地講一最高之理說。若是分解地、客觀地講一最後之實有、實理，那不會讓人聯想到是禪。只有當從工夫的體現上說最高的渾化境界、圓融境界時，方可令人聯想到禪。這是主觀修證上的事，不是客觀實理上的事。但是講這種學問，不能不講主觀的修證。講修證，不能不以渾化境界為終極。光是講修證，也不必就是禪。因為朱子也講工夫、講修證，不但是講，而且是艱苦的實踐。但他卻不至令人想到是禪。所以禪，必是就最高的渾化境界說，就聖果上說。在此聖果的渾化境界上，一切是一、一切是圓：沒有內外、彼此、上下的分別；一切是頓，當下即是：沒有分解的次第、系統的起訖、前因後果的邏輯聯索。在這圓頓的姿態上，就含有灑脫一切封域、界限等的執著。在灑脫一切執著上，就函蘊著種種奇詭的姿態，窮高極遠的玄論。這就是禪了。在這方面，佛、老本是擅長。到了禪宗，更是奇特詭譎。這是六祖慧能所說的「無心為道」的一面，用佛家的詞語說，也就是「般若為用」的一面，依道家的「正言若反」說，也就是「詭辭為用」的一面。這些奇詭的姿態，窮高極遠的玄論，是朱子所最不喜歡的。所以凡一涉到這境界，他便認為是禪了。因此，凡是說得渾淪太高，他便認為有禪的嫌疑。他是

喜歡平實。但是「平實」從下學到上達，都是可以說的。在圓頓的
境界上，也可以說平實。「默而識之，不言而信」是平實。「聖人
懷之，衆人辯之以相示也。」從「聖人懷之」方面說，亦是平實。
但是聖人的「懷之」與「不言」是化的境界，要把達到這「化」的
經過說出來，不能不灑脫一切執著，這其中亦必然有奇詭。聖人之
化不必自覺到經過這些奇詭，他也許是無聲無臭地自然就化了。但
是要了解它，明其所以而說出來，指示一義理之路，即這其中亦有
個訣竅，亦有路可循，莊子所謂「辯之以相示」，便自然有這些奇
詭的姿態，窮高極遠的玄論。把這些講出來，亦未必無好處。奇詭
是「明其所以」中的波浪，「化」便是消融這些波浪，連這些姿態
一起化掉。此即所謂「平平」。但化境的「平平」必然函著一個圓
頓。一說圓頓，便必然有這奇詭的姿態。莊子所謂「恢詭譎怪，道
通爲一」也。奇詭與平實一也，兩不相礙。奇詭乃所以支持而充實
這平實者。這也表示聖人的平平與化境也不是容易的，是有一個過
程的，有一番經歷的。堯夫詩所謂「出入幾重雲水身」也。但是朱
子只知道涵養察識的經歷，讀書格物的經歷，而不知這化境的達到
也有一種灑脫一切的破執著的經歷。在這經歷裡，說奇詭就奇詭，
說平實就平實，你若說渾淪太高，而明道卻說平平，如無事一般。
你若只從奇詭說象山是禪，而象山卻說他只是平平，是實事實理，
並無許多閒議論、空意見。這就可以看出奇詭必有道理，不能只作
不近人情的奇詭看。

　　第㈡點，就「涉及本心的自然呈現與破執著時」說，只有當講
本心、天心的自然呈現，全體朗現時，才有這些奇詭。光講理是沒
有奇詭可言的。理都是一定的，是沒有姿態波浪可言的。從工夫體

現上講化境，必然要涉及破執著。心才有執著，所以必然要涉及心。明道〈定性書〉，實在講的是心。心是主觀性原則，理是客觀性原則。而主觀性原則就是實現原則：必須通過心覺才能說到理之體現。而這種體現不是認識心之認知科學真理，而是道德心之實現道德的理，這是內容的、強度的、深度的、無窮無盡的：理如此，心亦如此。從心方面說，它要達到體現天理之化境，它必須要在無窮無盡的破執著之經歷中到達。這就是「無心為道」一語之所示。心之體現天理而至化境，是心而要無心，這就是一個詭辭。通過心的潤澤、貫徹與覺了，天理才是真實的、具體的。但心的活動覺了，因形限之私，卻又最容易沾滯、偏著、陷溺。從這沾滯、偏著、陷溺中覺醒過來，超拔出來，而消化掉它的沾滯等，這就是無心。這無心就是心之自然、渾化，沒有一毫意、必、固、我之滯相。在這消化滯相之經歷中必然有奇詭的姿態出現。這奇詭是翻過滯相而顯的。若無滯相，亦無奇詭，那就是平平了。所以涉及心而聯想到禪，不是分解地講心時令人想到禪，不是在分解地了解心之本義時（不管是經驗的心或超越的本心）想到禪，而是在辯證地消化滯相以達體現天理之化境上才令人想到禪。當然，當肯認一實體性、宇宙性的本心天心，而說「心即理」，而直悟頓現此本心天心時，則更容易想到禪。這點俟看下面朱子斥象山為禪時便知。朱子說某某是禪，不是就他講的心之本義，而加以檢察，說他是佛家的，不是儒家的。若是這樣分別，是無問題的，而且是必須的，若有混擾，當該指出。但他不是如此，他只就那些奇詭說某某是禪。這就有問題。他不知道這圓頓的渾化之境固是佛、老所喜說，也是儒聖所已至。連王弼都知「聖人體無」，老、莊只是言之而未能至

（參看《才性與玄理》）。他也不知消化滯相而至化境中所函的奇詭，這固是佛、老所喜說，也是儒聖所必函。宋儒既從心性的奧義開發聖教，若以其眞實生命之眞實體悟，而至鞭辟入裡，則這是必然地自發地要接觸到的。這是一切道德宗教之修證學問之所共。並不是誰所特有的，亦不是某教之所以爲某教之特異處。若必謂此是學自禪，這無異於否認了自家的眞實生命之鞭辟入裡的眞實體悟。若必謂這是禪，而不是聖教之所應有、所固有，甚至是一切教之所共有，這就表示其對於心性之奧義並未透，並未充其極，亦無異於自我貶抑。這只應說喜講或只適於講某方面道理的人不喜這些奇詭，或不易接觸這些奇詭，而喜講或適於講某方面道理的人，則自然就有這些奇詭。爲能以自己之所不喜或不適或未悟至者，便劃歸於禪？明道、象山、陽明皆已眞實地體悟到這方面，豈能謂他們皆是禪，而非開發儒聖之教之儒者？所以在這裡造成禁忌，實是多餘的。這只表示朱子對於聖人化境沒有眞實的體悟，對於心了解的不夠而已。

以上是原則性的解說，根據這解說可以了解朱子說某某是禪其究竟意義何在。

㈣朱子斥陸象山爲禪。朱子責斥某某爲禪，最後是集中於陸象山。依他說某某是禪的聯想，象山可說是儒者中禪風的集大成者，是一個典型。

朱子說：「上蔡說仁說覺，分明是禪。」又曰：「上蔡說孝弟非仁也。孔門只說爲仁，上蔡卻說知仁。只要見得此心，便以爲仁。上蔡之說，一轉而爲張子韶，子韶一轉而爲陸子靜〔象山〕。上蔡所不敢衝突者，子韶盡衝突。子韶所不敢衝突者，子靜盡衝

突。」（《宋元學案》〈上蔡學案·附錄〉中引）。這是說從上蔡
到子靜，一切藩籬都衝破。禪的奇詭完全都顯出了。

又說：「湖南學者說仁，舊來都是深空說出一片。頃見王日休
解《孟子》云：麒麟者，獅子也。仁本是惻隱溫厚底物事，卻被他
們說得抬虛打險，瞠眉弩眼，卻似說麒麟做獅子，有吞伏百獸之
狀。蓋自知覺之說起之。」（《朱子語類》卷第六，〈性理三〉，
仁義禮智等名義）。

案：從悱惻之感之覺與健來說這仁體本心，本亦可有些奇詭出
現。上蔡以及後來受其影響的湖南諸公，亦可能有偏差處，不甚的
當處，但不會完全無意義，亦不能簡單地就說他們是禪。朱子對這
些奇詭，不能明其所以，他根據「平實」的標準，一概漫畫式的具
像爲「抬虛打險，瞠眉弩眼」，「深空說出一片」，「有吞伏百獸
之狀」：這當然就是禪的姿態了。朱子批評陸象山爲禪的話很多。
茲根據王懋竑《朱子年譜》選六段如下：

> 1.子靜寄得對語來，語意圓轉渾浩，無凝滯處，亦是渠所得
>   效驗。但不免些禪底意思。昨答書戲之云：這些子恐是蔥
>   嶺帶來。渠定不伏。然實是如此，諱不得也。（《朱子年
>   譜》，五十六歲〈辨陸學之非〉，〈答劉子澄書〉）

> 2.子靜舊日規模終在。其論爲學之弊病，多說：如此即只是
>   意見，如此即只是議論，如此即只是定本。熹因與說：既
>   是思索，即不容無意見；既是講學，即不容無議論；統論
>   爲學規模，亦豈無定本？但隨人材質病痛而救藥之，即不

可有定本耳。渠卻云：正為多是邪意見、閒議論，故為學
者之病。熹云：如此卻是自家呵叱亦過分了！須著邪字閒
字，方始分明，不教人作禪會耳。又教人恐須先立定本，
卻就上面整頓，方始說得無定本底道理。今如此一概揮
斥，其不為禪學者幾希矣！渠雖唯唯，終亦未竟窮也。子
靜之病，恐未必是看人不看理，自是渠合下有些禪底意
思，又自主張太過，須說我不是禪，而諸生錯會了，故其
流至此。〔……〕大抵兩頭三緒，東出西沒，無提撮處。
從上聖賢，無此樣轍。〔……〕然其好處，自不可掩覆，
可敬服也。（《朱子年譜》，五十二歲白鹿洞會後，〈答呂伯
恭書〉，選自《文集》）

3. 陸子靜之學，千般萬般病，只在不知有氣稟之雜。把許多
粗惡底氣，都把做心之妙理，合當恁地自然做將去。向在
鉛山得他書云：看見佛之所以與儒異者，止是他底全在
利，吾儒止是全在義。某答他云：公亦只見得第二著。看
他意只說儒者絕斷得許多利欲，便是千了百當，一向任意
做出，都不妨。不知初自受得這氣稟不好，今纔任意發出
許多不好底也，只都做好商量了，只道這是胸中流出自然
天理，不知氣有不好底夾雜在裡，一齊滾將去，道害事不
害事！看子靜書，只見他許多粗暴底意思，可畏。其徒都
是這樣。纔說得幾句，便無大無小，無父無兄，只我胸中
流出底是天理。全不著得些工夫。看來這錯處，只在不知
有氣稟之性。（《朱子年譜》，五十六歲〈辨陸學之非〉，所

選〈語錄〉）

4. 陸子靜之學，只管說一個心本來是好底物事，上面著不得
一箇字。只是人被私欲遮了。若識得一箇心了，萬法流
出，更都無許多事。他卻是實見得箇道理恁地，所以不怕
天、不怕地，一向胡叫胡喊。又曰：如東萊便是如何云
云，不似他見得恁地直拔俊偉，下梢東萊學者，一人自執
一說，更無一人守其師說，亦不知其師緊要處是在那裡，
都只恁地衰塌不起了。其害小。他學者，是見得箇物事，
便都恁底胡叫胡說，實是牢動他不得。一齊恁地無大無
小。便是天上地下，惟我獨尊。若我見得，我父不見得，
便是父不似我。兄不見得，便是兄不似我。更無大小，其
害甚大。不待後世，即今便是！（同上）

5. 或說象山說克己復禮，不但只是欲克去那利欲念慮之私，
只是有一念要做聖賢便不可。曰：此等議論，卻如小兒則
劇一般，只管要高去。聖門何嘗有這般說話！人要去學聖
賢，此是好底念慮，有何不可？若以為不得，則堯舜之兢
兢業業，周公之思兼三王，孔子之好古敏求，顏子之有為
若是，孟子之願學孔子之念，皆當克去矣。看他意思只是
禪。誌公云：「不起纖毫修學心，無相光中常自在。」他
只是要如此。然豈有此理？只如孔子答顏子克己復禮為
仁，據他說時，只這一句已多了！又況有下頭一落索？只
是顏子才問仁，便與打出方是！及至恁地說他，他又卻

譚。某嘗謂人要學禪時，不如分明去學他禪和，一棒一喝
便了。今乃以聖賢之言夾雜了說。道是龍又無角，道是蛇
又有足。子靜舊年也不如此，後來弄得直恁地差異！如今
都教壞了後生，箇箇不肯去讀書，一味顢頇，沒理會處。
可惜可惜！〔……〕又曰：子靜說話，常是兩頭明，中間
暗。或問暗是如何？曰：他是那不說破處。他所以不說
破，便是禪。所謂鴛鴦繡出從君看，莫把金針度與人。他
禪家自愛如此。（同上）

6.一，便如一條索，那貫底物事，便如許多散錢。須是積得
這許多散錢了，卻將那一條索來一串穿，這便是一貫。若
陸氏之學，只是要尋這一條索，卻不知道都無可得穿。且
其為說，喫緊是不肯教人讀書，只恁地摸索悟處。譬如前
面有一箇關，繞跳得過這一箇關便是了。此煞壞學者。某
老矣！日月無多。方待不說破來，又恐後人錯以某之學，
亦與他相似。今不奈何，苦口說破。某道他斷然是異端，
斷然是曲學，斷然非聖人之道。但學者稍肯低心向平實處
下工夫，那病痛亦不難見。（同上）

案：以上六條都表示象山是禪。這六條也烘托出一個完整的意思，
凡令人聯想到是禪的重要關節都具備在這裡。朱子並非看不出，所
以他自負能說破。若就破除心之滯相而直悟仁體本心之圓頓化境
言，則佛家禪宗所表現的那些奇詭姿態也都可以在這裡表現。明道
的「渾淪、太高」也函著這一些。雖隱而不發，亦躍如也。發與不

發都無關，只看函著不函著。朱子說象山「合下有些禪底意思」
（上引第2條），這表示說：象山的生命本質上就有這味道，所以
自然就流露出來。但這還不只是氣質的事。人之易於把握或表現某
方面的道理，固常由於性之所近，但道理是客觀的，這道理一呈
現，便定然函著這一切。又，這「合下有禪底意思」，也不是偶然
的靈感，隨便觸及。若只是偶然的靈感，沒有一點道理，不表示一
個客觀的塗轍，則可有可無，隨時可以撥轉掉。朱子亦承認：「他
卻是實見得箇道理恁地」，「實是卒動他不得」。（上引第4
條）。這可見這「合下有禪底意思」是有義理之必然性，它代表一
個道路，他實有所見。但對於這點，朱子卻不能鄭重正視，仔細消
化一下，何以有這道路出現。所以你說他完全「是葱嶺帶來」，是
外鑠的，是義襲而取的，他當然「不伏」（上引第1條）。你道他
「斷然是異端，斷然是曲學，斷然非聖人之道」（上引第6條），
這尤其不行。如果見到這實代表一個道路，則朱子那些對答、批
駁，都是不對應的。這裡須要有一種判教式的消化、融和與承認。
這樣就可以無諍了。若只是直接地堵絕，則不但表示自己不透，而
且亦有礙於聖教之開發。

　　重視主體性、重視主觀修證的東方宗教，在其修學的發展上，
是必然要開發出一順一逆的兩條路來。一條是順取，下學而上達。
這是朱子所走的路徑。一條是逆顯，承體起用，即本體便是工夫。
這是象山所走的路徑。現在就說說這條路徑。這逆顯之路之「逆」
是就聖果上說，是逆於「下學而上達」之順取的。它是先就聖果之
化境而肯定一超越之本心，聖人就是這超越的本心之全體呈現而至
化境者。如是吾人當下即以聖人為準的，聖人所親證而體現之仁體

本心，人人皆有。聖人有，可體現至化境，我亦有，亦可體現至化境。此即孟子所說的人人皆可以為堯舜之根據。我即從這超越的仁體本心之開悟起，一開悟了，便承體起用，即本體便是工夫。從這「承體起用」說，亦可以說「順」，但這是「順之則生天生地」之順。天地造化只有這一順，而人之修證以成聖，則承體起用之順必須經過逆顯之開悟，此即所謂「逆之則成聖成賢」也。此路是革命式的「逆取（逆顯）順守」之路。這和朱子的順取（下學）而逆顯（上達）之路不同。朱子的順取、下學，不是成科學知識的一往順取。一往順取無所謂上達。他這順取的目的就在步步反顯天理，同時亦步步體證之於經驗──現實生活中。這是順著經驗而逆顯天道，故重道問學，重客觀性之天理，以天理駕御心。但象山則正逆反此道，他是以直悟「超越本心」為準。這就是他的「尊德性」、「先立其大」了。依象山看來，這聖人所體現而至化境的超越本心，依經驗順取是永遠達不到的，在經驗中反顯而體證永遠是分證，甚至連分證亦不可得，而容易歧出與誤引。這就是他所以斥朱子為「支離」之故了。若以聖人之化境為準，直對這超越本心而言，這「先立其大」若不是一個空洞的抽象概念，則似乎必然要函著一個頓悟，即撥開一切經驗、滯相而顯的一個頓悟，這就是直下要「截斷眾流」了，也就是禪宗所說的「直指本心」了。這所指的本心之本質的意義，當然儒、佛不同，這是由教義規定的，這是根本立場不同。但這不妨礙體悟的方式有相同。在這方式的相同上說是禪，亦無所謂，因為禪宗也確表現這方式；但說這是禪而非儒則非是，說這是從「葱嶺帶來」亦非是。因為佛教中亦有不取這方式的，譬如唯識宗。所以若因此便說他是異端、是曲學、非聖人之

道，這是很不足以服人的。

　　而且這路也就是孟子的路。象山說他的學問無所師承，是讀孟子而自得之。這話是可信的。這不是朱子所責斥的「今乃以聖賢之言夾雜了說」（上引第5條）。乃是真實生命之自動的契合，主動的開發。前聖後聖，其揆一也。在這裡，重複即是創新。孟子肯定性善，這性就是成聖之性。從這善性擴而充之，足以保四海，仁不可勝用，義不可勝用，這就是無限量的圓熟化境，這就是「大而化之之謂聖」了。「擴而充之」就是後來所說的「承體起用」。對於這成聖之「性」，不只是一個肯定，當然亦可由理論的論辨而證明它，而且亦不只是由理論的論辨而證明，這是須要在踐履上直本自家的惻隱羞惡之心而存在地、主體地肯認的，這肯認不是理論的肯認，而實在亦就是頓悟。這裡除了這存在地、主體地肯認與頓悟，還有甚麼辦法能湊泊到？存在地、主體地肯認與頓悟實即就是自家惻隱羞惡之心之直接地、存在地呈現，這裡是定然的，無理由可說，無曲折途徑可走。從體悟上說，也只好說直指頓悟了。其實說直指頓悟並不是很好的表示法，因為這容易落在主客的分裂上，單單成為認知上的頓悟──直覺。若換一個說法，說是在道德踐履上自家惻隱羞惡之心之直接地存在地定然地呈現，這便較好。若只說直指頓悟，人們容易想到：這渺茫得很，指個甚麼？悟個甚麼？這不是望風捕影嗎？朱子就因此說是「深空說出一片」。但是在儒家的立場，這直指、頓悟，是自家惻隱、羞惡、恭敬、是非之心之直接呈現的頓悟，定然呈現的直指，這比禪家直指頓悟那「如來藏自性清淨心」還更直接而有據。在這仁體本心之存在地直接呈現、定然呈現上，當然這「上面著不得一箇字」（上引第4條）。所有的

「意見、議論、定本」這些外部浮現的滯相都要消化掉。這仁體本心不是個觀念，也不是「意見、議論」所可猜度的，這裡亦無「定本」可資以湊泊。它是須要存在地呈現的，它是貼體如實地展現、朗現，這裡是要拆穿一切光景的。這只能指點、啟發、暗示，遮撥一切念慮、意見、議論，而令人自己直承自家悱惻羞惡恭敬辭讓之心而存在地呈現的。在這裡說是「兩頭明，中間暗」（上引第5條），也是可以的。在這裡漫畫式地描畫為「兩頭三緒，東出西沒，無提撮處」（上引第2條），也是可以的。在這裡，就是「要做聖賢」的念也要融化掉，融化掉方是真聖賢。這與其初立志不同，這是進一步、深一層說。朱子那些指責都是不相干的。（參看上引第5條）。孟子說：「萬物皆備於我矣，反身而誠，樂莫大焉。」這就是圓頓之教的基礎。孟子更不說頓悟，只說「反身而誠」。這誠就是真實心（仁體本心）之真實呈現。在這真實心的真實呈現上，不能容納任何「念」（「念」是經驗的、心理的「象」）。真實心呈現，「溥博淵泉而時出之」，「若決江河，沛然莫之能禦」，以至於「大而化之之謂聖」，皆不能容任何念。這就是「即本體便是工夫」，所謂先天之學也。

當然孟子當初只是直接從承當性善開出這一條大路，並未發出像象山所說的「意見、議論、定本」這些遮撥的話頭，但是後人發出來也並無妨礙。並不能說這是從「葱嶺帶來」。禪宗可以發，我們也可以發。若一定說這是來自禪，我們也可以說佛家的竺道生與慧能實是孟子靈魂的表現。不過其教義是佛家的而已。然則儒家有個陸象山與王陽明出來表現孟子一路不是更直接而當行嗎？焉可因那點表現方式與奇詭姿態之故，便予以堵絕，盡歸之於禪？

　　我這裡的疏導只表示朱子那些指責與禁忌純然是多餘的。陽明承象山而進，更歸於切實，那些程、朱系的後學說陽明爲禪，更不相干。我這裡也不必一一檢查了。本講只是想藉朱子之指責，指示出在宋、明儒家的學問上令人想到禪的關節在何處。至於他們的內部義理，以後各講陸續講出。

第五講　性理的確定意義

　　我們從前第四講可知：儒、道、佛的相似處只在㈠講直悟頓現本心，㈡講最高的渾化境界，㈢講破執著，此三方面。朱子說明道「太高」，說象山是禪，大體也指這幾方面說。但三教的相同處只是「共法」（法即道理或概念），並非儒家取自佛、老。共法當然未能表出任何一敎的特殊性。如要了解儒敎的特殊性，必須暫時撇開本心、境界與破執著不談，而須要正面說明性理的確定涵義。

　　性理是很抽象的名詞，性理的內在而確切的意義在那裡？如要明白這一點，我們當然可以從思想發展的淵源去了解。先秦儒家極喜討論人性，說法紛紜，如果弄清先秦正宗儒家對性的見解，大致上已可了解性理的確定意義了。這是一條從頭講起的路徑，當然可取，但它太費時間，就本講演說，是不適宜的。因此我們試看另一路徑，那就是通過《中庸》的「天命之謂性」與《易傳》的天道性命相貫通與「窮神知化」去了解性理，然而這亦很麻煩，因爲《易傳》、《中庸》都很「玄」。如今我們不走這兩條路徑，試從一切近易入之路說起。宋儒對性理有著共同的意識，也具備著把握性理的一個切近易入的起點。

　　試看程明道的話。明道曾經不勝感慨地嘆道：「立人之道曰仁

與義。據今日合人道廢則是，今尙不廢者，猶只是有那些秉彝，卒
殄滅不得。以此思之，天壤間可謂孤立！其將誰告耶？」（《二程
全書》，〈遺書〉，二先生語，呂與叔記，未明誰語。當係明
道。）這是他與朋友談天之時，聽到他們人人談禪以後的慨嘆。他
感到：此時眞不爲禪所籠罩，眞能在思想上義理上站得住的，究竟
有幾人呢？於是他想到：如果人道要廢棄了，那就無話可說，但如
今人道仍然未廢，彷彿世間總應有起碼的人道，而且它將會永恆不
滅。「不廢」表示定然性或必然性。人道不廢，表示不管社會人心
怎樣壞透，人道總不會消滅。「不廢」的定然性以「那些秉彝」爲
根據。「那些」猶言「這些子」或「一點子」。意同孟子「人之異
於禽獸者幾希」的「幾希」，這是宋人的白話文。宋人語體文一方
面新鮮，一方面深刻。因此當我們讀到明道、伊川，以及朱子的語
錄時，必應憑藉創造的心靈與眞切的感受，不可懷抱迂腐俗套的三
家村學究氣。事實上，周、程、張、朱等人確具創造的心靈與眞切
的感受，所以才能創出清新而深刻的義理。例如「孝悌」，自先秦
至宋朝，已講了千多年，爲甚麼至宋人才可講得深刻而新鮮？無
他，由於時代的環境，逼出了宋儒的創造心靈與眞切感受。因此他
們不僅未把昔日的德目講成迂腐，而且講得令人眼睛一亮！至於
「秉彝」一詞，可謂由來久矣。《詩經·大雅·烝民》最著名的開首
四句就是：「天生烝民，有物有則。民之秉彝，好是懿德。」（參
看《中國哲學的特質》，頁22）這是了解儒家思想所應必知的詩
句。《孟子·告子上》說：「詩曰：『天生蒸民，有物有則。民之
秉彝，好是懿德。』孔子曰：『爲此詩者，其知「道」乎？』故有
物，必有則。民之秉彝也，故好是懿德。」孟子引此詩，正爲了證

明性善以駁告子。須知正宗儒家性善論的「性」有著獨特的意義，不同西方從生物學、心理學、人類學、社會學等等而了解的人性（human nature）。孔、孟均以爲性與道勾連甚緊，《中庸》「天命之謂性，率性之謂道」，更明顯地表示了性與道的密切關係。「秉彝」一詞的正面意義是持有常性。秉是執持，彝的原義是置於宗廟用於祭祀典禮的一種常用禮器，由於常用，於是漸漸地從常器的本義引伸而爲「常性」。「好是懿德」就是愛好這美德，代表好善，也代表惡惡，好善惡惡的根源是一，不過表現於積極方面稱爲好善，表現於消極方面稱爲惡惡。這好善惡惡之心即孟子所說的「悅理義」之心。這就是我們的「常性」了。一切道德、倫常之理皆從此常性表現。人心具有好善惡惡的常性，此義自《詩經》、孔孟以後，竟在千餘年的漫長歲月裡無人能講得深透，直至宋代，才因佛教講「空」的刺激，而彰顯了這「性理」。宋儒對此確有眞切的感受，用現代的話說，那是存在的感受，因而有此存在的直下肯定。假如像當日一般人一樣，覺得信信佛教無所謂，那麼當然不會感到佛教流行的嚴重性與威脅性。事實上，就個人信仰而言，信佛亦並不見得不好，眞正信佛的人起碼懷有慈悲心，不會殺人放火。然而，一旦站在中國傳統文化的穩定立場，便不能不痛切地感到佛教的不足。在我們現在說是「不足」，在當時宋儒以宗教肯斷的態度（不是今日所謂研究的態度）講聖道，便感覺到它的威脅性，而斥之爲異端了。宋代的一般文人，如北宋的歐陽修、蘇軾、司馬光，如南宋的葉適，大都不懂此理。蘇東坡是純粹的浪漫文人，對中國歷聖相承的文化生命缺乏責任感，所以他最反對程伊川，視伊川爲僞君子、死對頭。就人格的型態而言，當時的理學家與文學家

是無法合得來的。然而，客觀地說：浪漫文人既然不能擔負歷史文化的重任，那就必須有比較嚴肅的理學家奮起來擔負它。理學家一旦對時代社會有了眞切的感觸，便能一下子把握儒家的「性理」了。

反觀佛教的「空理」，「緣起性空」（諸行無常，諸法無我），這無論如何，是佛家的根本教義，是他們一切宗派所共許的。但就單是這一點，便是從「秉彝」把握「性理」的宋明儒者所不能承認的。一切事物由因緣和合而成，均依待條件而生而現而起，這本不錯，沒有人能反對。但普通所想的「緣起」與佛教所想的並不相同。釋迦牟尼佛當初說十二緣生，是直就「自然生命」而說，而自然生命之生滅流轉，即步步依緣而起之緣生，其緣生之根乃是「無明」。故曰緣無明有行，緣行有識，乃至生、老、病、死等等。因此而有「無常」、「苦」之感受。本來自然生命只是自然現象，其本身亦說不上好壞。但釋迦依其慧眼而賦予它一種價值上的意義，說它的根是無明，是愚癡，自然生命與心理的貪、瞋、癡三毒完全同一化，因此生命本質上就是一個無明、一個癡迷，因此它自然是不眞實的，虛妄的。這不眞實的生命所緣起的一切現象，亦當然是不眞實的，虛妄的。如果轉無明爲明，那就自然「無生」了。這就是從無明一系所翻上來的「寂滅」。後來的大乘佛教，如空宗之所宣揚，則是把釋迦佛就自然生命所說的緣起擴大化，普觀一切現象皆是「緣起性空」。普通說緣起是積極的意義，佛教說緣起是消極的意義。它是要拆散一切現象。主要地是撤銷其自體。所謂「性空」，就是「無自性」、「無自體」的意思，即一切現象（法）其本性就是空寂：一切法無自性，唯以空寂爲性。「性空」

之空，一、是空卻那自性、自體，此是遮；二、即以空寂爲性，此
是表。怕人執有「空寂」，即不說此「表」意亦得。空卻自性自體
所顯的「空寂」不是一個法、一個現象。此只是抒意詞，不是指事
詞。故龍樹《中論》云：「大聖說空法，爲離諸見故。若復見有
空，諸佛所不化。」一切現象既無自性無自體，而又緣起呈現，這
緣起所現的一切現象實根本是不可理解的，根本是無明，是迷妄，
所以說如幻如化。一切是假名而已。故《中論》云：「因緣所生
法，我說即是空。亦爲是假名，亦是中道義。」「性空」，換一個
說法，就是「諸法無我」：分言之，就是「人無我」與「法無
我」。對這基本教義，佛家一切宗派都是無異辭的。這種撤銷自性
自體的思想是佛家特有的一種空慧。西方哲學往往追求事物的本體
或自性。佛教不但不如此追求，而且斷然肯定一切自性自體的觀念
都是執著。所以它走著「流轉還滅」的路：無明就是流轉，轉無明
爲明就是還滅。這是「生死」、「涅槃」的截然相翻。追求本體或
自性的，亦並非全無道理。它是爲的成就現象，爲的使現象爲可理
解。哲學的思考、路數不一，其中容或有諦有不諦，但不能說一切
自性自體的觀念都是執著。儒家的教義不是西方哲學的路數。它也
是直就「生命」而說。但自然生命是自然生命，它是直就德性生命
而說。它是直下把人作人看，把個體生命看成是個「人格」。這倒
是直下承當的態度。並不把自己站在旁邊，把自然生命推出去對之
作一個無明緣生的觀察。自然生命本身，若站在高一層看，固是盲
目衝動，固有污濁，但我們可直下把它統之於人、人格，即德性生
命，而由道德實踐以逐步淨化之。這是儒家的路數。說到「人
格」，亦須有根據，否則亦如幻如化。這人格的根據便是「性理」

了。禪宗教人「看父母未生前面目」，其實父母未生之前，那有面目？因此這話頭不外表示生命之為空寂、為無明、為盲目衝動而已。儒家不從父母未生前說起，而從「赤子啞啼一聲」說起，赤子代表一個個體，一個人格，潛存的人格，此為儒佛的分際所在。明儒泰州派的羅近溪喜言「赤子落地，啞啼一聲」，這話饒有意義。儒家肯定自己的人格——我，佛教要人破我執、我見，認為「我」亦如幻如化，為無自性的「假我」。程明道說的「秉彝」，便是肯定「我」之人格的根據，指出人格、人道不可用緣起性空來了解，指出「秉彝」不能視為執著來破除。彝是常道，是實理，斷非幻化的緣起事。所以伊川曾說：「天下無實於理者。」（《二程全書》，〈遺書〉卷三，謝顯道記。）這講法顯然是對抗佛教的「空理」的。從實理開始，進一步而言，就是天理。「天」表示定然如此之意，即無疑問與無條件地真確之意。明道有名句：「吾學雖有所受，『天理』二字卻是自家體貼出來。」（《二程全書》，〈外書〉卷十二，見上蔡語錄。）此語與伊川「天下無實於理者」之語，雖甚簡潔，但正是對了解性理之確定意義最為扼要有力的兩條。

明道如何去體貼出這天理來？有一段話很可以幫助我們去了解：

> 萬物皆只是一個天理，己何與焉？至如言「天討有罪，五刑五用哉，天命有德，五服五章哉！」此都只是天理，自然當如此。人幾時與？與則便是私意。有善有惡，善則理當喜。如五服自有一個次第以彰顯之。惡則理當惡〔一作怒〕。彼

自絕於理，故五刑五用。禹嘗容心喜怒於其間哉？舜舉十六相，堯豈不知？只以他善未著，故不自舉。舜誅四凶，堯豈不察？只爲他惡未著，那誅得他？舉與誅，禹嘗有毫髮廁於其間哉？只有一個義理，義之與比。（《二程全書》，〈遺書〉卷二上，二先生語。未注明誰語。當係明道語。）

觀這段話，便可知明道體貼「天理」的來歷了。不過是天秩、天序、天命、天討、天倫、天德：這總起來便只是一個天理，是義理之當然。這直下是道德意識、德性生命之所肯認。這天理亭亭當當，平鋪放著，並不容許我們有任何歧出的念頭去想它。故當我們體貼這天理時，直下是一個純淨的道德意識（德性生命）之呈現。這是儒家徹頭徹尾是一道德意識所貫注之道德的莊嚴，這是至眞至實的。伊川亦有類似的話：

《書》言天敍、天秩。天有是理，聖人循而行之，所謂道也。
聖人本天，釋氏本心。（《二程全書》卷二十一下，〈遺書〉，伊川先生語。）

「聖人本天」即是本這種客觀性的實理、天理，這是支　天地、綱維萬物的擎天柱，立體性的實體。「釋氏本心」當是就唯識宗的識心（阿賴耶）緣起說，或是推進一步就《起信論》的如來藏自性清淨心說。禪宗的「即心是佛」也還是承這「自性清淨心」而來的。天臺宗的「一念三千」也還是「心具」一切法的。故說「釋氏本

心」並不算錯。但儒家亦並非只本天，不本心。孔子講仁，是天亦是心。孟子講盡心知性知天，是天亦是心。後來發展至陸象山出來講實體性的、宇宙性的心，講心即理，心外無理，這亦是天亦是心，心的地位已是很彰顯、很立得起來了。這發展，很像佛教由空宗、唯識宗發展至講如來藏自性清淨心的圓覺性宗。故伊川說「聖人本天」而與「釋氏本心」相對顯，這只說著了一半，先道著客觀性一面，這亦因北宋諸儒下屆朱子只較偏重發揮性天一面，對於心尚未十分挺得起。然這客觀的性天一面也確是儒家教義最重要、最莊嚴，亦最具關鍵性的一面。即陸、王講心即理，特別彰顯主觀性一面，然他們所講的亦不是佛家「如來藏自性清淨心」的心。這是由教義不同所規定的。故聖人本天亦本心，而陸、王本心亦本天，不能因其本心，即說他們是禪。陸、王所講之心仍是道德性的天心，中有道德之實理，這不過是以心攝理，以主觀性原則統攝客觀性原則而已。不只重天理、實理之自存自在，而且重天理、實理之實現。故天理、實理仍是具重要之關鍵性，說「聖人本天」仍是中肯之語。這就是儒家「性理」之教之所以為「性理」者。

本講所注意的，就是這天理、實理、秉彝所表示之性理，決不是緣起法，不能用「緣起性空」之說去拆散它。沒有了這天理、實理，儒學便沒有基礎。儒家肯定這實理也不是盲目地或只是順俗地來肯定它。這是一個清澈的徹頭徹尾的道德意識所體證的。天理、實理本身是一個「實有」。人是要面對這「實有」始能站起來的。實理所貫徹的一切事，就其為「事」言，自是緣起的。但因其為天理所貫，那就不是無明緣生了，也不是如幻如化本性空寂了。故理皆「實理」，事皆「實事」。故儒家將生死轉為終始，將生滅流轉

轉爲生成過程。這是一理之所貫，故不講緣起性空。這亦不能看成
是執著。我們體現天理、實理的時候，若有固執不通處，那是「執
著」，但天理、實理本身不是一個執著，不是一個假名。《易·繫
辭傳》曰：「乾知大始，坤作成物。」又曰：「原始要終，故知死
生之說。」〈乾·彖〉曰：「大明終始，六位時成。」又曰：「乾
道變化，各正性命。」這些句子都表示天理、實理所貫澈的一個終
始過程或生成過程。這個過程是實現價值的過程，是一個「意義」
的過程。故「君子曰終，小人曰死。」（《禮記·檀弓》）。這是
在純事象的緣起性空中樹立起一個「立體性的實體」而成就一切，
把一切都帶著站起來了，都成爲眞實的了。故《中庸》曰：「誠者
物之終始，不誠無物。」這是誠體（代表天道實理）之直貫，故能
成始而成終。把這誠體撤銷了，根本什麼事也不能有，豈但如幻如
化而已哉？故周濂溪贊〈乾·彖〉「大哉乾元，萬物資始」曰：
「誠之源也」。贊「乾道變化，各正性命」曰：「誠斯立焉。」又
曰：「元亨，誠之通，利貞，誠之復。」（見《通書·誠上第
一》）。這是儒家的基本靈魂，也是宋明儒之所共契，而特別予以
彰顯的。雖語辭有變換，而不能背此根本之義理。那位亂來的國學
大師章太炎，他因爲要宣揚他所見的那點佛學知識，他便出來要把
乾元與誠看成是無明。這不但是心術問題，簡直有點是罪惡了。

　　以上所說稍爲玄遠。茲舉個例來說明。譬如五倫中的父子一
倫，這是屬於「天倫」。這天倫不應以社會學的眼光來看它。社會
學中無所謂「天」，即無所謂定然、必然、應然之理；而天倫亦決
非只社會學中的「社會關係」；亦非只生物學中的生物關係。它是
一個道德性的天倫，有道德性的實理、天理以實之、定之，使其必

然如此。這不是科學所能接觸到的。科學的觀點是描述經驗事實，是不過問價值、意義、定然不定然的問題的，它是純事實的實然觀。如果我們從生物學觀點出發，視父親為生產兒子的生物，早生一點，活久一點，吃多一點，睡多一點，則父慈子孝毫無意義，這根本無所謂天理。共黨視天倫為小資產階級的溫情，所以在流血鬥爭中，它要鼓動兒子殺老子。這是滔天的罪惡。我懷疑，如果認為父子間的天倫亦為執著，這觀點的本身亦難免「瞋」、「癡」之譏！正因我國傳統重視倫理關係，特別是父子、兄弟等天倫，這傳統觀念已在中國人的心靈中根深蒂固，所以中國佛徒總避免不談父子天倫的拆散，儘管他們未能對天倫作出令人滿意的解釋。客觀而言，佛教根本不可能解通這嚴重的倫理問題。今天世人最愛從社會學與歷史發展的觀點談「倫理學」（ethics），此種談法與天倫實不相干。儒家由天理、實理肯定天倫，這純粹是一個精誠的道德意識在貫注。這是要直下承當肯認，毫無條件曲折可言的。這裡不能有任何歧出的理由來解說它或解消它。它是最後的。儒家言性理，這教義可稱為「實有型態」的教義，這儒學骨幹是不可拆掉的。如果我們試不站於任何宗教的立場，亦可以明白：佛教光說緣起性空，在某方面雖不必錯，但必不夠。宋儒當時就看準了這一點。因為他們講學是出之以宗教肯斷的態度，不是今日所謂研究，所以斥佛、老為異端。這本是以前弘揚宗教者所共有的徵象。佛教在印度亦斥他教為外道。基督教方面在以前尤其凶猛。進入近代，究竟比較開明一點了。我們現在覺得任何大教俱有其真理，但比較同異，相觀而善，是最可取的態度。

第六講 道德性的實理、天理之普遍化與深邃化

　　從上一講我們已明白：佛教與中國傳統精神不合的原因，就在佛教只有空理而沒有實理、天理。儒家認為人之超越的道德心性是天理、實理之所從出，並認為萬事萬物皆有實理、天理以貫之，故理皆實理，事皆實事。我們上一講是由《詩‧大雅‧烝民》的㈠「民之秉彝，好是懿德」說進去。後一句可與孟子說的「理義之悅我心」互相發明。所謂懿德，就是理義。今講再看二程愛引用的最有代表性的語句：㈡《易‧坤文言》：「直，其正也；方，其義也。君子敬以直內，義以方外。」二程特別喜用此語，因為它最能顯出儒、佛的差異。這亦表示「合內外之道」，並從此可以表現出道德性的實理、天理之實有或存有。佛教只有「敬以直內」的意義，但沒有「義以方外」的意義。明道云：「敬以直內，義以方外。合內外之道也。（注云：釋氏內外之道不備者也。）」（《二程全書》，〈遺書第十一〉。）又曰：「〔……〕他有一箇覺之理，可以敬以直內矣，然無義以方外。其直內者，要之其本亦不是。」（《二程全書》，〈遺書第二上〉。）當然佛教根本不用敬、直一

類的字，因此如謂佛敎可說「敬以直內」，也只是聯想地比對著說而已。佛敎的禪定工夫要人經歷戒、定、慧的過程，以體現「淸淨心」，這裡似乎含有「敬以直內」的意味。但所直之內，不，所淸淨之內，乃是「自性淸淨心」，故曰：「其直內者，要之其本亦不是。」這「不是」二字，我們現在至少可以說，是表示「不同」，即不同於儒家之義。儒家之「直內」即是「率性」，乃是通過敬的工夫以復其天理、實理之性，是直其眞實生命，「溥博淵泉而時出之。」孔子曰：「人之生也直，罔之生也幸而免。」朱子曰：「聖人應萬事，天地生萬物，直而已矣。」（七十一歲臨終時語。參看王懋竑《朱子年譜》）。能直其曲而復其直，則自能廣生大生，天理流行，且亦自必函「義以方外」。此自非佛敎之內。爲什麼佛敎不能說「義以方外」？因爲「義」是道德的實理、天理，純然發自道德心。分辨義與不義，等於分別什麼事應當做，什麼事不應當做。義道極爲重要，它是人生不可或缺的。凡吾人所涉及之事，皆有義理以規矩而方正之，此即所謂「方外」。有義以方正之，故事是實事，不是如幻如化，而是有天理貫注於其中。義不義的分別也不是識心的虛妄分別與執著。這是羞惡是非之心之當然。佛敎不言天理、實理，只言緣起性空，或只言生滅無常與本性空寂，故以「無分別智」爲根本。凡是緣起的都是幻化不眞實的。凡是生滅無常的都是識心之虛妄分別的，是雜染不淸淨的。一言分別，便是執著與虛妄。這樣在事上，便不能有義之應當與不應當。道德意識放不進去。佛敎在菩薩道，亦可過現實生活，但其不捨離現實生活是表現於「方便」、「權假」與「應迹」諸語，可見佛敎並未眞能肯定現實生活。其肯定至多是「權假」的肯定，不是「義理」的肯

定。大乘佛教主張生死涅槃兩不住著，表示不住著於涅槃，亦可過現實生活，過現實生活而不迷執（住著）於生死，而其過現實生活則是爲渡他人出離生死海而過現實生活。例如你沉溺於扭腰舞，他爲了渡你，首先也得陪你大扭一番，在凡夫是迷執，在菩薩是權假與方便。如此，現實生活只在渡人之時，具有工具價值，並未能在理義上得到肯定。不毀世間而證菩提，亦是如此。挑水砍柴，無非妙道，亦是如此。這只是「不礙」而已。《維摩詰經》言：只去病不去法，亦只是不去而已，並未能在義理上肯定而爲實事實法，法仍是幻妄。有人說佛教有體無用，這話並不妥當，因爲佛教在無住涅槃上確可過現實生活。雖然宗旨是無餘涅槃，無住涅槃只是過渡，但此過渡之用卻可無限地拉長下去，佛教在此有其說法。他是可以永遠現用成用的。但無論如何，現或成是權假的現、方便的成，則可斷言。這便是儒佛基本精神不同處。宋儒說他無「義以方外」，實是把握住了這一要點。朱子解析《大學》的明德說：「明德者，人之所得乎天，而虛靈不昧，以具衆理而應萬事者也。」在《語類》裡，接著此解析而說：「禪家則但以虛靈不昧者爲性，而無以具衆理以下之事。」（《朱子語類》卷第十四）這也是很中肯的分別。根本是在儒家自道德意識出發，故直下承當此道德意識，並直下肯認此道德意識中之天理、實理爲不可移。由此中心展開，故一切皆不同於佛。說他們是「陽儒陰釋」者，根本是懵懂的瞎說。他們繼承孔、孟之教而弘揚實理天理之深義，自是要從根上挺得起立得住，這自是一個道德性的「實有形態」之教義。他們確能表現了儒家性理之道德的莊嚴。這是一個陽剛的宗教。西方哲學中的實理，如柏拉圖的 idea，乃是由認識論的進路而把握，與儒家的

性理自不同。這也是根本不同的兩個系統。這裡須先記住這一點。詳細簡別，見下講。

　　今講的內容是道德性的實理、天理的普遍化與深邃化。普遍化是指實理不只限於人生道德，而且擴大及於宇宙萬物。講道德難免要講人與宇宙的貫通，因爲道德心量與道德實理本質上就是無有窮極的。因此講道德不能不通至絕對而達至宗教的境界。儒教從仁心誠體講天道性命相貫通，這是道德的，同時又是宗教的。這兩者不隔，非如西方那樣分成兩個階段。其次，如從哲學上講，天理是否可以概括宇宙萬物，而爲其本體？宋明儒認爲：天理在哲學上說，是道德的，同時亦是形而上的；是人生的，同時亦是宇宙的；道德的秩序同時即是宇宙的秩序。如此，天理的意義便已普遍化，概括了宇宙一切，而且必作爲宇宙一切的本體。

　　至於天理的深邃化，表示它已不單指仁、義、禮、智一類的德目了。它是要通極於天道性命之源的，即仁、義、禮、智也要通極於這天道性命之源的。西方的倫理學大多限於對德目（moral virtues）的分析，不免瑣碎而無統，無法顯出道德的莊嚴。我向來不喜歡這種倫理學。馬克思當年早已輕視它，因此立志要革它的命，創出一套階級道德來。這不免陷於魔道。現在只有把儒家所直下肯認的天理、實理徹底透顯出來，始能爲人生宇宙建體立極，進而始可消解那魔道。天理的普遍化與深邃化，可以通過程明道的話語去窺探。下面徵引的明道語，均見於《河南程氏遺書》及《宋元學案》的〈明道學案〉。讓我們先看三段吧：

　　1.天理云者，這一箇道理，更有甚窮已？不爲堯存，不爲桀

亡。人得之者，故大行不加，窮居不損。這上頭來更怎生
說得存亡加減？是他原無少欠，百理具備。（《二程全
書》，〈遺書第二上〉，二先生語。未定誰語。當係明道語。）

明道所用的白話似不大容易了解，所以近代人對〈二程語錄〉的標
點，謬誤屢見。明道此段直接說天理，「不為堯存，不為桀亡」，
這是說天理客觀地永恆自在。「人得之者，故大行不加，窮居不
損。」這顯然源於《孟子・盡心上》：「君子所性，雖大行不加
焉，雖窮居不損焉，分定故也。」這是說人得此天理而為性，雖大
行不增加一點，雖窮居也不減損一點。這天理之性元是先天地本來
如此，人不能使它「存亡」或「加減」。蓋「他原無少欠，百理具
備。」「百理」即是萬理或衆理。它是無窮無盡，非人所能限制
的。這整段的表意是如此：一、它表示這是靜態地默識天理之為本
體論的實有；二、它表示這天理總持地說雖是一，就人得之而為
性言，亦是一，但卻中含萬理，亦有多相。靜態的默識便容易顯這
天理「平鋪放著」（見下）之意，亦容易顯「百理具備」這理之
「多相」義。這「多相」之多，不是「類概念」之多，亦不是柏拉
圖的理型之為多，乃是對應萬事萬物皆有其當然而不容已，定然而
不可移而言，就人得之而為性言，則凡人所感應之事事物物上之當
然定然之理皆從性分中出，如表現在這裡是仁，表現在那裡是義等
等，即仁亦有各種的表現，義亦有各種的表現，皆都是一定如此
的，皆所謂天也。靜態地言之，雖有多相，而此種多相卻不礙其是
一。試看下一段：

2.所以謂萬物一體者，皆有此理。只爲從那裡來。「生生之
謂易。」生則一時生，皆完此理。人則能推，物則氣昏，
推不得；不可道他物不與有也。人只爲自私，將自家軀殼
上頭起意，故看得道理小了佗底。放這身來都在萬物中一
例看，大小大快活！（同上）

案：首句「萬物一體」與明道〈識仁〉篇：「學者須先識仁，仁者
渾然與物同體」，意境相似。但有一點不同，即：「仁者渾然與物
同體」是說能體現仁道的「仁者」渾然無隔閡而與萬物爲一體，此
是從「仁者」感通渾化之境界上說。此句中之「同體」實在是「一
體」，即同屬一體，一體相關之「一體」，並不是說同一本體。而
此段所謂「萬物一體」則是從本源上說，即：何以能說「萬物一
體」？因爲「皆有此理」。何以說「皆有此理」？因爲「皆從那裡
來」。「那裡」即指示一本源。這是由本源之一說明「萬物一
體」，猶如一家族子孫皆從一祖來，故其子孫皆是一家一體也。這
「一體」也不是同一本體之意，乃是由於同一本體，故相連屬而爲
一體。

「只爲從那裡來」，如果「從」字上補一「皆」字，說「只爲
皆從那裡來」，則比較清楚。「皆從那裡來」，這句中的「那
裡」，剛才說即指示一「本源」。對於這本源，如何了解呢？明道
從「生生之謂易」說起。「生生之謂易」是《易・繫辭傳》中語。
「那裡」即指「生生之謂易」之「生道」或「易道」說，即指生化
之源說。萬物皆由此源頭來，不只是來了就算了，而且來時便皆具
有此源頭之理。此源頭是創生之眞幾，是神，也是理。萬物「生則

一時生，皆完此理」，即皆完具此「生理」，表示此「神用無方」
之生理（此也是天理）之遍在性，即是此理普在於宇宙萬物而爲每
一物所完具：人具備，物亦具備，不可小看了它。只因爲人常自
私，從自家軀殼上起意，「故看得道理小了佗底」，即覺得只有自
己這方面具備的道理多，物方面便具備的少，甚至不具備，這就是
小看了它；從道理方面說，便是「看得道理小了佗底」，好像它不
具備一樣。實則物也是完具，只是因爲「氣昏」，不能推擴罷了。
若把「這身」放「在萬物中一例看」，便無這種自私的計較了。這
樣有多少灑脫快活！「大小大快活」即今語「有多少快活！」或
「有多快活！」

　　因此，人可從宇宙間個別的微小事物而領悟到天理之全，領悟
普遍於全宇宙的天理。佛教的「一華〔即花〕一法界，一葉一如
來」，也是這同一形態的思維。在西歐的十八、九世紀，作爲神秘
主義者的天才英國詩人威廉・布萊克（William Blake, 1757-1827）
曾經創造了不朽的動人詩句：

> To see a world in a grain of sand,
> And a heaven in a wild flower；
> Hold infinity in the palm of your hand,
> And eternity in an hour.

意爲：

> 從一粒細沙看世界，

　　從一朵野花窺天堂；

　　以你的手掌執持無限，

　　以一個小時把握恆常。

爲什麼一花、一葉、一粒沙能夠表現宇宙？無他，因爲天理具有創生萬物而又內在於萬物的遍在性。所以在儒家立場，朱子亦說「物物一太極，統體一太極」；而明道則說「生則一時生，皆完此理。」至於能推不能推，就是人禽之別。只有人能夠推擴天理，禽獸草木瓦石通通不能。可見儒家一方面可講人與物同體（同一本體），另一方面又嚴於人禽之辨。這能推不能推，雖對於客觀的天理本身無增減，然對於天理的隱顯卻很重要。能推不能推的關鍵在心。我們可由「推」逼出「心」這個觀念。草木瓦石不能推，由於「氣昏」，其實因爲它們無心覺。禽獸亦不能推，因爲牠們僅有動物心，而無道德的自覺心。

　　以上是這段文的句語疏解。現在再總起來看此段文的表意。㈠前段是靜態地看天理之爲本體論的實有，此段則是動態地看天理之爲宇宙論的生化之幾。㈡前段是靜態地散看「百理具備」、「平舖放着」，此顯天理之「多」相，此段是動態地會觀百理之根源而見天理之「一」相。天理之爲「本體論的實有」與天理之爲宇宙論的生化之幾，這兩者是同一的，合而觀之，我們便可曰這是一個生化的眞幾，創造的實體（creative reality）以前名曰「生化之理」，現在亦可名之曰「實現之理」。這實現之理不同於亞里士多德的「形式」。當然旣曰理，亦自有形式義，尤其在靜態地看時是如此。但這生化之理不只是這形式。亞氏的形式代表一物之「實現

性」（actuality），但卻只是靜的，而無動義、創生義，故另立一「因致因」（efficient cause）以明動義、生機義。宋儒的天理或天道所表示的生化之理或實現之理則同時是實有，亦是活動，它創生或實現萬物而又內在於每一物而定然其爲如此如此者。它與由分解入手而平立的「形式」（亞氏），或由定義入手而逆顯的「理型」（柏拉圖）不屬於同一層次，它是高一層次的。它是形上的，同時也是道德的，是道德的，同時也是形上的。它是最後的實在，最後的根源。

因此，它由靜態散看而顯的「多」相並不是「類概念」的定多，也不是柏氏的理型或亞氏的形式的定多（此見前段之疏解），而是不礙其是「一」的。故本段便是動態地會觀百理之根源而見天理之「一」相。其多相只是對應事事物物之「當然而不容已，定然而不可移」者而見。其本身實不是逕庭的定多。蓋當然定然之理直下是直屬於那創生之眞幾，事事物物之當然而定然者是直接由此創生之眞幾而然之者。故不是低一層之類概念或理型或形式之定多。在天則使之清，在地則使之寧，在此表現爲仁，在彼表現爲義，這是多相，然而都由那生化眞幾而然，故實是一。因爲「皆從那裡來」。此即宋明儒所謂一理。這「皆從那裡來」是宇宙論地說。這也可以從能推的人說「皆從這裡出」。此是道德實踐地說。試看下一段：

3.萬物皆備於我，不獨人爾，物皆然。都自這裡出去。只是物不能推，人則能推之。雖能推之，幾時添得一分？不能推之，幾時減得一分？百理具在，平鋪放著。幾時道堯盡

　　君道，添得些君道多？舜盡子道，添得些孝道多？元來依
　舊。（同上）

西方的形上學只講客觀的普遍原理之存在。儒家不只如此，更說天
理，作爲客觀的普遍的原理，是具備於一切個體的。而且，又說這
些個體中最顯著地具備天理的，就是人了。「人能推」，從「推」
便可證實（verify）天理的眞實性。明道說的「萬物皆備於我」，
源於孟子的「萬物皆備於我矣，反身而誠，樂莫大焉。」所謂「萬
物」，斷然不是那些具體的個體物，而是萬物之理，理照上段去了
解，不是類概念的定多之理具備於我。否則我便淪爲收藏一切物質
的垃圾箱了。孟子說盡心知性則知天，也表示從「推」以印證天
理。至於人的不能增減天理，孟子未曾如明道一般直說出來，然而
孟子的意思實已涵蘊此意，最低限度他不會反對它。「都自這裡出
去」的「這裡」，當指「我」，即每個個體的主體。就人說，萬物
之理皆備於我，就物說，萬物之理亦皆備於它。故曰：「不獨人
爾，物皆然。」每一個體是宇宙生化之理之中心，一切皆由此中心
出。惟人能實現地生化出去，此即所謂「能推」。物則只是潛存地
具備一切，而不能實現出來，此即所謂「不能推」。能推不能推的
關鍵在心。張橫渠說：「心能盡性，人能弘道也。性不知檢其心，
非道弘人也。」（《正蒙·誠明篇》）。天理必須表現，不表現只
是潛存。因此「推」是極其重要的。但明道這段話以及前兩段，都
不是正視這方面而發揮它。他卻只偏重在「元來依舊」，不增不
減，「百理具在，平鋪放著。」他偏重在說明：縱使你能推得好，
甚至到達聖的境界，亦不能從本體上增加天理；另一方面，縱使你

不能推，你亦不能從本體上減卻天理。「幾時添得一分？」「幾時減得一分？」都是生動有力的反問。天理、天道是超時空的遍在，是永恆不變的，根本無增減存亡之可言，這只是從體上說。如果從用上說，天道一旦表現了出來，可說它在功用上添增了，天道不能表現，可說它在功用上減削了。天理在人的「能推」上表現出來，才是具體而眞實的，這是它自己彰顯它自己的關鍵，也是它在功用上豐富它自己的關鍵。但明道卻喜偏重在彰顯道體的實有，靜態的「元來依舊」。至於道德實踐上之動態地彰顯此天理，卻不十分能正視。故貞定、默識的意味重，而健行、創生的意味輕。這也是北宋諸儒尚未至十分正視心，使心挺立起的原故。這要陸、王的心學才轉到這面來。

　　由上述三段可知明道把天理的普遍化與深邃化兩面一同了解。我們如要對它作完全的解悟，必須再看明道兩段話：

> 4.寂然不動，感而遂通者，天理具備，元〔即原〕無少
> 　欠。不爲堯存，不爲桀亡。父子君臣，常理不易。何曾動
> 　來？因不動，故言寂然。雖不動，感便通。感非自外也。
> 　（同上）

此段涵義不出前三段，但是換了另一個開端來說。前第二段我們說是會觀百理之根源而見天理之「一」相。由這根源，我們說這天理是生化之理，是生化的眞幾、創造的實體。根源是個籠統的形式字，我們現在再進一步了解其實義。生化的眞幾、創造的實體也還是籠統的形式的說法，我們必須進一步作一種較具體的陳述。天理

的最後根源，明道認爲應當從寂感去作了解。寂感之語源於《易‧
繫辭傳》：「易，無思也，無爲也。寂然不動，感而遂通天下之
故。非天下之至神，其孰能與於此？」其中「無思」、「無爲」
「至神」一類的話，本來都是講「易」的。如何能成功這樣的
「易」（生化，生生之謂易）？說實了，就是「寂然不動，感而遂
通」兩語。這寂感就是百理的眞實根源，所以這根源也可以具體地
定爲「寂感眞幾」。明道把天理通到「寂感眞幾」去，表示天理是
動態的（ dynamic ），不是死靜的（ static ）。寂感眞幾就是生化之
理之實義，它同時是寂同時就是感。感就是咸卦之「咸」。〈咸
卦‧象傳〉曰：「天地感而萬物化生，聖人感人心而天下和平。觀
其所感，而天地萬物之情可見矣。」這「感」是一個形而上的詞
語，當然亦有道德的涵義。這寂感眞幾（ creative feeling ）就是最
後的實體（ ultimate reality ），百理皆由此出。這寂感眞幾是誠，
也是神。故明道云：「蓋『上天之載，無聲無臭』。其體則謂之
易，其理則謂之道，其用則謂之神，其命於人則謂之性。率性則謂
之道，修道則謂之教。孟子去其中又發揮出浩然之氣，可謂盡矣。
故說神如在其上，如在其左右。大小大事，而只曰誠之不可揜如此
夫！徹上徹下，不過如此。形而上爲道，形而下爲器。須著如此
說。〔此言：也只好如此說。這是分解地說〕。器亦道，道亦器。
〔此言：實則器亦道，道亦器。此是圓融地說〕。但得道在，不繫
今與後，己與人。」（《二程全書》，〈遺書第一〉，二先生
語，端伯傳師說，未注誰言。自屬明道語無疑）。這一段話十分完
備。朱子亦甚重視此段話，但他那分解的鑽研，思之過著，故多不
合原意。我們現在以爲這就是說的寂感眞幾。「上天之載，無聲無

臭」，是籠統地說，此是先標題，即言天道也。這天道它是即寂即感，即理即道，即是誠，也即是神。「其體則謂之易」，「神無方而易無體」，即以無形體之「易」爲實體，此是標天道之「體」。即總而言其實體自體便是「易」。（朱子把這「體」解爲形體、體質、骨子，是形而下者，屬氣。完全非是）。「易」是實體，即「於穆不已」之眞幾。它是「動而無動，靜而無靜，神也」（濂溪《通書》語）。它是誠，也是理。故曰：「其理則謂之道，其用則謂之神」。這些字合起來渾一不分即表示那寂感眞幾、上天之載。不能分拆而分屬。（朱子把它分拆而分屬，如神屬於氣，理屬於道等。）這整個便是形而上者。若與其所創生實現之萬事萬物（器）圓融地合一觀之，則「器亦道，道亦器。」此是靜態的默識，當下放平。但卻是以道來提著，攝器於道，渾不見有器在。故曰：「但得道在，不繫今與後，己與人。」這是全體冥於道，直下是永恆。若從器著眼，當然有「今與後」，有「己與人」。此最高之圓融是明道所最喜言之境。但我們現在須回來仍注意明道所言之天理不只是散開平鋪之百理，亦不是分解所顯的那「只是理」之理，而實是那「於穆不已」之寂感眞幾。這個眞幾，若靜觀之，是本體論的實有，是「百理具在，平鋪放著」。若動態地觀之，則是宇宙論的生化之幾，是「動而無動，靜而無靜」之神用無方，而一切之當然、定然者（即由此說「理」義）皆由此出。故此 4.段云：「寂然不動，感而遂通者，天理具備，元無少欠。」寂則俱隱，感則俱顯，然無論隱或顯，皆是具備而無少欠。「不爲堯存，不爲桀亡」也。惟下句：「父子君臣，常理不易。何曾動來？因不動，故言寂然。」此記錄語意有混。我們很容易想到：「常理不易」之不動並

非「寂然」之不動。若剋就不易之常理本身說,則無所謂寂然不寂
然。以「寂然」說此「不易」(不變動),是語意之滑轉混擾。
「寂感眞幾」方能說「寂然不動,感而遂通。」此「不動」不是
「不易」之不動,只是不感而已。乃實是「動而無動,靜而無靜」
之神用。故這幾句之意實當是:父子君臣之常理,永恆常在,當其
未感(就「人得之而爲性」言),則寂而不顯,而實潛隱具在,並
無少欠。當其感也,則通而不隱,而定然如此,亦無增添。此在宇
宙論,則說爲道體之神化;在人則說爲性體之眞用。故寂感眞幾就
「人得之而爲性」言,實即心理合一之「性體」也。故此「性體」
(亦曰「性理」),不能如朱子之分解的想法只是「理」,把心屬
於氣,爲形而下者。在道體之神化處,神亦不能屬於氣。若如朱子
之分解,只是理,則不能言寂感。寂感只好從氣說。(在人則從心
說,故曰心氣)。濂溪、橫渠、明道,皆尚不如此。達到朱子之說
法,其關鍵在伊川(此將在下第八講明之)。此往而不返也。在明
道,若靜態地觀當然、定然之百理平鋪,好像只是理,但此理,若
動態地觀之,則通於寂感眞幾,此亦是理,但此理也就是神。神不
能分拆之屬於氣。即此寂感眞幾本身也。其所以是理,一由其動態
地創生實現萬物而見,此即是萬物之動態的「所以然」;一由其所
實現之萬物皆有其當然而定然者而見,此即是靜態之「所以然」。
兩者實是一,不能割截。一是落實於萬物逗住說,一是提起來就創
生說。朱子原也是說這個,但分來分去,往而不返,遂只剩下那靜
態的所以然。此形成問題而開出象山之心學之關鍵也。

　　5.得此義理在此,甚事不盡?更有甚事出得?視世之功名事

業，眞譬如閑！視世之仁義者，眞煦煦孑孑，如匹夫匹婦
之爲諒也！自是天來大事〔「是」當作「視」〕，處以此
理，又曾何足論？若知得這箇義理，便有進處。若不知
得，則何緣仰高鑽堅，在前在後也？竭吾才，則又見其卓
爾！」（同上）

這段話再總起來言天理、實理、義理之尊嚴與崇高。明道認爲存養
人心的天道、天理才是首要的事，人有天理的貫注，人又能表現天
理，這才最要緊。故曰：「得此義理在此，甚事不盡？更有甚事出
得？」言無有一事能離乎此義理，義理賅盡天下一切事。此是直下
是義理之挺立，義理是絕對之尊嚴。以義理爲準，看「世之功名事
業」，眞好比等閑事耳。明道云：「太山爲高矣，然太山頂上已不
屬太山。雖堯舜之事亦只是如太虛中一點浮雲過目。」（《二程全
書》，〈遺書第三〉）。此條與此處所言相發明。又以此義理爲
準，再看「世之仁義者」，「眞煦煦孑孑，如匹夫匹婦之爲諒
也！」言只是取悅於愚衆之小仁小義而已，亦只是匹夫匹婦之小信
而已。「煦煦」即是溫和之貌，如老嫗然，噓寒問暖，俗語所謂婆
婆媽媽的。「孑孑」語出《詩·鄘風·干旄》，是形容干旄的特出之
貌，此即是矜持以爲高，孤高以爲清，廉隘以爲義，此即所謂「硜
硜然小人哉」！因此「煦煦孑孑」語意實爲：世之爲仁義者，比起
那崇高之義理來，眞是小仁小義也，亦誠是匹夫匹婦之小信也。
「如匹夫匹婦之爲諒也」語出《論語·憲問》：「豈若匹夫匹婦之
爲諒也。」「諒」字在《詩經》一般作「信」解，如在〈小雅·何
人斯〉的「諒不我知」，與〈鄘風·柏舟〉的「不諒人只」之類。

但是《論語・衛靈公》載孔子語：「君子貞而不諒」，這即表示出比諒更高一層的道理，即是貞正。與貞正相比，諒的涵義即不單是「信」，倒顯出是固執於信，或執著於小信。「貞而不諒」與「無適也，無莫也，義之與比」同，也與孟子所謂「大人者，言不必信，行不必果，唯義所在」同。「匹夫匹婦之爲諒」，就是普通老百姓的執著於小信，而不懂仁義所表示的崇高而尊嚴的天理、實理或義理。明道進一步復說：「自視天來大事，處以此理，又曾何足論？」這只是教人撥開世情之較量，直下以義理爲準。我們理解明道「視世之功名事業，眞譬如閑」，也應該這樣去了解。千萬不要誤會宋儒輕視人間的功業。顏習齋之流以爲宋儒的聖人之道不切實用，所以無能挽救宋代的國運，其實這是庸俗的見解。宋儒認爲人生活動應有義理的貫注，不然縱使爲王爲帝，建立豐功偉業亦無意義。功業就是義理的客觀體現，宋儒怎會輕視它？事實上，宋儒非但不輕視功業，而且宋儒的道德，是與建功立業的豪傑氣概結合的。聖人是最高的人格，在實際的功業上往往未能有大成就，因爲儒教究竟是立敎，重點在立眞理之標準。我們不能由此而說聖人輕視功業。程、朱的篤實踐履，也表示了宋儒的不輕視功業。話得轉回來，明道認爲功業的意義與價值，關鍵全在有無天理的貫注。若就道德踐履說，人「若知得這箇義理，便有進處」，即言方可說有道德人格之發展與進步。人如果不知這義理，便無從「仰高鑽堅，在前在後」了。明道此處一連四句話都出於《論語・子罕》：「顏淵喟然嘆曰：仰之彌高，鑽之彌堅，瞻之在前，忽焉在後。夫子循循然善誘人。博我以文，約我以禮。欲罷不能，既竭吾才，如有所立，卓爾。雖欲從之，末由也已。」（《皇疏》：卓，高遠貌。

末，無也。）顏淵以高度形象化的手法，讚歎了聖人之道的高深莫測，亦等於讚嘆了天道的高深莫測，所以明道說「竭吾才，則又見其卓爾！」這表示竭盡我的能力，亦未能測其涯岸，以爲及了，而仍有未及者在，那道仍好像是高深玄遠地卓立在那裡，而不可企及。故曰：「雖欲從之，末由也已！」此即表示顏淵知得這道理，故他有進處，他知有無限發展的前途而不能自罷。整段來看，可知明道儘管曾把天理從寂感眞幾方面談得何等玄奧（見上文 4.段），如今又回復了宋儒的道德精神。恢復天理的尊嚴，才可恢復道德的尊嚴，換句話說：先立天道之尊，人道之尊才得以立。因此，我們不應視新儒學爲純粹的哲學，例如近人論朱子必分列朱子的宇宙論、朱子的人生論等條目，其實都不相干。這學問實就是內聖之教，成德之教。它同時是道德的，同時亦是宗教的，並非西方哲學中一般的形而上學。他們講天理、實理是直下由其精誠的道德意識而肯認的，是直下就聖人之德化而充其極的，故其講天理、實理雖講得那麼深遠玄奧，而其實也是徹上徹下而又那麼平實的。也只由於他們眞能相契孔、孟立教之精神，故能默識心通而徹發其蘊。必須把這天理、實理的立體骨幹澈至其源底，它始能挺立得起而不搖動。先秦的原始典型儒家——孔、孟，建立了這成德之教的規模，在飽經印度傳來的佛教的刺激以後，終於在宋代，獲得新生命新覺醒。天理、實理的普遍化與深邃化就是「天道性命的相貫通」，這是儒家成德之教所蘊含義理的骨幹——立體的義理骨幹，而爲宋明儒者所彰顯，這是道地的儒家的精神。若必以爲這是陽儒陰釋，雜取佛、老而混合成，那是根本不知佛教爲何物，道家爲何物，儒教爲何物之輕薄的讕言，亦是不識眞實生命之契接眞理之自本自根處

與其接上時代之眞實使命處者之浮薄的妄言。

第七講　寂感真幾之生化之理（實現之理）與邏輯定義之形成之理及科學歸納所得之理之區別

第一節　對於前講之回顧

　　這一講的題目共三十多個字，看來是囉嗦一點，不過這是難免的。因爲宋儒所講的道德性的天理、實理，在以前，大家在不言而喻中有個共許的意指，即不必加分辨，亦不至有誤解。這道德性的天理、實理大家一看便知道是環繞兩組概念而說的：一是上帝、天、天命、天道，二是仁、性善、天命之謂性，以及中、誠與明德。決不會離開這兩組概念而別有誤引。但是現在卻不同了。從西方來的科學與哲學開出了各層面的理境，在在皆可令人援引比附，亦在在皆可產生誤會。尤其當我們忘記了道德性的天理、實理，而

單說「理」字時，更易誤會重重、糾纏不清。所以我們現在必須首
先嚴格地分辨清楚題目中所舉的兩種理，這是現在講述宋明儒學所
必然要遭遇而亦必須要正視的問題。因此這一講不是內在於宋明儒
學本身而對之作內在的敘述，而是跳出來作一反省，以期對於他們
所說的道德性的天理、實理，在比較限制之下，可有一更確定的了
解。

　　現在我們可先回顧前一講所徵引的明道的四段話，我們可知其
中每段均蘊含一個中心思想，我們可就那四段話中的每一段直取其
中最要緊的幾個字去代表它。

　　1.「百理具備，元無少欠。」這是說天理、實理之本體論的存
有或實有，是屬於靜態的講法。

　　2.「萬物一體，皆從那裡來。」這是承繼上段而說「生生之謂
易」，屬於動態的講法。

　　上段「百理具備」的百理，即是衆理或萬理，表示天理是散開
的，是多元的（pluralistic），即論天理的「多元義」（plurality）
。這段說「萬物一體，皆從那裡來」，表示天理雖表現爲散開與衆
多的樣子，然而又可往裡收攝於一個根源，換句話說，這段的中心
在天理的「統於一元義」，說明了天理是一元的（monistic）。但
是多元與一元均爲翻譯西方哲學名詞而得的名詞。如果要避免一切
可能的混淆與誤會，最好說多相與一相。一相與多相，依照中國人
的傳統思想，是毫無衝突可言的。一相指天理的本源，多相指天理
的表現，同一本源之一可以表現得多采多姿，所以二者不會衝突。
正如「月印萬川」的比喻中，以唯一的月亮表示一相，衆川流的月
影表示多相。一相與多相，是如程子解《中庸》所言：「放之則彌

六合，卷之則退藏於密。」「放」呈現多相，「卷」呈現一相。旣
然只有體與相的區別，所以嚴格地說，一相不與多相衝突。中國哲
學中的天理，與柏拉圖的理型（idea）截然不同，因爲後者只是靜
態的定多，而無動態的「卷」與「放」。

　　3.「萬物皆備於我，都自這裡出去。」這是屬於道德實踐的講
法，即「盡性」的講法。

　　上段「萬物一體」是屬宇宙論的講法。此段「皆備於我」是道
德實踐（盡性）的講法，這是從我說起。每一個體皆是一中心，天
理皆具備在裡面。「不獨人爾，物皆然」。「只是物不能推，人則
能推之」。從「能推」方面說，便是盡性，所謂道德的實踐。從
「盡性」處所表現的天理、實理、或道，是與從宇宙論處「皆從那
裡來」所說的天理、實理或道爲同一的。儒家自始即不分別宇宙論
的進路與道德的進路所表現的道有什麼不同，這原是一個道的兩面
說，這裡有一種道德意識所貫注的原始而通透的直悟。這和西方由
以「知識」或「知解」爲中心所成的理論辨解的形上學不同，在他
們那裡須經過康德的批判哲學而嚴格分辨出宇宙論的進路與道德的
進路兩者所至之不同。然而在中國儒家，則不須有此批判哲學所成
的進路之分別，這是因爲儒家的形而上的心靈或智慧根本是環繞天
命天道而由清澈而通透的道德意識所貫注所支持，根本沒有西方那
種經由客觀的分解辨解而成的積極而建構的形上學（包含本體論與
宇宙論）；同時儒家的嚴整而透徹的道德意識是由踐仁盡性而開
出，它直下就具有一種宇宙的情懷（cosmic feeling），故其道德意
識中的實理、天理因而亦直下通天命、天道而爲宇宙論的，這就是
其形而上的心靈與智慧之所在了，故是道德的，同時就是形而上的

（宇宙論的），兩者根本頓時一起呈現，並無間隔齟齬處，並不像
西方哲學那樣，其初先有對於知識與自然的分析，忽而又有德目之
不同，因而再作德目之分析，如亞里士多德那樣，其次再進而由實
有之圓滿規定善，由本質之系統規定人的道德行為，如中世紀聖多
瑪那樣，再其次進而始由絕對的善意、自由意志的自律正式接觸到
道德的當身，如康德那樣，最後始注意到道德的決斷都是存在的決
斷，都是有歷史性的、獨一無二的，如近時海德格的存在哲學之所
說。在形而上（宇宙論）方面與在道德方面都是根據踐仁盡性，或
更具體一點說，都是對應一個聖者的生命或人格而一起頓時即接觸
到「道德當身」之嚴整而純粹的意義（此是第一義），同時亦充其
極，因宇宙的情懷，而達至其形而上的意義（此是第二義），復同
時即在踐仁盡性之工夫中而為具體的表現，自函凡道德的決斷皆是
存在的、具有歷史性的、獨一無二的決斷，亦是異地則皆然的決
斷，此即「無適無莫，義之與比」，「執中無權，猶執一也」，
「君子貞而不諒」，「春秋無達例」，以及王陽明講良知之決斷並
無典要定本可供參考，諸義之所示。因而儒者講仁義之具體表現，
必曰仁精義熟，由「敬以直內，義以方外」而達至「圓而神」的境
地，方是真實而具體的道德（此是第三義）。（海德格的「存在的
決斷」、「存在的倫理」即已含在儒者此第三義中）。以上三義是
儒家根據踐仁盡性或對應一個聖者的生命或人格而言道德性的實
理、天理所同時一起具備的，這是有一個道德意識所貫注的原始而
通透開朗的直悟在內的，故不須如西方哲學那樣須經過批判哲學的
簡別而裁定出宇宙論的進路與道德的進路之結果上的差別。這是根
據那原始而通透的直悟一下子即貫天人、合內外，而直言天道性命

相貫通的。就道德一面說，康德只是形式地建立起道德當身之純粹
而嚴整的意義，上而尚未達至根據那具體的「宇宙的情懷」而契悟
到天理、實理之具體的形而上（宇宙論）的意義，雖然他已由實踐
理性而契接了超越領域，因而亦給予了上帝以客觀的妥實性，下而
他亦未能貫通著工夫而言道德之具體表現，而達至圓而神之境，因
而始有今日海德格存在倫理之補充。其故即在西方哲學傳統所表現
的智思與強力自始即無那道德意識所貫注的原始而通透的直悟，而
其一切哲學活動皆是就特定的現象或概念，如知識、自然、道德
等，而予以反省，施以步步之分解而步步建立起來的。故知識止於
知識，道德止於道德，宇宙（自然）止於宇宙，推之其他等等皆
然，即或有通識者爲融合而奮鬥，如黑格爾之所爲，然亦未能達至
儒者圓熟而通透的境地。以上所說當然是就道德性的實理、天理之
道德的意義與形而上的意義而說。就此而言，儒家二千年來的奮鬥
實已達圓熟而通透的境地，實非西方哲學所能及。當然西方哲學的
分解工作自有其價值。然就此一套而言，其價值只在於辨解上有補
充與清楚的作用，而不能於本質的內容上有新提供或改變。然亦只
就此一套而言，是如此。並非說儒家哲學已全備了一切。譬如環繞
邏輯、數學、科學那一套便是中國所不具備的。是以中國哲學還須
有進一步的開闢與融攝。本講所以要分別題目中所標舉的那兩種理
也就是要想對於儒家的道德性的天理、實理之本分與限度作一確定
的釐清。

　　4.「寂感眞幾」。這是通過《易·繫辭傳》「寂然不動，感而
遂通天下之故」來了解天道（天理、實理）的根源，這是對於 2.段
「皆從那裡來」一語所示之「根源」之進一步的規定，規定而爲較

具體的「寂感眞幾」。

　　說「根源」，是純形式的詞語，說「寂感眞幾」，便已接觸到「形而上的眞實」了。所以說這是比較具體的說法。寂感眞幾是「神化」之源，它具有不測的、神妙的生化作用。「生化」本是中國的老名詞，用今日的語言說：生化就是創造（creation）。「眞幾」一詞是中國所特有的，所以很難譯爲完全恰當的英文字，假如必定要譯，可以勉強譯爲「眞實」（reality）。這「眞實」是通過「即寂即感」之「動而無動，靜而無靜，神也」來了解的。如此「生化眞幾」可譯爲「creative reality」，即創造的眞實。而「寂感眞幾」則可譯爲「creative feeling」。在西方哲學裡，可有各種方式去了解 reality，譬如通過形式（form）與物質（matter），有與變化（being and becoming），原子與虛空（atom and void）之類的方式便是。儒家的 reality，卻是通過「寂感」而了解的。寂感是內通，是無限制的，當然絕異于心理學的刺激（stimulus）與反應（response），因爲後者的刺激是來自外界的，無內通可言，而且反應必有一定程度，即必有限制，不能認爲某一刺激對人產生無窮的反應，所以這是生理的、機械的。儒家的寂感眞幾是無窮盡的，是神用無方，所以它必意許爲精神的、超越的。自其爲寂言，它是無聲無臭、絕對的冥寂、絕對的空無；自其爲感言，它是雲蒸霞蔚，繁興大用，它是「不疾而速，不行而至」，它如時雨之潤，遍體萬物而不遺。寂感不是分成兩階段，它是同時是寂，同時即是感的，所以它是「動而無動，靜而無靜」的神用。寂感眞幾是很「玄」的妙理，若通過一分解之表象，把它說成「只是理」（「但理」mere reason），則它便喪失其寂感的妙意。因爲「只是理」

是無所謂寂不寂的，當然更無所謂感不感。甚至可以說根本不能說感。所以宋明儒學發展到最具體、最眞切的階段，必然要從心（宇宙心）去了解它。心才能說寂感。後於程、朱一系的陸、王一系，便直接從心講，這是必須的思想行程。朱子把這寂感眞幾之生化之理只理解成本體論的實有義，即靜態的「理」義，至於其動態的神用義，卻因他的分解思考而脫掉了。朱子不知上引 1. 至 4. 四段明道的話所表示的意義是同時成立的，在先秦儒家思想裡，也是同時成立的。他繼承了伊川分析的精神，把寂感眞幾中的神用生化的動態意義，歸屬到「氣」方面去，而「動而無動，靜而無靜」的神妙之理卻只剩下了靜態的「只是理」。這樣，朱子之學便成了一個呆滯的定型，而不能返到寂感眞幾這生化之理之原意。朱子停滯於理的靜態，影響其心性方面之思想甚大。陸、王一系便針對這毛病而樹立起來。我們須知：寂感眞幾同時是理，同時也是神，而這神是不能歸屬于「氣」的，如此才可恢復它的本義。而且必須通過心去了解它，才能定住而且具體化這「寂感眞幾」之爲生化之理之眞實的意義──同時是道德的，同時又是宇宙論的生化之源。這道理在此先爲提出，將來當有詳解。

第二節　實現之理與形成之理之區別

以上是回顧前講所引明道的四段話，分別反省其意義，最後是歸結到「寂感眞幾」一語所表示的生化之理。宋儒所說的道德性的天理、實理最後都是歸宿到這個寂感眞幾上，無論從宇宙論方面說，或是從道德方面說，都是如此。這寂感眞幾是神也是理。從其

所表現之多相方面說，固是理，從其根源之一相方面說，也是理。
這合起來的整個便是「天道」一語之所示。現在再進而說，所謂
「生化之理」，亦可叫做「實現之理」（principle of
actualization）。實現（actualize）是動詞，現實（actual）是形容
詞。實現了的東西，即是經過實現之理所推動的實現過程或生化過
程而成為現實的。實現過程或生化過程是落在生化之物之本身上
說，而實現之理、寂感真幾則是能生能實能現之道。實現之理與其
所實現之物雖然是密切連繫，然卻是不同層次。從它們之密切連繫
方面說，實現之理必通著所實現之物說。實現了的物是自然而實
然，簡單地說，就是一個「然」，而實現之理則是這個「然」之
「超越的所以然」、「動態的所以然」。由這「超越而動態的所以
然」以觀這實現了的「然」，則見出它不但是實然而自然，亦且是
當然而定然：「當然而不容已，定然而不可移。」那麼這實現之理
亦可以簡單地說就是「然」之理，但必須知道這「然」之理是指那
「超越而動態的所以然」說，不是「然」的物本身所具有的種種特
殊的內容。一個實現了的物，自然有其種種現實的「相」，這就是
其所具有的種種特殊的內容，這一切都是「然」。面對這些特殊內
容的「然」，種種相的「然」，而發見其通則的便是科學。所以在
某一意義上，亦可以說科學是研究「然」之理，但這決不可與宋儒
所說的寂感真幾這個「然之理」相混。剋實言之，科學並不真是研
究「然之理」，而是研究「然之相」，它是不管那超越而動態的
「所以然」的。而宋明儒則是著力於天道、天理、實理，那超越的
動態的所以然，而並不著力於「然之相」，所以他們也不能成科
學。依這超越而動態的所以然以觀這實現了的「然」，不但是自然

而實然，亦是當然而定然，但是科學不管那超越的「所以然」，所以它所面對的「然之相」只是自然而實然，而且與偶然連在一起，而卻決無當然而定然之意。復次，那超越而動態的所以然所實現所規定的秩序（落在然上見）是宇宙的秩序，同時亦是道德的秩序，但是科學所面對的種種「然之相」卻無道德的意義。

　　科學所面對的種種「然之相」，如果歸納起來，便是憑藉之以下定義的種種特徵。定義的給予便是科學方法的第一步，下定義當然可以使人明白某物的特性（property）。此時定義亦可以表示某物之理。但這是純由它的特性去規定的。例如一個化學式所代表的某物之理，是從某物的特性中層層抽象化而得出的。你可按照某物的分子式去製造該物。但是可否從科學上定義的方式去把握宋儒寂感真幾這生化之理或實現之理呢？不行！西方自柏拉圖、亞里士多德開始所講的理型、形式、共相、本質等，直至現代的科學所認知的外物之通則，均不可以拿來說明宋明儒所講的天理、實理。馮友蘭的錯誤，就在想以西方哲學中定義、本質的方式去了解朱子的「理」。他以柏、亞等人的哲學闡釋程、朱一系的理的傾向，最為嚴重。他的代表作《中國哲學史》，比胡適的《中國哲學史大綱》邁進了一大步。此書與胡書代表兩個階段，對近時一般人的影響極為廣泛。許多人談中國哲學，根本不成理路，馮書起碼還有個理路，可惜整個為謬誤。對科學上定義所表示的理，我們可給它一個名字，叫它是「形成之理」（principle of formation）。在不發生誤會的情形下，「形成」一詞可用。但是中國人總愛把「形著」之形與「形成」之形連在一起看，即是通過「形著」的過程去了解「形成」的效果，如「誠於中形於外」之類便是。這樣「形成」便

是動態的，形成之理便與實現之理無以異了。這不是這裡說「形成」（formation）一詞之意。因此如要嚴格地說 formation，首先要分清形著與形成。因此，如其譯爲「形成」，不如把它譯作「形構」或「構成」，這是邏輯學上形式的、靜態的意義，不牽涉宇宙論上之實現或動態的意義。例如以化學上的分子式規定某物的特性，這只是死靜地、抽象地說明了該物所含的元素（element）之結構。這個結構本身，嚴格說是「非存在的」，所以它是抽象的。定義所表示的一物之理就是這種理。在傳統哲學裡，就叫它是「本質」，代表一物之「所以然」。人們由本質與所以然，很容易用上中國的「理」字。但這「理」決不是宋儒所講的生化之理，而此處的「所以然」也不是實現之理所表示的那「超越而動態的所以然」。因此，我們別立一名，名之曰「構成之理」。

又定義說明物體的結構，這構成之理是屬於類概念（class concept），是純抽象的。例如對人類下定義，就是要通過人的構成之理而形成「人類」這個類概念。宋儒所講的天理、實理不是類概念，是具體的，而且是宇宙論地眞實的，它是實現之理。馮友蘭在這方面的悖謬，就是他似乎根本不知道有這兩種理之不同，尤甚者似乎他根本沒有「實現之理」這個觀念，因而可以說他對於宋明儒講學的主題根本沒有懂，對於宋儒講天理、實理根本沒有眞切的理解，只是浮泛其辭，而於不自覺中只是順構成之理、定義所表示的本質之「所以然」去理解朱子的理。他根本不知兩種「所以然」之不同。他在講朱子時，人們看不出這微細的區別，所以也看不出他有什麼毛病。但當講他自己的「新理學」時，他全部用的是朱子的名詞，他完全順「類概念」之路，順定義之「所以然」之路去

講「理」，並把他認爲朱子中那些說不通的道理，如「統體一太極」之類，都取消了。這就可以看出他在講朱子時也是預定了定義中本質之所以然這個路數的，不過他只是順這個路數去解說朱子，並沒有去指摘罷了。實則他的解析只是順朱子話頭而浮說，並沒有眞懂得朱子講「理」的意義。爲什麼馮氏容易混擾那兩種理？就是因爲他不知道「所以然」有兩層意思的不同。科學中的理都是就「實然」而抽象，而宋儒所講的「生化之理」卻是就「實然」而推定其「所以然」──那宇宙論的超越而動態的所以然。並依此「所以然」而觀實然，則覺凡此實然皆是「當然而不容已，定然而不可移」。而「定然不可移」的背後，必有一個「所以然」的道理在。因此，從「實然」向後追溯事物的根源，便不能像科學一般只安心停滯于「實然」的了解，而是要通過「當然而不容已，定然而不可移」去肯認一最根本的「所以然」之根源，這個根源就是天命、天道、天理實理之所在，所以也乾脆叫做理。如果事物沒有「所以然」，那末「實然」等于「偶然」了。宋儒「寂感眞幾」的特徵正在于：通過「當然、定然」了解「所以然」。「當然、定然」是形容「實然」的。依那超越而動態的「所以然」，「當然、定然」與「實然」必須接頭，而「所以然」與「當然、定然、實然」亦必須直貫。朱子愛好從「所以然」去了解道或天理。我們先看下面兩段爲朱子所繼承的伊川的話語：

1. 一陰一陽之謂道，道非陰陽也。所以一陰一陽道也。如一闔一闢謂之變。（（《二程全書》，〈遺書第三〉，謝顯道記伊川先生語。））

2.離了陰陽更無道。所以陰陽者是道也，陰陽氣也。氣是形
而下者，道是形而上者。形而上者則是密也。（（《二程
全書》，〈遺書第十五〉，伊川先生語。））

這兩段話大致相同，都出于分解表示的方式。「一陰一陽之謂道」
語出《易‧繫》。《易‧繫》又說：「立天之道，曰陰與陽。」然而
「一陰一陽」的本身並不就是道，伊川說「所以一陰一陽，道
也」，這是從「所以」去了解道。「一陰一陽」如「一闔一闢」這
已表現了一個變化的過程，但只是這「實然的變化過程」，尚不能
就是道，必須有一個超越的所以然使之能成功這變化過程者方是
道。朱子把這意思提煉得更緊密一些，他對于這「一」字體會得很
妙，他即由這「一」字表示「所以」。他直說「陰陽不是道，所以
陰陽是道。」「一」代表動態的所以，如說「一闔一闢」，闔闢是
一扇門的開放與關閉，代表開與關的兩個動相。但只是這兩動相，
這只是分析地說，尚不能表示「一闔一闢謂之變」。必須闔了又
闢，闢了又闔，這就是一闔一闢，也就是所以能闔能闢，因而才能
成一變化過程。陰陽既然代表相反的兩種作用，于是一切動相與姿
態，都可取陰陽代表。因此陰陽可說是象徵性的（symbolic）詞
語，由此它亦可簡稱爲「氣」。就陰陽本身而言，只是動靜與事
相，當然是屬形而下的。必須陰了又陽，陽了又陰，這就是「一陰
一陽」，也就是「所以陰陽」而使陰陽能成一具體之變化過程者，
這方是「道」。道是寄託在「一」字上見。故「一陰一陽」照朱子
的解析就是「所以陰陽」。這與伊川稍不同。然意思是一樣。所以
上引伊川第二段話，也乾脆說「所以陰陽者是道也，陰陽氣也。」

總之，從「所以陰陽」來明道總是確定的。陰陽既是氣，是形而下者，則「所以陰陽」之理是道，便自然是形而上的。但這「所以然」既是道，至少不會是定義所表示的「所以然」。伊川云：「形而上者則是密也。」定義所表示的一物之「本質」無所謂密不密。它只是一個抽象的概念。它是邏輯的「所以然」，不是形而上的（宇宙論的）「所以然」。即在柏拉圖以理型爲定義之標準，而且視理型爲眞實（reality），這理型似亦可說是形而上的，因而由它所表示的一物之「所以然」似不只是邏輯的，而且亦是形而上的，但即使如此，這種柏氏理型式的「形而上的所以然」亦不同于宋儒所說的道之爲「形而上的所以然」。第一、理型是定義之標準，還是照定義說，而宋儒所說的道則不是照定義說，它亦不是屬於定義中所表示的理，我們下一物之定義不能用宋儒所說的道。儘管朱子說磚有磚之理，椅子有椅子之理，一草一木皆有理，但他這理仍不能具形化或形構化而爲一物之定義。他這理仍是依超越的所以然而觀的一物之「當然而不容已，定然而不可移」這當然、定然之理，這是不能形構化而爲一物之定義的。他這理是很虛的，不像定義之理那麼著迹與著實。（關此，我在這裡只簡單如此說。詳細疏解見《心體與性體》，現在只說個大脈絡于此。）第二、理型是定多的，但在宋儒（朱子亦在內），天理有多相而仍不礙其是一。故朱子說「物物一太極，統體一太極」，這兩句同時成立。以此二故，即使柏拉圖的理型亦是形而上的所以然，但卻不是宋儒所講的道之爲形而上的所以然。宋儒的道之爲形而上的所以然，照上面所回顧的明道那四段話的意思看，我本說它是宇宙論的「超越而動態的所以然」，是寂感眞幾、生化之理，是多相亦是一相，是本體論的實

有，亦是宇宙論的生化之源：這些本是宋儒所共契，朱子原亦不能背乎此，只因他順伊川的分解表示一路下去，弄得太著實了，只剩下道之本體論的實有義，而忘其寂感之神化義，道成了「只是理」，而神屬于氣，如是才形成了朱子系統中的許多麻煩，因而亦使馮友蘭很容易想到柏拉圖，遂以柏拉圖的理型之路數去解說朱子的理，實則這是完全不對應的。朱子的分解表示雖不能還原到寂感之神化義，然而其餘諸義仍不喪失，仍是在那大界限內，這是決不可忽略的。所以朱子分解表示中的理，我們仍說它是實現之理，其為所以然，仍是屬於宇宙論的「超越而動態的所以然」（雖然他把那「動態」義忘掉了）。

以上所說，暫綜結如下：宋儒所講的道德性的天理、實理，當通到寂感真幾時，我們即名之曰宇宙論的「實現之理」；而凡順定義一路所講的理，不管對這理是如何講法，是唯名論的，還是唯實論的，是經驗的、描述的，還是先天的、預定的，我們總名之曰邏輯的「形構之理」。依此，「所以然」也有兩義：一是宇宙論的實現之理所表示的那「超越而動態的所以然」，一是邏輯的形構之理所表示的那「邏輯的所以然」。這兩者是不同層次的，而且是一縱一橫，一平列、一直貫。我喜歡以下圖表示之：

$$\overbrace{}$$
X

X 代表任何個體，其上之括弧表示「形構之理」，或類概念。而實現之理則如下表示：

$$\perp$$
X

　　箭頭即表示直貫的實現之理。中國思想中是沒有那括弧一層的。我們在這裏也可以看出中國所以開不出邏輯與科學的理由。

　　以上是實現之理與形構之理的基本區別。現在再進而略明：在西方哲學中，順那括弧一層所表示的形構之理也可以逼出一個實現之理來。這關鍵是在他們在形構之理處首先認識了以下兩命題：

　　1.「有此物必有此物之本質，但有此物之本質，不必有此物。」例如：有人存在，必有人之所以為人的本質（定義所表示的）。但反過來，人的本質（不管對這本質如何講法）卻不函蘊人的存在。這即表示：

　　2.存在與本質分離。

　　例如要界定人類，可說人為「理性的動物」，「理性的動物」一語表示出人之所以為人的本質。這表示：如果有人類存在，那麼他們必定合乎「理性的動物」一語所示的本質。但是，說「人為理性動物」，絕不意味著就有具體的人存在。又如粉筆，從化學分析可知它的結構成分，並且以簡潔的分子式表明它，你亦可依據此分子式去配製粉筆，但是只這分子式，即分子式的實有，並不含有一具體的粉筆存在。分子式並不等於依此式構成的物體之具體的存在。這即表示「存在」是一回事，定義所表示的「本質」只是一個抽象的概念，這又是一回事。即，存在與本質分離。必須存在與本質結合了，才可有具體的個體物之存在。使他們「結合」而產生一具體存在物的，即西方哲學中所謂「實現之理」。但這實現之理卻不包含在「本質」的概念中，它是一個超越的觀念。人的本質不含人的存在，人的存在是要靠一個生物學的血統觀念，而此觀念卻不在人的定義中。依分子式去製造一枝粉筆，這「製造的活動」也不

包含在那分子式中。這例子很顯明地表示出「實現之理」是一個超越的觀念。實現之理之必然要引出就是宇宙論所以成立之關鍵。故實現之理是一個宇宙論的原理，它代表一個超越而絕對的真實體，它使一物如是如是存在。在西方哲學裡，實現之理由神或上帝來充當。來布尼茲的「充足理由律」也是實現之理，他也是意指上帝而言的。柏拉圖的「造物主」也是實現之理，它把理型安置於物質上。這種製造者的思路一轉即爲中世紀的上帝從無中創造世界。實現之理也可以哲學地講爲「基本活動」，亞里士多德即是屬此類型的思路。不管如何講法，實現之理總是一個超越的觀念。我們當然不能把 God 置於定義之內！宋儒的「超越而動態的所以然」，不是定義中的所以然。它是寂感真幾，是天道、天理、實理，是誠體，也是太極，太極即相當於西方的 God。太極當然不能包含在一物之定義中。從下定義至存在與本質之結合，實爲兩層，馮友蘭卻分它不淸。他只順柏拉圖的理型思路去想朱子。故吾謂其根本無實現之理一觀念。其實邏輯定義上的本質，責任只在描寫與說明，不在創造與實現。哲學的活動必徹法源底接觸到實現之理方算充其極。

　　以上是順西方哲學的思路而言實現之理之出現。由這種思路層層深入而建立起的形上學（包含本體論、宇宙論）即吾所謂由客觀的分解、辨解而建立起的積極而建構的形而上學。中國儒家的形而上的心靈與智慧不是經由這路數而表現的，因爲它沒有形構之理那一層。它之所以透至實現之理是由于踐仁盡性或對應一個聖者的生命與人格而透悟至的，這是一個道德意識所貫注的原始而通透的直悟。這條路自始即是踐履的、存在的，而非理論分解之「非存在

的」。這是成德之教所開發的，因此其中所透悟至的實現之理只能是寂感眞幾、天道天命、天理實理、誠體、太極這一類詞語之所示，它的涵義亦只能是道德的而又是形而上的，形而上的而又是道德的，決不能有其他的變換。因此，這也可說不是一個積極而建構的形上學（其意如上所定），而是根據道德踐履而來的透悟與觀照同時也就是肯認。如果說是形上學，則也是「道德的形上學」，或也可以說是消極意義的形上學。因爲它究竟是由踐仁盡性而開發，不是由以知識爲中心通過客觀分解而建立的獨立的形上學。這猶之乎宗教信仰中的上帝，只能由宗教信仰的意識與虔誠而肯認，不能由客觀的分解、辨解而達至。適言西方哲學順本質與存在的離合而達至實現之理是上帝的結論，其實這結論亦不過是順宗教傳統而如此接合而已，邏輯上並不必然是上帝，即使是上帝，亦不必是宗教信仰中的上帝，即使在概念上是宗教信仰中的上帝，亦如康德所批判的，這不過是理論理性的虛擬，並無「客觀的妥實性」。是以宗教信仰中的上帝，或由純粹的宗教意識與虔誠來肯認，或如康德的批判哲學那樣，由實踐理性來肯認。這樣肯認了，它自可充當創造萬物的實現之理，但由客觀的分解而達至的實現之理卻不必是上帝。復次，若眞如康德的批判哲學之所示，則如果實踐理性充其極，則即使是上帝罷，亦不必是基督教那個形態，很可以轉成中國儒家的形態。中國的儒家正是實踐理性之充其極的，康德的道德哲學尙未達至此境界，說明見上對於前講的回顧中。詳論則見後四、五、六三節。中國儒家本著實踐理性之充其極的通透智慧，正是由踐仁盡性而達至生化之源的。這生化之源之爲實現之理是定然而不可移的，稱理而談，是必然如此的，決不可能有其他的變換。這個

實踐理性之充其極的形態是基督教的上帝之柔化，因而亦成爲更具
體更真實，同時亦是西方哲學所企向的「超越形上學」
（transcendent metaphysics）之淨化與圓熟化。依此而言，雖對西
方哲學由客觀分解而建立起的積極而建構的獨立形上學而言，中國
儒家的形上學似可說是消極的形上學，然即此消極形上學，如依康
德的哲學說，卻正是最圓熟、最真實、定然而不可移的形上學。當
然，西方的依客觀分解而建立的獨立的形上學，自有其價值，然對
由實踐理性之充其極而達至的圓熟的形上學言，這種以知識爲中心
經由客觀分解而建立的形上學只不過是求接近於實踐理性之圓熟形
上學的一些線索或接近迹而已，其本身永不能圓熟也。所謂「獨
立」，所謂「積極、建構」，只在「接近」的過程上顯，並不是最
後的、終極的。這個意思是說：推開一步，讓哲學有獨立的價值，
而最後還是向裡收，消融於成德之教的形上學中。我們似乎可以這
樣說：積極而建構的形上學以成德之教的形上學而得其真實，而成
德之教的形上學則以積極而建構的形上學益增其充實。分解的以不
分解的爲真實，建構的以不建構的爲理極。此是中國儒家的智慧而
由宋明儒所盛發者。

第三節　實現之理與科學歸納所得之理之區別

　　現在再進而論實現之理與科學歸納所得之理之區別。
　　上面論實現之理與形構之理之區別，形構之理如從經驗的、描
述的立場看，即已函蘊向科學歸納之路走。惟上文著重在由先天
的、預定的立場看形構之理，期以與柏拉圖、亞里士多德之講理型

與本質相比較，以明宋明儒的實現之理不可以柏、亞的理型與本質
之思路來解說。現在再從經驗的、描述的立場看形構之理，順之以
看科學歸納所得之理與實現之理之不同，此而確定，則程、朱一系
之所謂格物窮理之意亦可得而確定矣。

　　我們說寂感眞幾之爲實現之理必直貫至實然者而實現其爲如此
如此之實然，且使此實然者具有當然而定然之意義。但實現其爲
「實然」的那個超越之理並不是此「實然者」本身所具有的種種特
殊的內容，雖然此種種特殊的內容，甚至一毛一孔，亦是由實現之
理而實現其爲如此者。科學正是面對這些如此如此之種種特殊內容
而描述地記錄地抽撰其通則者。如果這些「通則」亦可以說是理，
則這些通則亦便是「實然者」之理。但這些「實然者」之理正是實
然者本身之「物質的結構」所呈現，由實然者之種種徵象與關係即
所謂種種特殊內容者而抽成。這些實然之理是內在於實然者之本
身，而不是實現其爲「實然者」的那超越的實現之理。實現了以後
成爲「然」。「然」有其「所以然」。如果「所以然」表示理，則
然之「所以然」即是然之理──實然之理。但「所以然」有兩層意
思，此見上辨。因此，實然之理亦必有兩層意思。而我們在行文措
辭上則卻常皆用「實然之理」之辭句。人們不能細察「實然之理」
一語之不同的意義，雖明知宋儒所講之理以及其格物窮理所得之理
似與科學所得之理不同，然因不能分辨而常混擾不淸。即在這裡知
識的意義與德性的意義常糾纏不淸。實則「實然之理」既有兩層意
義，則其分別甚顯。一是指由「實然者」本身之實然的種種特殊內
容而抽成的通則說，一是指實現此「實然者」的那超越的實現之理
說。故宋明儒所講的實然之「理」（實然之所以然）乃是實然之

「超越的所以然」，而不是其「內在的、現象的所以然」。而他們所謂「德性之知」正是知那「超越的所以然」，他們所謂「見聞之知」（或云「麗物之知」）正是知那「現象的所以然」。他們講學的目標是在前者，不在後者，故其格物窮理並不能成科學。格物，即就朱子之「即物而窮其理」之定義說，也只是就實然之物而窮（理會）那「超越的所以然」之天理、實理，並不是窮（研究）那實然之物本身所自具的種種特殊內容因而成特殊的科學知識或經驗知識。朱子固是重視見聞，但其重視見聞，按照其講學的本質說，是只在藉見聞以多方啓發那超越的所以然，多開理會天理、實理之門徑，並不在研究見聞所接觸之外物之本身。天理、實理無所不在，自然不是非閉著眼睛不可，耳、目、口、鼻全敞開更能顯天理、實理之廣大。孔子說「非禮勿動」等，即在視、聽、言、動上亦可理會道德性之實理、天理也。著於物而單研究物本身之特殊內容，固不足以見天理，即封閉於內不聞不見，亦不必能見天理也。（封閉即是病。）踐仁盡性是要全部敞開的。是以朱子所說的「衆物之表裏精粗無不到，而吾心之全體大用無不明」兩語，如其有眞實意義，其意義必在吾心與外物全部爲天理、實理所貫徹；就心言，是全部明朗而無一毫之隱曲；就物言，雖一毛一孔，亦見其爲天理、實理所澈盡。此就是其「用力之久而一旦豁然貫通」之境。「用力之久」即是藉見聞以磨練。「表裏精粗無不到」即是一毛一孔亦見其爲天理、實理所澈盡而無一物之或遺。此即是那兩語之本質的意義。如不就理會天理說，而就著於物本身以研究其特殊內容說，則那兩語便無眞實的意義。因爲你並沒有研究出物理、化學乃至其他各種經驗科學的知識來，何能說「表裏精粗無不到」？是以

若對應科學之知言，那兩語是無意義的，簡直是廢話。人家可以說，你一生根本一事未作，一物未解，簡直是個懶漢，只說了那麼一句空話！也可以說，你一生的艱苦只是不相干的徒勞，不知你忙些什麼，根本是不對題！因爲如果眞對題了，何以沒研究出生物學、植物學來？明是一點都未到，何得侈言「表裏精粗無不到」？但是若就藉見聞以理會天理說，那兩語是有眞實意義的。如此疏解，則知宋明儒所講的天理、實理，以及就實然而講其「超越的所以然」以見實現之理皆與科學之知不相干，根本是兩會事。就「實然」而講其超越的所以然，亦不是憑空地只就見聞之「實然」就可以推至其心目中所意謂的「超越的所以然」，而乃是就踐仁盡性或對應一個聖者的生命與人格而開發出的一種原始而通透的直悟以見人生宇宙之本源實理爲如此。這個大前提是決不可一刻忘掉的。是由以這樣的一個大前提所確定的「超越的所以然」而貫至「實然」的，故「實然」不只是實然，而且是當然與定然。故其就「實然」而理會天理，決不是西方哲學中之「自然主義」也。

科學之知是對實然之徵象與關係作出抽象之簡化（simplification）與量化（quantification），故不能知且亦不問此徵象與關係是否是定然與當然以及是否有其超越的所以然。它只是定然與所以然的「象徵」（symbol），僅爲一虛層，即是不能具體地、如實地、直覺地獲得實然者之當然而定然如此之超越的所以然之理。科學知識所得之理，必須通過簡化與量化這兩大手術，量化的過程就是化質歸量的過程，簡化的過程就是抽象。宋儒的「天理」，卻是就實然而講其定然如此、當然如此的，違逆了它就是不合天理或「逆天理」了。例如說「服牛乘馬」，在宋儒眼中也是屬

於天理的。這不是自然主義。這種當然而定然如此之所以然的理由
是超越的。默識這天理，並不須要簡化與量化。故它是最具體、最
眞實的。純粹的科學世界觀是自然與實然，最後又是偶然。自然、
實然、偶然此三觀念在科學中是相通的。科學只負責歸納徵象，並
不追問爲什麼必定如此（定然），亦不追問怎樣會如此（所以
然），亦不能見出何以必「當然而不容已」，所以只可說是一「虛
層」，它不能亦不必了解具體與眞實的一面。譬如我們可從中醫、
西醫的區別，說明這個問題。中醫是不科學的，不視人爲物質之機
械組成，而視人爲有機體，如此中醫最能接觸人體最具體、最眞實
的一面。西醫往往視人爲機械，純粹科學化的作風，使他們養成動
輒動手術的習慣，因爲簡化與量化的科學步驟對人體而言，必以開
刀爲終極。這沒有不對，人確有機械一面，因爲他有物質的身體，
所以在某方面他確可服從生理物理的法則，所以人體也的確可以經
過科學上簡化與量化的手術而被處理。然而科學知識的控制範圍，
只局限於物體物理的（ physical ）一面，西方醫生一詞，可作
physician，可謂意義深長。中醫雖不夠科學，缺乏開刀動手術之類
的科學處理，但亦有其長處，不能貿貿然視之爲迷信與可笑。而
且，中醫往往能憑直覺接觸到生命的命脈，而在無聲無臭中開方去
病。某些疾病，西醫束手無策，中醫卻能藥到回春，便是這個道
理。這只是一個例，尚不能就是宋儒所說「天理」的意義。言歸正
傳：科學知識的「虛層」之爲虛，就是浮現的意思，我愛說科學的
特質爲「以量御質，化質歸量」。唯物論便具有此特質，所以馬克
思的唯物史觀亦非全錯，它的錯在於只接觸到物質與量的一層，而
未接觸到精神與質的一層，因此馬克思的思想絕未接觸具體而眞實

的人生。科學未達到「實然者」之爲定然與當然以及其超越的所以然一層，故爲抽象的、量化的虛層。

復次科學知識爲歸納的，歸納預測是概然的。

科學上的預測僅爲歸納預測，例如太陽素來從東方出，我們便因而預測明天太陽亦從東方出，這種預測只是概然的 probable（即或然的），而非必然的，所以科學的歸納還是很粗淺、很浮面。西方哲學中在講知識時，除歸納概然外，只有邏輯數學才有必然可言，例如2＋2＝4是萬古不易的。但是邏輯數學只是抽象的空架子，其中的必然只是「套套邏輯的必然」（tautological necessity），這是不接觸真實的。

在科學知識以外，還有一種知幾勢之知──接觸到實然之具體而真實處之知。

幾勢是實然的，但卻是具體的。觀察此種實然，是不依科學的簡化與量化方式的。知幾勢之學源於《易經》，後來我國的醫卜星相均順它而來，它們全非科學，但亦有其至理。它們要求具體地理解事物的幾勢，此種「知」是具體的、如實的、直覺的，可謂「知具體而特殊之知」。用舊話說，是知微妙；用今話說，是知具體而特殊。它的對象不是「量的、抽象的普遍」，而是「具體的普遍」。例如看人相亦是具體而微妙的，占卜是直覺的預測，不是歸納的預測。天文台的天氣預測，如今日午間將有驟雨之類，都是根據經驗而作的，是歸納的預測。中國的一套術數之學，是針對「特殊的」而談言微中。因限於運用直覺、洞悟，故都是一定的，但亦畢竟不能成科學。因爲它不走科學的路數，它是高於科學一層的。這雖不是宋儒的德性之知，但卻由之可以通造化之源，亦是通寂感

眞幾之一路。宋儒所以不講術數之知，是因爲儒家畢竟以道德性的
天理、實理爲主，人之出處進退應是「義之與比」，而不是取決於
「知幾」的。故知幾勢（知微知彰）雖可以通造化之源，然儒家由
寂感眞幾之實現之理貫至具體之實然，卻是提起來本著道德意識之
莊嚴而觀此具體之實然唯是天理、實理之充塞，故只云德性之知，
不云幾勢之知。其與科學之知更不相干，雖然開出科學之知則更
好。

宋明理學演講錄

出版說明

盧雪崑

　　《宋明理學演講錄》記錄牟宗三先生於1986年在香港新亞研究所的授課內容，共分爲九節。這一演講錄由編校者根據錄音及聽課筆記整理成初稿，後經牟先生親自修訂而成。稿成之後，在臺北《鵝湖月刊》連載，由第13卷第12期至第14卷第3期（1988年6月至9月）分四期刊出。

一、北宋復興儒學的歷史文化背景

　　北宋恢復儒學的歷史文化背景是什麼？這是一般講中國哲學史需要講到的。要講思想史一定要前後聯貫，這是哲學史中的文章，是需要了解的。但講這些東西講太多了不行，講太多了，就是光講外圍話，眞正講到學問的本身就不懂了。這叫做滿天打雷不下雨。所以，我們講學的重心不放在這個地方。但我們也不能對儒學復興的歷史文化背景懵然無知。

　　宋儒出來爲什麼一定要求恢復儒學？我們如何理解宋儒興起的歷史背景？這不是邏輯的問題，不是義理的問題，而是一個歷史事實的問題。兩漢講經學，到魏晉，經學不能講了，道家復興。經過魏晉南北朝、隋唐，到宋儒出來，一定要講儒家的學問。講道家、佛教都沒有用，不是社會所要求的。中國歷史發展有一個內部要求，這就叫文化精神。一個民族總有一個文化精神，才能有理想，才能往前進。

　　殘唐、五代是中國歷史上民族、社會、政治最衰落的時候，而當時知識份子的聰明才智都用在禪宗。禪宗那麼有光彩，但究竟於我們的政治社會、世道人心有什麼用呢？漢唐大帝國那麼興盛，不是靠佛教，佛教是乘大唐盛世發展起來的。五代的時候，禪宗發展

到高峰，但五代是最不成話的時代。到北宋一開國，知識份子思想上就有一個覺悟。從魏晉以來經南北朝到隋唐，一直講道家、佛教，所謂佛老對世道人心究竟有多大的作用？這是值得考慮的問題。五代是中華民族最衰落的時候，在這個背景下，便有一個共同的要求，即必須復興儒學。所以，宋儒講儒學都有生命。這是宋儒興起的歷史背景。

殘唐、五代衰亂，世道人心敗壞。人無廉恥，這是最大的慘局。在這個背景下才要求儒家的復興。宋、明儒家完全是道德的覺醒。宋儒的興起就是對著殘唐五代的人無廉恥而來的一個道德意識的覺醒。道德意識的覺醒就是一種存在的呼喚，存在的呼喚就是從內部發出來的要求。

任何思潮學派總有它出現發展的原因。以前老先生不重視外部義理。因為不重視外部義理，所以學問不能貫通。胡適之出來以後，大家一下子知道凡是了解一種東西首先要做社會學的分析。先了解家庭背景，然後了解階級背景、社會背景。但如此一來，講課的時候關於內部問題一句話都不會講，光會講李白、杜甫的社會背景。到共產黨就是講階級背景，李白、杜甫的詩好在那裡一點不懂，這算什麼講文學呢？五四運動以來，知識份子的頭腦變成這樣子，發展至極端，就是共產黨。共產黨看任何東西不從內部看，光從外部看，先看你是什麼階級背景、什麼家庭背景，結果是罵一頓封建反動就完了。分析朱夫子就是小地主封建思想，對朱子的一套學問完全不了解。分析陸象山的結果是大地主，所以是唯心論，最反動。直到現在，大陸上還是光講外圍話，內部的義理一點不懂。糟蹋學問、糟蹋人心到如此地步。

　　我講書的時候，外圍話盡量少講，直接做內部義理的剖解。以前的人不大注意外圍的話，這也不對。外圍的話應當了解，但不能光停在那裡，外圍的話還未入題嘛！譬如講周濂溪，就要講周濂溪的義理結構，才是入正題。我的《心體與性體》不是哲學史，我們講學問直接作義理的分解。要寫哲學史，就要牽涉更多人物。譬如，邵康節就不能少。邵康節是宋代的大哲學家，與二程私交甚密。但邵康節的思想跟我書中所寫的周濂溪、張橫渠、二程、朱子、陸象山以及王陽明、劉蕺山等人的義理論題沒有關聯。我書中所寫的幾個人論題是相關的，或者贊成，或者反對。講學問一定要相關，說話要中肯。在《心體與性體》一書中，我把外圍的話省掉了，直接從周濂溪入手。濂溪以前的不講了，因為那還沒入題。到周濂溪才直接講儒家的學問，這就是入題了。講儒家的學問，籠統地說是道德意識的覺醒。以道德意識的覺醒說儒家是十分中肯的一句話。但這是籠統說，道德意識在先秦儒家怎麼表現呢？是像孔子那麼表現呢？還是像曾子那樣表現呢？像顏淵那樣表現呢？還是像孟子那樣表現呢？道德意識的覺醒為的是成仁成聖，這就是內聖之教。宋儒的內在義理就是如何成聖，如何發展完成道德人格。胡安定那個時候還未入這個正題，胡安定講《春秋》。《春秋》也是道德的，但它不是講如何發展完成道德人格，春秋大義大體是屬於外王方面，從整個社會文化、生活的道德標準講，屬客觀面。

　　宋儒復興儒家，第一階段是一個文化意識。文化意識完全對著佛教而發，牽連到道家。理學家對佛教有痛切之感。面對殘唐、五代的衰亂，佛教光講「空」，道家光講「無」。道家、佛教都是非道德的，不從人的「當然」處講，對世道人心一點好處也沒有。所

以我說，宋儒的興起是對著殘唐、五代的人無廉恥而來的一個道德意識的覺醒。

二、不同層次之「理」的簡別

「惻隱之心，仁也；羞惡之心，義也；恭敬之心，禮也；是非之心，智也。」孟子這幾句話就是「心即理」之意。「心即理」不是說心去合這個「理」，「心即理」的意思是：心就是理。照朱子的說法，心合這個理就是道心，不合這個理就是人心，這樣說的心不是孟子所言本心。了解「心即理」，你就能了解陸象山、王陽明。有人以為這是宋儒的特別主張，其實不然。陸象山、王陽明的主張就從孟子的義理來，只是朱夫子沒有了解孟子的這幾句話。光籠統地說心，照現代人的看法，心的意思很廣泛，有心理學意義的心，也有邏輯意義的心，也有形而上的心，也有認識論的心。孟子沒有這些考慮，直接的就說惻隱之心、羞惡之心、恭敬之心、是非之心。這四端之心是道德意義的心，性善從四端之心這個地方講。惻隱之心就是仁，羞惡之心就是義，恭敬之心就是禮，是非之心就是智。當孟子如此說本心的時候，這個心不光是一個心。這個心同時就給自己定一個方向。心理學意義的心不能定一個方向。孟子所言本心能給我們的生活、我們的生命定一個方向，定一個方向就是指導我們應當如何行。指導我們如何行動，為我們的行為立一個規範，這就是理。這個理不是物理的理，也不是科學研究之理。若說

物理的理，科學研究的理，怎麼能說心就是理呢？要是那麼理解「理」，永遠不能了解「心即理」的意思，不能了解陸象山、王陽明。現代人缺乏道德意識，說到道德律、道德法則，一般人沒有清楚的觀念，所以不能了解「心即理」的意義。要了解「心即理」不很容易，因為它不是知識論的範圍。一般人站在認識論的立場，這個心就不能是理，站在知識論立場，心是認知活動，不能說心就是理，只能說心了解理。以前的人不能了解「心即理」的「即」字，就是「理」的觀念沒有弄清楚。

當陸象山、王陽明說「心即理」的時候，就是根據孟子那幾句話來的。孟子言心就是性，從心了解性，從性那個地方說理。朱夫子說「性即理」，但他不說「心即理」。朱夫子了解性就是理，人有人的理，粉筆有粉筆的理。人有人的性，粉筆有粉筆的性。這個性就是本質的意義，是人之所以為人的所以然之理。「理」這個字很虛，它是就著一個東西的所以然而推過去的。荀子說：「不事而自然謂之性」，這裡所說的「性」是個描述詞（descriptive term）。依「生之謂性」的原則說性，一定落在自然之質上，這就是描述的說法。荀子還有一種說法。荀子說：「生之所以然者謂之性」，這就不是描述的說法。凡是說「所以然」就不是描述的。「然」、「所以然」是兩個說法。「然」解答是什麼的問題；「所以然」解答為什麼的問題。「所以然」就是從「然」推進一步，說明「然」的理。一個是從「然」了解性，一個是從「所以然」了解性。「然」代表自然，這個然就是實然。事實上如此，從「然」說性，是描述的說法。從「所以然」了解性，這個地方「性」是一個概念。這樣了解性不是描述的說法。「所以然」是對於「然」而發

的，就著這個「然」推進一步。沒有空說「所以然」的，說「所以然」得假定你對這個「然」有所了解，至少得假定你對這個「然」有一個概念。「然」是什麼？「然」就是描述的那些自然現象，「然」就是敘述語句。那麼，追問它的「所以然」，就是對於「然」這個事實有一個說明。因此，「所以然」是一個作用詞。

從「所以然」了解性，就是就著眼前呈現的這個實然，推進一步說明它的根據，說明它的道理。這個道理，中文習慣用「所以然」來表示。朱子的「性即理」就是從「所以然」了解性這個理路來。「所以然」解答的是為什麼的問題。「為什麼」就是理。

說到「所以然」，說到理，有好幾層意義。你說的是那一方面的「所以然」，說的是那一方面的理，這裡就有所不同。「所以然」就代表理，這在西方沒有。「所以然」之理，西方哲學用 essence（本質）來表示。本質就是代表粉筆之所以為粉筆。亞里士多德說：要對一個東西下定義，就是把這個東西的本質說出來。把本質說出來，就是把這一個東西所以為這一個東西的要點（essential point）說出來。綱、目、差都是本質，本質的就是必然的。對人下定義，說「人是理性的動物」，「理性的動物」就是人的本質。在西方，就用本質（essence）代表一個個體的所以然。本質屬於形式（form），形式的東西不能描寫，不能呈現，形式是摸不著、看不見的。亞里士多德所謂「人是理性的動物」，這個所以然的理是代表下定義範圍內的理。朱子的理指太極說，屬於太極的這個所以然的理，應當是那一個層次的理呢？是不是可以跟人的定義中所說的那個理相同？就定義中的理說，人是理性的動物，理性是差，動物是綱，人是目。假定朱子的太極是定義中的理，那

麼，你把太極這個理放在什麼地方？就是說，在對人下定義的時候，這個太極之理能夠用得上用不上？人是理性的動物，綱跟差合起來的這個理，就是用來界定人。這個理只合於人，不能合於粉筆。要給粉筆下定義，就得有另一個定義，那個定義是要把粉筆的理說出來。每一個東西都有定義，這一個定義是這個東西的理，那一個定義是那個東西的理，這個理是多元的。柏拉圖的 idea 也是多元的，主要地亦是就定義而言。能把握感覺界的具體事例所依仿而成其為具體事例的理型（idea），即算把握一概念之確定意義。亞里士多德的本質（essence）、柏拉圖的理型（idea），皆是多而非一，當是「形構之理」。

朱子太極之理跟「人是理性的動物」那個定義中的理不同。朱子的「太極」只有一。朱子言「統體一太極，物物一太極。」馮友蘭對朱子這句話有誤解，他只承認「物物一太極」，把太極誤解為類似 idea，是多元的。這不是朱子的意思。朱子太極之理比柏拉圖的理進一層。朱子曰：「太極涵萬理」，其實義是一理有萬相，「月印萬川」。定義中的理，成類概念。太極這個理不是類概念，它是形而上的，相似西方文化傳統中的「上帝」。但「太極」不能創造，上帝的創造是宗教的。

朱子太極所言「所以然」之理是形而上的、超越的、本體論的、推證的、異質異層的「所以然之理」。此「所以然之理」即曰「存在之理」（principle of existence），亦曰「實現之理」（principle of actualization）。但在此曰「實現」與正統儒家處不同，此只是靜態地定然之之實現，不是創生地妙運之之實現。

孟子曰：「人之所以異於禽獸者幾希」，孟子這句話並不是給

人類下定義。下定義中的「人」是科學觀點中的人。譬如，人是理性的動物，這是給人下定義。下定義就是把概念分類。柏拉圖的idea 也是個類概念。從外延上說，「人」這個概念可應用於孔子、孟子，也可用於堯舜，凡是屬於人的構造的個體都可應用。這就是概念的普遍性。類概念的普遍性是相對的普遍性，有限制的普遍性。良知良能所表示的「幾希」不是給人下定義，也不是柏拉圖的idea，它是一個價值上的概念、實踐的概念，具有絕對的普遍性。

「本心」、「良知」具有絕對普遍性。絕對的普遍性就不是類概念，不是知識的概念。假如「良知」是一個類概念，則只能應用於人類。只能應用於人類，也就是說只能用於說明人類的當然。只有人類才有應當不應當，草木瓦石沒有應當不應當，上帝也沒有應當不應當。應當不應當不能應用於上帝，在上帝這個地方，應當是什麼就會是什麼。對於人來說，可以有應當如此，而事實上並不一定能如此。這個地方，事實與理想之間有一個距離。只有人類有這個特點：只有人有應當不應當的意識，而這個應當的意識發自良知。如此一來，良知只應用於人類，人類有良知的唯一作用是在說明「應當」，作為「應當」之可能性的基礎。要是沒有良知，「應當」表示不出來。「生之謂性」沒有應當。假若「良知」只是如此，這也不算壞，人是有這種特點：人有良知，使人能夠表現道德的應當，表現道德的實踐。良知使人成為一個道德的存在。良知是使人成為道德存在的根據，同時也是使人的道德實踐可能的根據。

「人」上不同於上帝，下不同於萬物，這顯出人這個存在的特別。但是，你要是了解孟子所言性善的「性」、「良知」，陸象山所言「良知」、「本心」，是不是這樣了解，只是為的使人成一個

道德存在？只是為的說明人的應當不應當，其他的不管？這樣一來，「良知」、「本心」還是類概念。只能說明道德現象，與天地萬物不相干。假如良知只說明應當，不涉及存在，則良知還是個類概念，這個類概念是人類所特有的一個本質。這樣說，良知是人的本質（essence）。這樣說不一定算錯，但是這種說法不夠。孟子所言性善的「性」，從四端之心說的「性」直接翻譯成 essence 不很恰當。因為從亞里士多德下來，essence 一定是分解的，所以我不用 essence 來翻譯儒家性善的「性」字。假如良知只涉及應當而不涉及存在，這不合孔孟儒家傳統，不合陸王的傳統。因為按那種說法，良知成一個類概念，絕對普遍性沒有了。不涉及存在，就是你對存在方面不負責任，所過問的只是屬於「當然者」一類的現象。但是，這是不是王陽明講良知的本義呢？是不是陸象山講本心的本義呢？遠在《孟子》、《中庸》，「良知」、「本心」就不是一個類概念，不光是說明「應當」。

從那些文獻可看出《孟子》、《中庸》、王陽明、陸象山說「良知」、「本心」不限於「應當」，也涉及存在呢？王陽明說：「無聲無臭獨知時，此是乾坤萬有基。」陸象山說：「吾心就是宇宙，宇宙就是吾心」，又說：「萬物森然於方寸之中，滿心而發，充塞宇宙無非斯理。」《中庸》拿「誠體」來表示「良知」、「本心」。《中庸》曰：「誠者物之終始，不誠無物。」「唯天下至誠為能化。」這個「誠體」既是道德的基礎，又是天地萬物的基礎。天地萬物的基礎就是本體宇宙論的。這是儒家的共識。「誠者物之終始，不誠無物」，就是說物發展成為一個物，後面有一個誠體在貫徹。也可以說，「誠體」是使物所以成其為物的一個支持者。

「終始」表示每一個物的完成是一個發展的過程。假若把「誠體」撤掉，一切的存在（being）都變成非存在（non-being）。所以說「不誠無物」。這個很容易了解。中西方的聖人都是如此了解。在西方，從宗教的立場來講，一切都在上帝的存在中存在。離開上帝就沒有存在了。在孟子，這個意思不明顯、不透出，但並不是沒有。孟子證明性善，這個性就是本心。這個「本心」如何進一步引申發展，孟子還沒有說明。孟子說人有「本心」，「本心」就是人的性，是人之異於禽獸的「幾希」一點。道德意識很真切。孟子把道德意識彰顯出來，至於「本心」的絕對普遍性還沒有完全透出。但孟子也說：「萬物皆備於我矣，反身而誠，樂莫大焉。」孟子是要從「誠體」這個地方證明「萬物皆備於我」。後來《中庸》說「誠者物之始終，不誠無物。」「不誠無物」就是「萬物皆備於我矣，反身而誠，樂莫大焉」的一個翻版。「萬物皆備於我」是什麼意思？陸象山說：「萬物森然於方寸之中」，這句話也是孟子「萬物皆備於我」的一個翻版。兩句話一個意思。若拿《中庸》的意思來確定「備」字，就是說，萬物都備存於我之本心誠體之中，離開本心誠體，一切東西都歸於不存在。本心誠體本來就是道德創造的實體，也就是說，萬物不能離開道德的創造性而有獨立的存在。上帝創造是宗教家的說法。儒家講「天命不已」、「大哉乾元，萬物資始」，這是客觀地講，主觀地講是本心誠體。萬物不能離開本心誠體而有獨立的存在，這應當是對「萬物皆備於我」的一個確切理解。但另有一種講法，就是勞思光的說法。他說：「萬物皆備於我」只是萬物之理備於我，並非萬物之存在備於我。這個說法是勞思光的一貫論點，也就是心性論只涉及應當，不涉及存在。你們看

這個說法通不通？「萬物之理」與「萬物之存在」分開有沒有意義？假若心不涉及存在，存在交給誰呢？在西方，存在交給上帝；儒家沒有上帝，就是交給心體、仁體、誠體、性體，這是一樣的東西，你怎麼能把它看成是類概念？假若說「萬物之理」備於我，不是「萬物之存在」備於我。那麼，這個時候，「理」能不能存在？與「存在」分離的「理」是什麼意義的「理」？「理」與「存在」分離，而這個「理」仍能備於我，這種說法通不通？萬物的抽象之理只是理的抽象概念，抽象概念不能備於我。什麼叫抽象之理？譬如，粉筆有粉筆的抽象之理，粉筆的抽象之理就是粉筆的抽象概念。粉筆的抽象概念不能說備於我，只能說通過我的思考把它抽象出來。這是唯名論所說的理，唯名論所說的理就是純粹的抽象概念。但唯名論所說的理怎麼能備於萬物的存在之中呢？這個不可思議。

唯名論只是說抽象之理沒有實在性，並不是說抽象之理完全是憑空造成的，沒根據的。那麼，照唯名論講，什麼是真實的呢？特殊性（particularity）是真實的，普遍性（universality）是唯名的。普遍的名是經過思想的製造作用由特殊的個體存在抽象出來的。這種意義的「理」可以跟「存在」分離，但從這個層次說的「理」不能備於我。那麼，可以說備於我的那個「理」一定不是對萬物的抽象之理說，不是唯名論所說的抽象之理。既然不是這種意義的「理」，那麼，「萬物皆備於我」的那個「理」是什麼意義的理？勞思光說萬物之理皆備於我的「理」是什麼意義的「理」？唯名論的抽象之理可以跟存在分開，但那個「理」是共理，對我們沒有意義，孟子不是這個意思。實在的東西是特殊的，我們說這是孔

子、孟子，沒有光說這是一個人。「人」是一個抽象的概念，具體
真實的是孔子、孟子。「人」不是實在的，但「人」這個名也不是
憑空造出來，是從孔子、孟子這些特殊的個體存在抽象出來的。這
種抽象出來的名，譬如說「人」，我們不能說備於我。這種層次上
說的「理」，所謂共理，對我們沒有意義。孟子不是這個意思。勞
思光說萬物之理備於我的「理」是不是這個層次上的「理」呢？

　　抽象之理都是從實在的東西抽象出來，這個「理」不能創造實
在的東西，不能使實在的東西有其存在。不能涉及存在的這種
「理」不能備於我。你想要說只是理備於我，而不是存在備於我。
那麼，這個「理」一定是從存在抽象出來，不能反過來使存在成其
為存在。就是說，不能創造存在。可是，沒有人會說這種抽象之理
備於我。這種說法沒有意義，而且，這種意義的「理」不能備於
我。可以備於我，而且對我們有意義的「理」，一定不是從存在抽
象出來，它一定反過來使存在成其存在，就是擔負存在的實現的責
任。這樣的「理」才可以備於我，這個層次上說的「理」就不能夠
對存在沒有擔負。因為它擔負存在的實現的責任，這個「理」是實
現之理。假定它是個實現之理，它使萬物成其為萬物，就是對存在
有責任，就是要涉及存在，也就是乾坤萬有之基。

　　良知使乾坤萬有成其為乾坤萬有，使天成為天，地成為地，萬
物成為萬物。這個「成」就是實現。這樣一來，這個「理」等於上
帝的理。上帝創造萬物，萬物離開上帝就沒有存在，這是宗教家的
講法。儒家不是宗教，儒家講天道、天命、良知、心性，都是一個
東西，相等於上帝的理。這種意義的理叫做實現之理。

　　實現之理備於我，就是擔負存在。在這個層次上說「萬物皆備

於我」，萬物之理跟萬物之存在不能分開。這種「理」不是一個知識上的「理」，這種「理」是本體宇宙論的理。這個層次上的理備於我，就是萬物備於我。因爲有這理才有萬物。萬物離開這個「理」就不成其爲萬物。這個「理」就是「誠體」。在這個地方，怎麼能說只是萬物之理備於我，而不是萬物的存在備於我呢？這種說法不通嘛！

要眞正分析明白，就是區別兩種「理」：一種是形構之理；一種是實現之理。要清楚這兩種「理」的區分，你們可以讀我的《心體與性體》（第1冊〈綜論〉部分）。

知識上的理可以跟存在分開，知識上的理是形構之理。譬如，按粉筆的化學公式造粉筆，化學公式是知識，是一個形式。那是一個「理」，是一個形構之理。按照這個公式可以製造一枝粉筆，但這個公式（形構之理）不能創生一枝粉筆。創生這枝粉筆，使這枝粉筆存在的是上帝。柏拉圖是製造說，宗教是上帝創造說。創造和製造不一樣，創造是從無到有。儒家是另一種意義的創造，儒家講天命不已，創生萬物。「大哉乾元，萬物資始」，那也是使萬物存在的。道體、良知、本心、誠體，都叫做實現之理。儒家道體創生說，跟宗教家講的上帝創造意思一樣，而說法不同。儒家講的創生，是根據道德的創造性而來。「誠者物之終始，不誠無物」，離開「誠體」，萬物就沒有了。這個「誠體」就叫做創造性的本體。道家也講生，但它那個「生」不是創生，道生是不生之生。佛教講涅槃、法身、般若。涅槃、法身、般若都不是創造性的本體，沒有創造性。沒有創造性，萬法怎麼出來呢？靠識變。識所變現，當下寂滅，沒有任何執著煩惱，就是涅槃法身。所以，涅槃法身不是創

生性的本體。這些道理在我的《中國哲學十九講》講得很清楚。諸位可以參考。

我們再歸到描述的詞語和所以然的詞語這個問題上。描述的詞語是現象的詞語，所以然的詞語則說明理由。自然之質所說的性就是「食色性也」。「食色性也」這個性是描述詞（descriptive term）。從自然之質一定要進一步說出所以有如此自然之質的理由，那個才叫做性。

荀子曰：「不事而自然謂之性」，又說「生之所以然者謂之性」。儘管荀子也說所以然之理，但荀子的所以然之理是屬於那個層次呢？荀子有沒有「太極」這個觀念？有沒有傳統儒家道體的觀念？荀子也講天道，他那個天道是什麼意思呢？荀子講的天道是自然，就是自然之質。但正宗儒家講的天道很神秘，不只是自然現象。既然荀子沒有正宗儒家天的意義，他所說的「所以然」只落在形構之理（principle of formation）的層次上。形構之理就是把實然的現象總起來，以一個理由說明之。這個理由是內在的。內在的所以然也叫現象學的所以然，描述層的所以然。天道、太極是超越意義的所以然。所以，荀子不是先秦儒家的正宗。從人文主義方面說，從跟隨孔子「郁郁乎文哉，吾從周」，法後王、重禮儀這些地方說，荀子可說是儒家。但從形而上意義、超越意義上說，荀子則不能算正宗儒家，後來宋明儒發展的是正宗儒家思想。

三、宋明儒學的經典根據

正宗儒家的經典根據是什麼？就是《論語》、《孟子》、《中庸》、《大學》、《易傳》五部書。

《論語》講仁，《孟子》講心性，以心說性。本心就是理。惻隱固然是心，但不只是心，且也給你的行為指定一個方向，這個就是理。這個理不是在別的什麼地方，就在心中自定。恰當的說，就是康德所說的自律、自立法則。理就是法則。《論》、《孟》是從主體方面講，這個地方，就是教你徹底理解「心即理」這個概念。陸象山、王陽明沒有康德那個詞語，但陸王對「心即理」的了解就合乎康德意志自律的說法。朱子的講法則不相合，朱子沒有了解孟子的意思。我們現在講孟子是要把康德意志自律的意思加進去，「心即理」就是意志自律。道理畢竟相通。只要成一個道理，成一個概念，不管用的什麼詞語，道理是相通的。假如西方哲學永遠是西方哲學，中國哲學永遠是中國哲學，兩者不能相通，人就不能成一類了。中國人與西方人成了兩類，那怎麼可以呢？

《論》、《孟》是一系，著重從主體方面講。從主體方面講仁、講心性、講心即理，主要的是說明道德，說明道德的可能性。加上《中庸》、《易傳》、《論語》、《孟子》四部書合起來看，

就不光是從主體講仁、講心性，不光是直接說明道德的可能性，也牽涉到「存在」，也說明存在。存在就是天地萬物的存在，說明天地萬物的存在就是形而上學。那麼，那一個觀念擔負這個形而上學的責任呢？就是「天道」這個觀念。這個「天道」不是荀子所說的那個意思，而是超越意義的天道。所以，又名曰「道體」。道體見之於《易傳》，就是「大哉乾元，萬物資始」，見之於《中庸》就是「誠」。誠不只是現在所說的「誠其意」的誠，那是從人的生活上說，屬於道德的。誠除了這一面意義之外，誠還是「合內外之道」。《中庸》的地位很重要。主觀方面講仁、心、性；客觀方面講天道、道體，從主觀方面過渡到客觀方面，兩方面通而為一，這就是儒家的道德形而上學。

《論語》的精義：踐仁知天。《孟子》的精義：盡心知性知天。《中庸》的主要觀念是「誠」。《中庸》曰：「誠者，自成也；而道，自道也。誠者，物之終始；不誠，無物。是故君子誠之為貴。誠者，非自成己而已也，所以成物也。成己，仁也；成物，知也；性之德也，合外內之道也，故時措之宜也。」《中庸》一個「誠」字，把主觀面、客觀面通而為一。對古人來說，主觀面、客觀面通而為一不是很困難。但是，這個對現代人來說就很困難。講主觀面就不能講客觀面，講客觀面就不能講主觀面。這是可悲的現象。

《中庸》曰：「誠則形，形則著，著則明，明則動，動則變，變則化。」「誠」是一個道德詞語，但是，這個道德詞語是在存有論的意義上說，是在形而上的意義上說。所以說：「形則著，著則明，明則動，動則變，變則化。」形、著、明、動、變、化六個字

表現一個存有論的過程（ontological process）、本體宇宙論的過程
（onto-cosmological process）。「誠」是體，是一個存有論義的實
體（ontological reality），或者說是一個形而上的實體
（metaphysical reality）。有體作本，就可以形。本是內在的，有
諸中者，必形於外。內部充實，一定往外表現。形是往外表現，著
就是彰著明朗，著才能明，明就能動，能動才能變，變才能化。
形、著、明、動、變、化，這是最漂亮的宇宙觀，光明俊偉的宇宙
觀。以往的哲學家只是解釋世界，馬克思不但要解釋世界，還要改
變世界。這句話儒家並不反對，儒家講參天地贊化育嘛！參天地贊
化育就是改變世界。哲學家不但要解釋世界，也要說明行動的原
理，行動就要改變。但是，改變要有根據，不能亂改變。馬克思唯
物辯證法就是亂改變，唯物辯證法說遺傳律是小資產階級的，他們
不承認遺傳律，要搞唯物辯證法的生物學。一畝小麥要出產多少萬
斤，毛澤東當年不是這樣幹嗎？現在鄧小平也說要翻幾翻，都是一
樣的論調。這都是神話。結果是亂來，這是馬克思的所謂改變世
界。改變世界要有根據，要根據誠來改變。這是《中庸》所說：
「參天地、贊化育。」改變要有道理，要一步一步實現。「誠則
形，形則著，著則明，明則動，動則變，變則化」這是通過實踐而
來的存有論的過程，統攝在實踐理性下的一個本體宇宙論的過程。
所以，《中庸》通過「誠」把主觀面、客觀面通而為一。主觀面、
客觀面本來就是一回事，這就是《中庸》的境界。《中庸》往前發
展就是《易傳》，《易傳》跟《中庸》是同一個境界。

　　主觀方面講的仁、心、性固然很重要，但我們不能把客觀方面
講的天道割斷。可以以主觀面為主而通至客觀面，但不能把客觀面

割掉。勞思光想把天道拉掉,這是不成的。有文獻明擺著,不能鬧意氣。客觀方面的道體,由《中庸》、《易傳》提出來,道體這個觀念跟主觀面的仁、心、性是相通的。在《孟子》那裡,主觀面的心性就往客觀面的天相通,只是還未直接講出來。《中庸》、《易傳》直接提出天道、道體,要了解《中庸》、《易傳》所提出的客觀面的天道,一定要對主觀面的心性把握得很清楚。朱夫子就是主觀面的心性把握不住,一下子往客觀面轉,所以道德意義減殺。朱夫子講心性道德意義不夠。朱夫子本人道德意識那麼強,怎麼說他減殺了道德意義呢?這就是他的義理形而上學的意味重而道德意義不夠。就真正的道德意識說,陸王是正宗,但歷來以為陸王並非正宗,這是顛倒了。從教化上講的那個道德意識,程朱是正宗;從傳承先秦儒家內聖之學方面講,陸王是正宗。朱夫子那套理論把這方面講掉了,這就是朱夫子出毛病的地方,就是宋明儒程朱一系的一個癥結。現在的人多不了解。

宋、明儒開始講學問不從《論》、《孟》入手,而以《中庸》、《易傳》為主,從客觀面入手。先秦儒學從《論語》、《孟子》、《中庸》、《易傳》一根而發,《論語》、《孟子》先出現,《中庸》、《易傳》從《論》、《孟》而發展,四部書是一個系統,《大學》是外插進去的。《大學》就著當時的大學教義講,教人做道德實踐,至於道德實踐的義理基礎,《大學》講得不清楚。這方面要靠《論語》、《孟子》。到北宋周濂溪、張橫渠、程明道這三個人出來講學問,都是先從《中庸》、《易傳》客觀方面的天道說起,他們的興趣都在這方面,就是先立客觀方面的大道理。北宋前三家先從客觀面講,但也不割斷主觀面,而且是從客觀

面講的天道一步一步回歸《論》、《孟》。先秦儒家本來是從
《論》、《孟》一步一步地向《中庸》、《易傳》發展，這是先秦
儒家的發展。北宋三家先從客觀方面講，也知道光從客觀面講不
成，不能落實，所以必須一步一步回歸《論》、《孟》。這個運思
的方向，發展的度向，北宋幾百年直至朱夫子，到明朝，完全忘掉
了。北宋前三家的發展度向跟先秦儒家的方向剛好相反。先秦儒家
是從《論》、《孟》向前發展，一根而發至《中庸》、《易傳》，
這叫「調適上遂」。北宋三家出來講學問，先秦儒學已成大家的共
識。所以，他們直接從最高面說，從客觀面的天道說起。但他們也
知道不能光停在客觀面的天道，還是要回歸到《論》、《孟》，不
回歸《論》、《孟》就不能落實。儘管先秦儒家是春秋戰國，北宋
儒學出現是一千年之後，中間隔了兩漢四百年，及南北朝、隋唐。
南北朝講的是佛教、道家，到宋朝才恢復儒學。孟子講性善，以心
說性，心即理，這是孟子的切義；但儒家還有天道這一面，先秦儒
家就有。所以，我先講兩個層次的「所以然」，講《論》、
《孟》、《中庸》、《易傳》一根而發，把這個問題引出來。下
次，我正式給你們解釋，說明宋、明六百年儒家學問的義理的輾轉
引申，把六百年儒學的綱領脈絡告訴你們。

四、「性體」義疏解

對於性、天，你首先了解它是客觀面的、超越的。在宗教的意義之外，進一步從哲學了解，性、天根本就是存有意義的一個概念。理學家講到「性體」，就是一個東西的自性，就是一個在時間、空間中的東西所以存在的理。朱夫子就是這樣了解，所以，朱夫子所說的「性」是泛存有論意義的概念。性通太極，通天道，這樣一來，天道也成了一個存有意義的理。不過這個「理」不是多元的，而是一個無限性的存有意義的概念，是一而非多。這是如何要一步一步去了解呢？你要了解理學家是如何去理解的，朱夫子是如何去理解的，二程是如何去理解的。集中到一起，就是「道體」的問題，這是一步一步慢慢接觸到的。「道體」跟「性體」是不是一？或是永遠分開呢？這也是在發展中逐步解答的。

孔子沒有討論人性的問題。「性與天道不可得而聞」，在孔子心目中，性是哪一個層面所說的性呢？是告子所說「生之謂性」之性呢？還是孟子所言性善的性呢？這在《論語》沒有清楚表示。孔子心目中的「性」不會是告子所言之性，因為告子所言「生之謂性」的「性」沒有什麼奧秘，那不是「性」字的全部意義。到荀子說：「生之所以然者謂之性」，這雖然是就著眼前的自然生命說，

但自然生命也不是一個簡單的東西。荀子所言「所以然」不是超越意義的，還是內在的生命本身。但生命本身就有奧秘，生命本身就很複雜。不管從自然生命方面看，還是上升到理性的生命，像孟子那樣從道德性的生命看，都是無限的奧秘，都是屬於存有意義的概念。存有意義的概念可以從上、下兩層面講：一層就自然生命講，一層就理性生命講。不管那一層面，都是複雜的。這樣理解性是一個存有意義的概念，天道也是一個存有意義的概念。性是對著個體講，不管從自然生命講，還是從理性的生命講，「性」的概念的形成是對著個體而有的一個名。不對個體而言，而對著天地萬物而總言的，是道體。道體不但代表客觀的意義，而且代表絕對的意義，它也是個存有（being），這個「存有」類乎西方的「上帝」——無限性的存有。

「性」是對著個體講，開始的時候，「性」這個概念不是無限的。人的性就著人講，粉筆的性就著粉筆講，人的性跟粉筆的性不同，因此，「性」一方面是有限的，另一方面又是多元的。這樣意義的「性」，就是柏拉圖的理型（idea），柏拉圖的理型是定多，事實上有一個東西，就有一個東西的理型，這個東西的理型跟那個東西的理型不一樣，這就叫定多。可是中國人講的「性」的觀念，有兩個層面：一層面就自然生命講，一層面就理性生命講。兩層面都可以看作一個存有意義的概念。「性」的概念容易令人了解作有限的，既然有限，就是多元性，這是對「性」的初步了解。但這樣了解「性」這個概念，在《論語》不清楚，在《孟子》也不清楚。因為孟子了解「性」，是從「生之謂性」進一步，升至理性生命，從理性生命說性。從理性生命說人的性，這個「性」是對人講的，

使人成其為人，這就是人的性。在孟子，「性」並不表示天地萬物之性，孟子沒有這種表示。那麼，孟子所言「性」是不是多元的呢？很難說，因為孟子沒有清楚的表示，你很難說它一定是有限的、多元的。孟子言性，一開始雖然是就人講，但就人而言，這個「性」也不就是相等於柏拉圖所說的理型。因為柏拉圖的理型為眼前現實的東西所限，粉筆有粉筆的理型，桌子有桌子的理型，柏拉圖的理型是定多，是個類概念。但是，孟子所言性善之「性」，儘管就著人講，因為人最容易表現，而孟子所言「性」沒有形成一個類概念。那麼，你很難判斷說它是有限的、定多的。孟子從心說性，這個「性」不是類概念。告子從「生之謂性」了解性，也可以區別人與牛馬的不同。人是人類的「生之謂性」，牛馬是牛馬的「生之謂性」，這個不同是分類的不同，分類的不同成一個類概念。孟子從心說性，這個「性」可以表示人與牛馬的不同，這個不同不是分類的不同，而是價值意義的不同。價值意義的不同就不是一個類概念，不是分類的概念。那麼，假如我們把孟子所言「性」看作存有意義的概念，儘管孟子所言「性」是就著人講的，把人的特點顯出來，但孟子講這話並不是為的給人下定義。「人之所以異於禽獸者幾希」，這個「幾希」不是人類定義中的「差」，這不是個定義，不是個類概念。不是個類概念就不一定是有限的，也不一定是定多。孟子本身沒有清楚表示，但至少孟子並沒有把「性」形成像柏拉圖式的理型。假若形成柏拉圖式的理型，那就是定多，是類概念，類概念就是有限的。類概念也有普遍性，但那個普遍性是有限的普遍性。孟子從道德理性上說性，門是敞開的，不一定就是一個有限的概念，一個定多的概念。康德講到道德理性這個地方，

就說這是人的高級的較高一層面的性——人的第二本性。這個第二本性可以通無限，使人成為一個無限的存在。所以，門是敞開的。

孔子只講仁，很少講性與天道。「性」字通過後來兩方面去了解：「生之謂性」的了解；道德理性的了解。無論從那方面了解，「性」的概念總是存有意義的，總是無限的複雜。凡存有都是奧秘的，這個意義的存有，從「生之謂性」講，可以成一個類概念。儘管從生命看，它也是一個神秘，但它可成一個知識的概念，可以通過現象學的描寫成一個知識概念。理性生命就不容易成一個現象的描寫的對象。所以，從理性生命了解「性」的時候，孟子並沒有往柏拉圖式的理型那個方向走。沒有向那個方向走，就不能說孟子所言「性」是定多，也不能說是一個類概念。這個要弄清楚。那麼，一定要說它是無限？孟子也沒有表示。假如孟子所言「性」是無限存有，那麼，這個「性」與天道是一。因為天道就是道體，道體是無限存有，故「性」與天道是一。孟子沒有很清楚表示出來，雖然沒有清楚表示，但孟子的義理脈絡向這個地方接近。這點在孟子有明顯的表示，孟子說：「盡其心者知其性也，知其性則知天矣」，從心說性，假若心可以擴大成無限心，那麼，性也是無限的。通過「盡其心者知其性也，知其性則知天矣」，可見心、性、天有必然的聯繫性，充分盡了你的本心，你就能知道你的性，這就表明心與性有一個必然的聯繫性。「知其性則知天」，這個地方，性與天也有一個必然的聯繫性。就是這個必然的聯繫把心、性、天三者通而為一。在這裏，孟子的門是敞開的。天道是無限的存有，心性與天道通而為一，那麼，心性也是無限的存有。因為不會有兩個無限的存有，結果是一個。

　　宋儒不把孟子所言「性」看成是用來下人的定義。孟子言性是根據孔子「仁」的觀念而來，「仁」更不是給人類下定義，「仁」不能往柏拉圖的理型方向走。後來，程明道講「仁者與天地萬物爲一體」，王陽明說：「大人者與天地萬物爲一體」，由此看出，把「仁」了解成跟道體一樣是無限的，很容易。這比要了解孟子所言心性的無限性還容易。《論語》說仁不只是一個德目，仁是一個全德。孟子所言心性，就是根據孔子所言仁而來。仁是道，仁是理，可以說仁道、仁理，怎麼不可說仁心？朱夫子就是光說仁是道，仁是理，不說仁是心。仁是心這個問題很容易帶出來。爲什麼仁只能是道，只能是理，而不能是心呢？這個沒有道理。照朱夫子理解心屬形而下，而性是理，屬形而上，心可以具理，也可以不具理。朱夫子說「心具衆理」，要通過涵養察識，心才能合理。這個「具」是知識意義的具，不是 ontological。孟子說「心即理」是ontological 的，心就是理，不是心去合理。因爲孟子講的是人性，人們很容易爲「人類」所限，把「性」的概念看成是有限的。孟子以心說性，心是無限心，所以，從無限心了解性的無限性就很容易。就像從仁了解無限心也很容易。所以，孟子說「萬物皆備於我矣，反身而誠，樂莫大焉。」「我」是指心性而言，萬事萬物都在無限的心性中存在。這裡，孟子已經把門打開了。雖然孟子沒有明確地說心是無限的，心與道體是一，但門已經打開了。「萬物皆備於我」、「盡心知性知天」這兩句話已經打開了心之無限的大門。門打開了，主觀面說的心性跟客觀面說的天道、道體就合一了。這是先秦儒家的方向，心性無限、天道無限，二者都是無限的，不是合一了嗎？不能有兩個無限嘛！這個合一的方向，最後明確說出來

是《中庸》、《易傳》。《論語》、《孟子》都不很明確，但也把門打開了。所以，《中庸》、《易傳》是《論語》、《孟子》的往上發展，而且發展到最高峰。最高峰者，就是主觀面說的心性與客觀面說的天道合一，這就是圓滿。宋儒恢復儒學，從周濂溪開始就是從先秦儒家《論語》、《孟子》發展到的最高峰──《中庸》、《易傳》入手，這是宋儒講學的一個開端。從《中庸》、《易傳》入手，就是先講道體。這個道體是根據《孟子》發展而來。

《中庸》講誠、明。《中庸》曰：「自誠明謂之性，自明誠謂之教」，誠合內外之道，誠就是把《論語》、《孟子》主觀面講的心性與客觀面講的道體合一，這個統一體就是「誠體」。所以，《中庸》才能說：「誠者，天之道也；誠之者，人之道也」，「誠則形，形則著，著則明，明則動，動則變，變則化，唯天下至誠為能化。」這時候所說的「誠」既是道德的，又是宇宙論的（cosmological）。「誠」本來是道德的，但因著「誠則形，形則著，著則明，明則動，動則變，變則化，唯天下至誠為能化」，這時候，「誠」這個道德的實體（moral reality）就變成一個本體宇宙論的實體（onto-cosmological reality）。道德的實體與本體宇宙論的實體是同一個東西。所以，「誠體」既是道德的，同時又是本體宇宙論的。

中國哲學沒有西方那樣的獨立意義的本體論（ontology）、宇宙論（cosmology）。西方講本體論都是就希臘傳統下來的獨立意義的本體論，海德格也一樣，海德格思想裡面沒有道德的成份。在中國哲學中，本體論是道德的本體論（moral ontology）、宇宙論是道德的宇宙論（moral cosmology）。《中庸》的「誠」最能表

示主觀面、客觀面的統一。主觀面跟客觀面統一，就是說，主觀面的心性跟客觀面的道體同一化。客觀面的道體是無限的，主觀面的心性也是無限的。這在《中庸》表示得很明白。《易傳》講「乾元」，「乾元」就是創造性實體。《易傳》講「生生不息」、「窮神知化」、「大哉乾元，萬物資始」，創造的意義表示最清楚見於《易傳》。假如通過《中庸》「誠體」來了解，「乾元」不是以宇宙論中心決定價值。《易傳》「乾元」是宇宙論的，但它根據《中庸》的「誠體」，是道德的，同時又是本體宇宙論的（onto-cos-mological），那就不是宇宙論中心的。宇宙論中心者是割斷了道德，那個不可靠，應該反對。

假若《中庸》、《易傳》真的是宇宙論中心的，當然可以反對。但是，《中庸》、《易傳》不是宇宙論中心的，周濂溪、張橫渠也不是宇宙論中心的。董仲舒、陰陽家才是宇宙論中心。勞思光以為《中庸》、《易傳》是對價值作存有論的解釋，假若真是如此，當然不對。但恰恰相反，《中庸》、《易傳》是對存在作價值的解釋。客觀面講的「天」、「道體」怎麼能拉掉呢？勞思光想把「天」、「道體」拉掉，所以，凡講到「天」、「道體」，他就討厭，斥之為宇宙論中心。宇宙論中心固然不對，但「天」、「道體」不一定是宇宙論中心。不能因為宇宙論中心不對，就不可以講宇宙論。勞思光想把「天」、「道體」拉掉，他把孔孟所言「天」落到「氣」的層次上說，成命定論，把「天」講成命運，這是不對的。命運的「命」是一個意思，天命的「命」又是一個意思，「唯天之命，於穆不已」中那個道體意義的命又有所不同。《中庸》講「誠」，《易傳》講「乾元」。「乾元」是創造原則，這個創造之

所以爲創造是道德意義，不是獨立的宇宙論意義。《易傳》講「乾元」雖然是宇宙論的，最後根據還是道德的意義。它是創造原則。創造之所以爲創造，在西方哲學從意志了解，在中國儒家則講仁、心性，其道理是一樣的。

五、「道體」義疏解

　　周濂溪拿《中庸》「誠」的觀念合釋《易傳》的「乾元」，這樣，「道體」的性格就可以看出來了。假若你對《中庸》的「誠體」有一個恰切的了解，對《易傳》為什麼講「乾元」也有一個恰切的了解，那麼，你對中國儒家老傳統所體悟的道體的意味就可以把握到了。

　　《中庸》、《易傳》所體悟的「道體」很妙、很具體，不像柏拉圖理型（idea）那樣抽象。所以說：周濂溪「默契道妙」。「誠」與「乾元」合釋的道體具體朗潤，運化無方，故生生不息，不像柏拉圖的理型（idea）。理型是通過抽象分解而顯出的，不具體，體用不圓。「乾元」是個創造原則。「大哉乾元，萬物資始。」「乾元」這個創生性原則引發現實世界的一切東西生生不息往前進，所以，體用打成一片。《中庸》的誠體亦如此，《中庸》曰：「誠則形，形則著，著則明，明則動，動則變，變則化。惟天下至誠為能化。」這個「化」是個生化過程（becoming process），由誠體而來，是體之妙運，故是具體的，是變化、生化、化育。有這樣生化妙用的體固不是理型，亦不是上帝，亦不是佛教的「梵天」；而其所引生之化不是幻化，如佛教之所說，幻化

後面沒有體。我們把「默契道妙」中的這個「道妙」叫做創生性的
實體，從這個地方，就可以看出中國文化的妙處。民國以來人們天
天在罵中國文化的毛病，其實不是說的中國文化的毛病，是說中國
文化中那些壞的風俗習慣。拿中國的壞的風俗習慣跟西方的文化精
神相比，這個對比不平等。纏足、太監、君主專制，這樣那樣的壞
風俗習慣，都不是中國文化精神。若從風俗習慣看，西方人壞的地
方也很多。了解文化要從創造靈魂理解，落到現實從風俗習慣看，
都有毛病。所以，要隨時把道體提出來，使生命通化，通化以後，
壞的風俗習慣就統統化掉。若不通化，就永遠落在風俗習慣這個層
次上，越變越壞。有生命才能排泄，所以，要把生命提起來，要通
化。中國人並不保守，並不固守壞的風俗習慣。你說中國沒有科
學，那麼，現在好好研究科學，科學不就出來了嗎？你說中國沒有
民主傳統，那麼，大家都好好了解民主政治的原則，把民主政治的
政體創造出來，不是行了嗎？希望祖宗把一切好東西都給你準備
好，這是壞心理。

　　柏拉圖的理型、佛教的梵天都抽象、不具體，不具體就不真
實，不能跟現實世界打成一片，不能使現實生活永遠往前進。中國
人了解的「體」，根據《中庸》的誠、《易傳》的乾元了解的
「體」，是個創生性的實體，創生性的實體當然是道體。這合乎先
秦儒家的意義，合乎《中庸》的原義，也合乎《易傳》的原義。
《中庸》的「誠則形，形則著，著則明，明則動，動則變，變則
化」，是本體宇宙論的生化過程（onto-cosmological process）。
「形、著、明、動、變、化」幾個字很具體的把這個生化過程說出
來。「形、著、明、動、變、化」根據「誠」而來。「誠」是從內

部講，內部生命眞實才能往外表現，往外表現就是形；往外表現才能著，著的意思是彰明昭著。形著是一個階段，能著則明。中國人不贊成幽暗，中國文化精神是明朗、是鮮明。通過我們的道德生活體現道體，不像西方人離開我們的生活憑空猜測宇宙是如何的。

「形、著、明、動、變、化」這六個字你能眞切體會，你就能了解中國人所講的本體宇宙論生化過程的理境。這個生化過程是根據本體而來的，而這個本體根據《中庸》的「誠」、《易傳》的「乾元」來了解。這樣的本體，我們名之曰「創生性的實體」。柏拉圖的理型（idea）沒有創生性，因爲理型不活動。理型只是一個理，只是一個形式（form），形式不活動，不活動就沒有創生性。柏拉圖系統裡，動的成分靠靈魂（soul），靈魂是動的原則，但靈魂不能創造理型，靈魂跟理型不是一。靈魂只能推動世界，還不能製造世界，製造世界靠造物主。製造的工作是把形式（form）加在材料（matter）上，造物主的製造工作不是從無到有，不是宗教家所言創世紀的創造。在柏拉圖系統，材料（matter）不能動，理（form）也不能動，靈魂（soul）能活動，但靈魂不是創生的道體，因爲靈魂之外有一個造物主，製造萬物靠造物主。所以，它支解破裂，不能統一。

從《中庸》誠體、《易傳》乾元合釋的道體是創生性實體。創生性之所以爲創生性，就是它本身有活動性。中國人體會的道體是活動的，光從《易傳》的乾元講，儘管它也是創生性的實體，不過，還是一個形式概念；假定通過「誠」來了解，就很具體了。「誠」是一個人的眞實生命，「誠」是理，也是心。所以，通過「誠」來了解道體，比乾元更具體。光說活動性還是個形式概念，

空洞的。這裡所謂形式的空洞的，就是理上應當這樣了解。通過
「誠」，心可以帶上去，從「心」理解道體的活動性，這個活動性
不是心理學的活動性，是道德的誠心的活動性。道德的誠心這個心
就是神心。這個神不是上帝，這個神通過「誠」來了解。

　　周濂溪《通書·聖第四》曰：「寂然不動者誠也，感而遂通者
神也。」這就是根據《易傳》了解的。你把這四章仔細地讀一讀，
就能明白周濂溪如何講道體。你真正懂得周濂溪，你就能知道朱夫
子的講法不對。照周濂溪的講法，「誠」不但是形而上的，它還是
個神心。這個「誠」就代表心、代表神，神是無限的妙用。神通過
「用」這個觀念了解，不是通過人格神了解。照周濂溪，「寂然不
動者誠也」與「感而遂通者神也」兩者是一回事。你能誠就能感而
遂通，這個感就等於神。寂就是誠，感就是神，寂感合在一起，名
之曰「寂感真幾」。創生性的實體用中文典雅的表示，可以名曰
「寂感真幾」。就我們的生理感性而言，寂就是寂，感就是感，寂
感分成兩段。在神這個地方，寂感不能分成兩段，這個感不是生理
感性的「感」。寂感同時是寂，同時就是感。寂感真幾就是拿寂感
作為宇宙萬物的一個化源，化源就是生化之源、真實的動力。「寂
感真幾」是對「創生實體」的一個內容的解釋，所以，道體的活動
性通過心、神、寂感這些詞語來了解。

　　光是活動性不能成為一個妙的道體。「誠」有心、神、寂感這
一面，但不只是這一面，「誠」除了通過心性來了解，也可以通過
「理」來了解。「誠」是德，德就是理。

　　「道」也含有理的意思，但「道」跟「理」成兩個概念，兩者
有不同地方。中國人說道如大路焉，天地萬物要通過道才能成天地

萬物。我們只說道如大路，沒有說理如大路。路譯成英文是 way，理譯成英文是 principle。道是個動態字，理是靜態字。所謂動態是意味的動態，不是說道可以跑來跑去。人馬在大路上跑，不是大路自己跑，動態就從這個意義上了解。我們說「浩浩大道」，這個「道」有一個行程的意義。「理」沒有行程的意義，所以說「道」是動態的，「理」是靜態的。「道」跟「理」的區別就在這個地方。當說「道」的時候，一定帶著本體宇宙論的行程，「形、著、明、動、變、化」就是一個行程。光說「理」，不能表示出「行程」的意思。

柏拉圖心、理二分，朱子亦是如此。照朱子，心是心，理是理，心不是理。但《中庸》、《易傳》所體會的道體，一定有活動性，這個活動性從心、神、寂感來了解，心、神、寂感同時就是理。從「理」說存有性；從「心」說活動性。理是靜態的，心的活動是動態的。這個「活動」是 activity，不是 motion，motion 是物理的。「道體」是一個本體，本體能引發本體宇宙論的生化過程。它是一個本體，當然是一個存有。但同時它亦是一個活動性。它既是存有，亦是活動，二者合在一起說，就能引發本體宇宙論的生化過程，即存在而又變化的過程。這個道體即活動即存有。

我在《心體與性體》一書重覆講「即活動即存有」的道體，但讀的人不懂，多是望文生義。「即活動即存有」是就著道體本身的兩面說，活動是道體本身的活動，不是氣化的活動，不是生化的活動。一般人把活動了解作生化，生生不息。因為道體有活動性才能引起氣化方面的生生不息。

朱夫子所說的理、太極、道體沒有活動性，不能引發氣化方面

的生生不息，它只是氣化方面的生生不息所依照的理。這不合先秦古義。道體「即活動即存有」，這才合乎先秦古義。周濂溪雖然沒有明確說出來，但他以《中庸》的「誠」合釋《易傳》乾元，一定是如此了解，朱子那個講法，把道體講成只是個理而不活動，沒有心的意義，把心與理分開了。朱夫子不能講體用不二，那個「妙」沒有了。照《中庸》、《易傳》體會的道體，當是「創生性的實體」，這是清楚的，但創生之所以為創生，仍未詳細說出來。經朱夫子的分解，把創生性分解掉了。朱夫子的好處是清楚，前後一貫。因此迫使我們反過來對《中庸》、《易傳》所體會的道體也要有一個清楚的表示。

朱夫子把活動的都歸於氣，創生性脫落，脫落到氣的層次。他不知道活動有屬於氣，有不屬於氣。朱夫子這是一條鞭，頭腦很清楚。現在擁護朱夫子的人都頭腦渾沌，他們替朱夫子辯護，把朱夫子講成跟陸象山沒有分別，那怎麼成？朱夫子就是不贊成陸象山。因為朱夫子很清楚地把道體的活動性脫落下來，道體不能成創生性的實體。在朱子的形態，道體「只存有而不活動」。所以，我們也要很清楚地把《中庸》、《易傳》所體會的道體表示出來，這就是：道體是創生性的實體。

宋明儒對道體的體會有兩種不同形態：一種是「即活動即存有」；另一種是「只存有而不活動」。周濂溪、張橫渠、程明道、胡五峰、劉蕺山、陸象山、王陽明所了解的道體，都是「即活動即存有」，因為他們都講「心理為一」，活動性沒有脫落。朱夫子所了解的道體是「只存有而不活動」，朱夫子講性、理、太極，只成一個泛存有論的概念。先秦儒家講心性，道德意味很強。朱夫子說

一切東西都有一個理，這不是成了一個泛存有論的概念了嗎？如此一來，道德意義就減殺了，形而上學的意味很重。

朱夫子的頭腦是邏輯的、分析的。動就是動，靜就是靜，動沒有靜，靜沒有動。照周濂溪說：「動而無動，靜而無靜，神也。」動就是動，靜就是靜，這合乎同一律，「動而無靜，靜而無動，物也。」這是落在物理的層次上說。動而無動，靜而無靜，違反同一律，「動而無動，靜而無靜，神也。」這是落在形而上學層次（metaphysical level）上說。這種話當然是詭詞。「即活動即存有」這種活動，就是周濂溪所言「動而無動，靜而無靜」。

朱夫子認為動就是動，他說理是不動的，不動就是不動。動就是動，此則屬於氣。在氣方面，動就是動，靜就是靜，我們不能說「動而無動，靜而無靜」，氣是形而下的。這個地方，朱夫子分得很清楚。先秦儒家對道體的體會不是朱子這種形態，朱子不自覺地轉型了。這是因為朱子的分解是直線的。朱子這套思想根據程伊川來，他最崇拜伊川。

朱子以為活動是落在氣的層次上。當時，他的學生黃勉齋就提出疑問。黃勉齋是朱子最親愛的學生，這個學生成了他的女婿。這就要傳他的道，這個女婿也不好當。當然，黃勉齋很佩服朱夫子那一套，他的〈朱子行狀〉是大手筆。可是，當初他就看出把活動屬於氣有問題，他提出：古經典說到「神」，看來不完全是形而下。這個問題提得對，「神」不完全是形而下，不完全從氣方面講。「神」有時候屬於形而上，屬於德。從「誠」而來的「神」，就屬於形而上。朱夫子對經典那麼熟，作註的時候為什麼在這個地方忽略了呢？黃勉齋既然把問題提出來，就應當仔細考慮，但朱夫子還

是沒有仔細考慮，他說看起來還是屬於氣。他把神比喻做光彩，這個光彩就是神，這個屬於氣。所謂光彩、神彩都屬於氣，光彩不是從德性來，是從自然生命來，這當然是形而下的觀念，屬於才性方面的。朱夫子了解神都從這方面了解，了解心也從這方面了解。這更不對。他的女婿黃勉齋了解得很對，《中庸》、《易傳》說神不屬於氣。《中庸》、《易傳》說神，從「誠」、從「德」了解，是形而上的。這個很容易分辨。黃勉齋提出問題，朱夫子不考慮，可見這個人很頑固。

怎麼樣形成道體這個概念，如何去了解這個觀念，這是一個專門問題。歷來沒有人講這個問題達到我講的這個程度。有些人不懂，陳榮捷先生說朱夫子講理、講太極，這個理、太極是生之理，生之理那有不活動的呢？這種說法就不對。生之理不表示理本身是活動的。柏拉圖的理型（idea）也是生之理，生之理就是氣化之理，柏拉圖的 idea 本身不動。焉見得一說生之理，這理便一定是活動的？朱夫子的理、太極是生之理，生之理是說明這個氣化生生之所以然的理，而這個理不因為這個原故而本身就是活動的。說明氣化之所以然，這個所以然有是動態的，有是靜態的。你那能因為氣化方面是生，就推論到氣化之所以然之理也有創生性，是活動的呢？陳榮捷的那句話是批駁我說朱子把道體體會成「只存有而不活動」，他說起來那麼理直氣壯、振振有詞，其實是很幼稚的。道體是生之理，但生之理不等於說它本身有創生性、能活動。難道連這點都看不出來嗎？這是很缺乏思想訓練的。所以，現在這個時代講中國哲學，沒有高度的西方哲學的訓練，沒有分析的頭腦，你就講不好。而且，西方哲學的訓練也有訓練得好與不好，假若有訓練而

不通，則更壞，亂七八糟的瞎比附，更麻煩。

　　上面講的是宋明儒對道體的理解。道體是從客觀面講，儘管講得怎麼妙，還是形式的（空洞的），不落到主觀面，具體的意義還是不懂，光講客觀面的道體，還是抽象的、掛空的。所以，從周濂溪、張橫渠、程明道下來，除伊川、朱子之外，講工夫都落在《論》、《孟》，落在主觀面，都是先從客觀面講道體，然後回歸到《論》、《孟》，落實到主觀面，最後主客觀面合一。這是宋儒講學的發展方向。

　　主客觀面合一最圓滿的是程明道，程明道代表宋儒的圓教。周濂溪、張橫渠都知道從客觀面往主觀面回歸，但是還沒有達到圓滿，表面看來客觀面太重，主觀面份量輕。在周濂溪、張橫渠，客觀面很明朗、很顯明，所謂明朗、顯明，就是充分挺立，而主觀面份量不夠，表面上有不能充分挺立之象。其實，你順著這個理路講透了，一樣全部朗現，充分挺立。

　　周濂溪對《中庸》、《易傳》很清楚，體會很深，而對《論》、《孟》不熟悉。他講工夫也不從《論》、《孟》講，他從《書經‧洪範》「思曰睿，睿作聖」那裡講工夫，這是繞大圈子，繞出去了。你為什麼不直接從《論》、《孟》講？《論語》講仁、《孟子》講心性，這是正宗的講法。從這裡看出來，周濂溪哲學意味重。從《論》、《孟》方面講，道德意識要強，道德意識強才能講主觀面、講工夫。北宋理學家都是形而上學的意味重，但也並不是說他們沒有道德的意識，他們都有道德意識在背後作根據，所以，他們都知道往《論》、《孟》回歸。只是落在客觀面講話多，在客觀方面顏色太重，相形之下，主觀面不顯，而對《論》、

《孟》的文獻不熟，尤其是周濂溪，文獻不熟。往後是張橫渠，他也是客觀面顯明，而主觀面不顯，主觀面被客觀面的烟幕遮蔽了。到程明道，主客合一，兩面皆充其極，主客的分別沒有了。所以，程明道是圓教，宋儒的最高境界是程明道。但是，朱子不喜歡程明道，只是不好意思批評他，因為他地位太顯赫，朱夫子對程明道很客氣，這是為賢者諱。

程明道的智慧最高，這個形態本來是先秦儒家的古義。道體當該「即活動即存有」，工夫當從《論》、《孟》處講，這是一定的。最後一定是主客觀合一。先秦時代是從《論》、《孟》發展到《中庸》、《易傳》，北宋講學從《中庸》、《易傳》開始，一步一步往《論》、《孟》回歸，其對道體的體會一致。到程伊川、朱夫子，對道體的體會發生轉向。程伊川、朱夫子也講古典呀，為什麼發生轉向呢？這是不自覺的，以分解的頭腦作分析，不自覺的就轉向了，轉成伊川、朱子的型態，我們稱之為歧出。

伊川、朱子並非自覺地另立一個型態，因為對道體的體會不同，講工夫也不同了。伊川、朱子講工夫根據《大學》，講格物窮理。宋儒其他人講工夫沒有一個是從《大學》格物講的。所以，講工夫也是兩條路。根據對道體的體會不同，講工夫也不同，這個很清楚。大家講宋明儒學，沒有人真正弄懂，就是沒有仔細讀那些文獻。

宋明儒有兩種型態，伊川、朱子是一個型態；把道體表象成「只存有而不活動」，這個意思不合乎先秦儒家對道體體會的原義；工夫講格物窮理，我們名之曰「順取的工夫」。其餘理學家是另一型態：道體「即活動即存有」；講工夫是逆覺體證的工夫，根

據《孟子》講，不講《大學》，不講格物窮理。程明道如此，到陸象山出來直接承《孟子》，王陽明也是屬於孟子學，他雖也講《大學》格物，但屬孟子學的《大學》格物。還有胡五峰、劉蕺山，都是根據北宋前三家周、張、明道的路下來。

　　宋明儒周濂溪、張橫渠、程明道、程伊川、胡五峰、朱夫子、陸象山、王陽明、劉蕺山，九個人關聯在一起，他們的觀點是相關聯的。九個人，兩種型態，我給你們講明白了，往後就很簡單。講中國哲學，要有高度的西方哲學的訓練，不但要有訓練，還要真正弄懂。你們要發心立志，若不發心立志，就沒有下一代了。

六、周濂溪：默契道妙

　　現在，我們先從周濂溪講起，先把周濂溪所體會的道體給你們講明白。周濂溪從先秦儒家發展所達致的高峰《中庸》、《易傳》開始，他了解的道體就是以《中庸》的誠合釋乾元，拿誠體解釋乾元的創生過程。《中庸》、《易傳》的簡單文句，兩漢四百年、魏晉南北朝、隋唐，長期來沒有人懂，周濂溪一出來就講明白了。這是運會到了。講學要有運會，運會到了就能相應。運會不到，不能相應，講出來也沒有人聽。要了解《中庸》、《易傳》並不困難，問題是你有沒有存在的感應。

　　從周濂溪開始講儒家的學問，是「默契道妙」。「默契道妙」是元朝理學家吳草廬稱讚周濂溪的一句話。西方人講「上帝」、理型（idea）、原子，都是講的道。西方人講的道並不妙。什麼樣的道體才妙呢？以誠體合釋乾元才能妙。上帝跟世界隔斷，就不妙了。周濂溪以《中庸》的誠合釋乾元，《通書·誠上第一》云：「『大哉乾元，萬物資始』，誠之源也。『乾道變化，各正性命』，誠斯立焉。」又云：「『元亨』，誠之通；『利貞』，誠之復」。「大哉乾元，萬物資始」、「乾道變化，各正性命」見〈乾·彖傳〉。「元亨利貞」見〈乾卦·卦辭〉。「大哉乾元」，

什麼是乾元？乾元是抽象名詞，周濂溪拿《中庸》誠體來表示，乾元就等於《中庸》的誠體。誠是本體，《中庸》曰：「唯天下之至誠為能化」，誠就是創造性原則；《易傳》云：「大哉乾元，萬物資始」，乾元也是創造性原則。「創造性原則」是什麼意思？《易傳》從乾元處講，元不光是抽象的元，而是具體的元。亨解作通，生命內部亨通才能活潑，才能創造。不亨通，生命內部就是乾澀。亨是內通，利是往外通，往外發。周濂溪講「『元亨』，誠之通」，就是以誠體釋乾元。

〈乾卦〉有「元亨利貞」四個字，周濂溪把這四個字分開。「『元亨』，誠之通」，一個階段；「『利貞』，誠之復」，又一個階段。元，就是「大哉乾元」的那個元，元亨，就是誠體的通，能通就能利貞。貞者定也，落在個體這個地方就講「貞」。利貞表示成。什麼叫「『利貞』，誠之復」？這個「復」就是「克己復禮」之復。但在此處，濂溪用「復」字是挺立而自見之意。誠體是要通過利貞（個體之成）而挺立而自見其自己的。假定創造成一虛無流，則無所成。「『利貞』，誠之復」就是從有所成處而見誠體之自立，也就是誠體之自見其自己。

《易經》講創造性原則，創造過程就是生成過程。《易經》講創造一定是道德的創造，一定從意志因果處講，從心性處講。因為從心性處說，所以，「仁」就是創造原則。從主觀面說，仁是生化原則，仁是生德。沒有仁的地方就要乾枯，有仁的地方才能化，這就是創生。這是儒家講創造的意思。

周濂溪根據《中庸》的「誠」，跟《易傳》的乾元合在一起解釋「道體」。這個道體「即存有即活動」，這是就道體本身講的，

不是就道體對萬物講。不是說存有是萬物的存在，而是說道體本身是存有。說活動，也不是說它使現象活動，活動不是落在現象說，是落在道體本身說，它本身就有活動性。因為它有活動性，所以，它才能創生，才能使現象變化不盡。既然從道體說存有，這個存有一定是無限的存有。在西方，無限的存有是上帝。中國人講道體，這個道體蓋天蓋地，在這個地方說道體是一個存有，它一定是無限的存有。它不但是一個無限的存有，它還有活動性，有活動性就是說它有創生性。上帝所以能創造萬物，因為上帝是一個靈，祂有意志，此名曰神意。假如在上帝那裡不能說意志（will），不能說靈（spirit）、說愛，不能說知性（understanding），那麼，上帝只能是個純形式（form），這樣的上帝不能活動，也就是說不能創造，祂只是天地萬物之一形式根據。純形式就是個純理。把上帝體會成一個純形式，那是哲學家心目中的上帝，不是宗教家可以作為崇拜祈禱對象的那個上帝，這樣理解的上帝是理神論（deism）的上帝。假如上帝成為人格神的上帝，也就是宗教家所講的上帝，講這樣的上帝是智神論（theism）。

理神論承認宇宙萬物有一個根源，但是，並不把這個根源擬人化。因此，這個根源就是個形式的概念，一個形式的根據（formal ground），是空洞的。理學家中朱夫子最顯明，朱夫子認為天地萬物的形式根據是理。這個理從太極說，太極就是理。在朱子，太極、理就是道體。因此，朱子把道體簡單化而為理。這種思想最理性化。

智神論可類比陸象山所言「心即理」，這種型態把道體體會成「即存有即活動」。理神論可類比伊川、朱夫子所言「性即理」，

這種型態把道體體會成「只存有而不活動」。兩者都承認道體是無限性的存有，問題就在於它有沒有活動性，有活動性就是心理為一；沒有活動性，就是心理為二，心脫落了，落到氣上。朱子講孟子，心、情屬於氣，氣是形而下的，惻隱之心屬於形而下，這就糟糕了，這是違反孟子的。照孟子義理，心就是性，從心說性，所以，心性是一，也就是心理是一。照朱子的體會分解，惻隱之心等說成心、情，只仁、義、禮、智是性，結果成心、性、情三分，心、性、情三分是道德地講；形而上地講，就是理氣二分。性即理，情、心屬氣。這種講法是錯的，不合孟子的意思。朱子的頭腦不能講孟子，他不了解孟子，也不了解《中庸》、《易傳》，他只能講《大學》。朱子也承認一生中就是看《大學》看得透。

　　周濂溪體會道體是根據《中庸》、《易傳》，屬於「即存有即活動」的形態。朱夫子對周濂溪的〈太極圖說〉感興趣，他把太極簡單化而為理，拿〈太極圖說〉作根據來了解《通書》，故有許多不相應處（實只應以《通書》通解〈太極圖說〉）。

　　道體的問題弄明白了，下面就看周濂溪如何講工夫。儒家的學問是道德意識，不能離開道德實踐，道德的實踐就是工夫。照儒家，講工夫，講道德實踐，一定要回歸到《論》、《孟》。《中庸》、《易傳》講道體，但光講這一面不行。《中庸》、《易傳》是從《論》、《孟》發展過來的，周濂溪從先秦儒家發展所達至高峰講起，也不算錯。

　　光從客觀方面講道體是空洞的，只是客觀的、形式的話頭。光形而上地講道體「即活動即存有」太抽象，對道體具體而真實的意義還是不能瞭解。這好比宗教家講上帝，光講上帝創造萬物，講天

父，天父究竟是什麼樣子，你不知道，你只能通過耶穌去瞭解天父。離開基督，離開聖子，光講聖父，沒有用。離開聖子，光講聖父，單作一個 God 看，是客觀的瞭解上帝，這樣瞭解上帝只是上帝的形式意義。上帝所以為上帝的具體而眞實的意義，一定要通過聖子（耶穌）來瞭解。通過耶穌上十字架，才能知道上帝愛萬物、愛衆生。照黑格爾的辯證法，離開聖子講上帝，那個創造萬物的上帝只是上帝的在其自己（God-in-itself），通過耶穌瞭解的上帝是上帝之對其自己（God-for-itself）。聖父代表上帝之爲客觀性原則，聖子代表上帝之爲主觀性原則。光講道體，那是道體的在其自己，是道體的客觀性的意義。沒有這個道體，天地萬物沒有根。客觀性原則，我也名之曰自性原則。

要瞭解道體的具體而眞實的意義，在儒家，一定要回歸于《論》、《孟》，《論》、《孟》是從生活的實踐上來證實道體。所以，以前講本體也一定講工夫，不講工夫，不能在生活中驗證，就是所謂「玩弄光景」說空話。講工夫，一定要落到《論》、《孟》。《論語》的精神是踐仁知天，《孟子》講心性：盡心知性知天，都是講道德實踐，講道德實踐的根據。盡心知性就可以知天，這個時候「天」對我們就眞切了。假若不能盡心知性，講天只是空話，與我們不相干。所以，理學家從北宋周濂溪開始，雖然先講道體，但最後一定要講工夫，工夫的正宗途徑當該從《論》、《孟》講。但周濂溪這個人形而上學的興趣濃，道德的興趣淡，對《中庸》、《易傳》很有興趣，對《論語》、《孟子》沒有什麼瞭解。所以，他講工夫不根據《論》、《孟》講，他繞圈子，繞出去根據《書經‧洪範》講。〈洪範〉曰：「思曰睿，睿作聖」，周濂

溪就從這個地方講工夫。這也很好，義理上沒有錯。聖的境界就是
達到無思的境界，無思而無不通，這個時候，思的境界提得很高。
這個意義的「思」，孟子也提到，就是孟子所言「思誠」，這種意
義的「思」，不是邏輯意義的「思」。中國的思想，一直到現在，
邏輯意義的「思」沒有挺立起來。

　　什麼叫工夫？周濂溪根據「思曰睿，睿作聖」講工夫，工夫就
是內聖的工夫，主要的是在意念上用功，主要看你的意念往哪裡發
動。「克己復禮」是克服自私，使我們的生活歸于禮，這是外部的
說法。最內部的說法是在我們的意念上用功夫，做道德的工夫，就
是要省察你的意念，是否合乎道德法則，是善的還是惡的。人的意
念有時候合道德法則，有時候不合道德法則，因為人有生物本能的
一面，用康德的話說，人不但有理性的一面，還有感性的一面，做
工夫就是以理性作主，抑制感性。意念的發動有好有壞。「意念的
發動」，周濂溪名之曰「幾」，落在生活上講，「幾」就是意念，
周濂溪對「幾」下定義，曰：「動而未形，有無之間，幾也。」這
個定義下得很好。「動」是發動，「動而未形」就是發動而未表現
于外。「幾」就是你說它沒有，它已發動了；你說它有，它卻沒有
表現于外，就是在這個時候，你要用工夫。「意念」也就是我們平
常所說的「念頭」，你的念頭剛發動的時候，你就要省察一下，你
的念頭是好的或是壞的，假若是壞的念頭，趕快把它化掉，要是好
的念頭，趕快把它表現出來，這就叫做工夫。這個最具體，隨時都
可體現。不要以為講道德是空講。所以，念頭是我們用功所在地，
念頭是被對治的東西，屬形而下，既然是被對治的，就要肯定一個
能對治它的超越的東西，一般地講，這個東西就是理性。在儒家說

性、良知、心，康德說自由意志（free will）。在周濂溪，超越的能對治的一面屬於本體；對治的一面以本體作根據，根據本體化除念慾，這就是工夫。在周濂溪，本體用誠體表示，周子曰：「幾動於此，誠動於彼」（此句有誤，「彼」、「此」弄錯了。當該是：「幾動於彼，誠動於此。」誠是主體，是內部的東西，說「彼」就是把它推出去了。所以，一定要說「誠動於此。」）這是周濂溪的工夫。我們的念頭，生命中的「幾」在那個地方發動，我的超越的誠體（也可以說本心、良知）馬上就可以覺察到它。所以，這個本體不會只是個理，有心的作用在裡面，馬上可以照察到你的念頭是好的或是壞的。是好的，則表現出來，是壞的，馬上化掉，這就是做工夫。周濂溪的工夫從《書經‧洪範》「思曰睿，睿作聖」說起，真正做工夫的時候，從「幾」上下手。以「幾動於彼，誠動於此」這句話做工夫。「幾」是《易傳》的觀念，《論語》、《孟子》沒有講，但這樣講也很親切。

不要看理學家的話都差不多，他們的思想都很複雜。每個人的思想我用幾句話概括出來。周濂溪以《中庸》的「誠」，合釋《易傳》的乾元，他體會的道體是「即存有即活動」。講工夫從〈洪範〉說起，當然講得也不錯，但因為沒有真正歸到《論》、《孟》處說，所以，主體性方面不夠。我說周濂溪客觀面很充分，主觀面虛歉，就是這個道理。

一般人不講周濂溪的工夫，光是對他所講〈太極圖說〉發生興趣。我最不喜歡那個東西，那個圖也不美，不能啟發人的靈感。在周濂溪，太極這個觀念不是很重要，到朱夫子才重視太極。要瞭解周濂溪，首先要看他的《通書》，以《通書》作標準，不要以〈太

極圖說〉作標準，要拿《通書》決定〈太極圖說〉的意義。朱夫子拿〈太極圖說〉作標準，那是有問題的。

七、張橫渠：天道性命相貫通

　　張橫渠瞭解道體也是根據《中庸》、《易傳》，《易傳》的成份更重。他不用「太極」這個觀念，他用太和、太虛、神這些詞語，從這些地方體會道體。

　　從周濂溪、張橫渠開始講道體，講道體一定要從《中庸》、《易傳》瞭解。道體這個觀念是根據《詩》、《書》「天命不已」那個觀念來的。《中庸》曰：「天地之道，可一言而盡也，其為物不貳，則其生物不測。」這就是根據《詩》、《書》的意思瞭解道體，「天地之道」即是說的道體。到程伊川、朱夫子，道體的意義簡單化，化歸到理，遂重視以理來表示道體。朱夫子乾脆說太極就是理。伊川不大講太極，他講理。程明道也講理，但兩人對理的體會不同。明道直接從天理講。這很明顯是從「唯天之命，於穆不已」而來。程明道智慧高、清明。客觀地講「唯天之命，於穆不已」；主觀地講「文王之德之純，純亦不已。」程明道就客觀講這兩個「不已」，這是程明道的全部智慧，全部儒家學問就是這兩個「不已」。

　　程明道講「天理」，說：「吾學雖有所受，天理二字卻是自家體貼出來。」這是程明道的名句，從這句話可見程明道對「天理」

這個概念很重視。乍看起來，好像明道只講理而不講道體，其實不然。明道所言天理跟伊川、朱子把道體簡單化，化作一理字不同。照明道，「於穆不已」就是天理。動態地瞭解就是道體；靜態地瞭解就是天理，道德法則也是天理。伊川、朱子把道體簡單化，只講一個理，那個理只有靜態意義，沒有動態意義。這是伊川、朱子的毛病。伊川、朱子那個靜態的理也可以看成是統天地萬物而為一的太極，也可以看成是道德法則之理。

陸象山所說「心即理」，王陽明說「良知即天理」，以及程明道言「天理二字卻是自家體貼出來」。天理動態地講就是道體，從「於穆不已」來；靜態地講就是道德法則。總說是道德法則。「心即理」那個理是道德法則，「良知即天理」那個天理也是道德法則。道德法則是西方的詞語，中國這種抽象的詞語很少。照朱子的分解，仁、義、禮、智是理，惻隱、辭讓、恭敬、是非是心是情，情、心屬於氣，這不合孟子原意。孟子原意心就是理，惻隱之心就是仁這個理。「心即理」就等於意志自律，就是心的立法性。惻隱之心立一個法，立一個理，立一個理就是給你一個方向，定方向就是理。這個理由心立，理固然是形而上的，心也是形而上的，心不屬於氣，惻隱之心就是一個具體的心，無所謂分兩個概念，朱夫子分解做情、心，這是穿鑿。理是存有義，心是活動義，這就是「即存有即活動」。理從心發，這個活動義的心不一定屬於形而下，不是凡活動就屬於形而下。這一點一定要徹底弄明白。惻隱之心不能分解成兩個概念，要說心就是心，說情就是情，這個情不是形而下的。這個情只能用 feeling，不能用 emotion。feeling 可高可低，不一定屬形而下。儘管 feeling 有活動義，這個情是本情。本情、本

心都是超越的，不屬於感性，這樣才能說心就是理，心理合一。照朱子的分析，心、理不能一。

孔夫子從「不安」瞭解仁，不安是心，有活動義，怎能說這個是形而下的情呢？當然不能說。妙處就在這個地方，所以要好好體會。以後，程明道用「不麻木」說仁，程明道這樣理解仁不是他的發明，這是中國人共同的心靈，是一個老傳統。從孔子開始，中國人就是這樣瞭解「仁」，這個就是心的立法性，等於康德所說意志的立法性。中國人說心、說性，名詞很多。康德不講心、性，他只講意志（will）。中國人講理、天理，康德就講道德法則。中國不但從仁、義、禮、智體會理，表示理的名詞多得很。還有哪些名詞表示天理、道德法則呢？天倫、天序、天職、天討、天罰，中國這些名詞都表示天理有定然的意義。從這些地方體會的是靜態意義的天理，靜態意義的天理散開來有多相，總起來就是一個理，都從本心發。客觀地講是「於穆不已」的道體，主觀地講是本心。

程明道從「於穆不已」瞭解道體，這個理解很好，乾淨簡潔，而且很美，能啓發人的靈感。太和、太虛是張橫渠造的名詞，還有朱夫子喜歡講的「太極」。這三個名詞不能引發人的靈感。張橫渠從太和、太虛瞭解道體。太和是個綜攝詞、總括詞。太和就是至和（grand harmony）。就個人生命講，生命諧和才能順適調暢，要不然就精神分裂。所以，從諧和悟入，也有道理，這是張橫渠特有的思想，這並不錯，這樣瞭解的道一定帶著一個行程講，一定帶著一個宇宙論的行程（cosmologicl process）。張橫渠說：「太和所謂道」，既然帶著一個行程，就不能光是理，也帶著氣。

張橫渠也喜歡從太虛瞭解道體，太虛不是個綜攝詞。太虛是通

過分解而顯超越的一面，對帶著行程的太和加以分解，把體、氣分開。太虛是至虛，這也是張橫渠特有的名詞。先秦儒家很少用「虛」這個字。張橫渠用這個「虛」字，一方面對治佛教的「空」，另一方面也對治道家的「無」。「虛」不是空，更不是無，但它也有這個作用。張橫渠提出「虛」，就是對抗佛、老兩家的「空」、「無」。「虛」這個字是個虛虛實實的字，你說它虛乎，它又實，你說它實乎，它又虛。中國人講「虛以控實」，從虛處說實，這是儒家的精神。

　　《易傳》講「窮神知化」。化屬於氣，神是所以化的根據，神屬於體。為什麼「神」可以叫做太虛呢？這個「神」是《易傳》、《中庸》所說的「神」的意義。《中庸》通過「誠」瞭解「神」，「神」是無限的妙用，中國人所講的神通過作用（function）來瞭解，不是通過 entity 的觀念來瞭解。所以，張橫渠從神講太虛，拿這個作體，神在氣後面運用，氣才能化，沒有神在後面運用，作它的根據，就不能化。如此，「神」、「氣」這兩個觀念就出來了。所以，張橫渠《正蒙‧太和篇》說：「散殊而可象為氣，清通而不可象為神。」這兩句話很重要，這才顯出神與氣不同，神即太虛也，因為虛始能有神的妙用。

　　照張橫渠的思想，神是體，太虛是體。張橫渠說：「太虛無形，氣之本體。」這是分解地表示。分解地說，既有體，就有用，什麼是用，氣就是用。這是張橫渠對道體的把握。他把宇宙看成是本體宇宙論的創生過程，他根據《易傳》、《中庸》而來的宇宙觀是充實飽滿而有光輝的宇宙觀。先講宇宙觀，然後建立人生觀。為什麼先講宇宙觀？為要對抗佛教，佛教的宇宙觀緣起性空、如幻如

化，中國人最不喜歡，不能諒解。明朝王學以後，分判儒佛，就是看有沒有「天理」貫通。在緣起裏面有「天理」，就是儒家；沒有「天理」就是佛教。沒有「天理」就是性空、如幻如化。有天理，緣起是實事，不是性空。所以，儒家講實事實理。天下無實於理，理最實。理是什麼？理是天理，是道德法則。張橫渠就是大力建立實事實理的觀念，反對佛教的如幻如化。佛教也是一種智慧，但究竟不是聖人之道。

張橫渠通過太虛、神來瞭解的道體，還是「即活動即存有」，活動性沒有脫掉，這一點在張橫渠的重要句子裏表達得很清楚，儘管他有一些地方是模糊的，文章也不很通。周濂溪瞭解《中庸》、《易傳》比張橫渠清明一點，但兩人瞭解道體爲「即活動即存有的實體」，則是一樣的。都是根據儒家的基本精神，根據《中庸》、《易傳》下來的充實飽滿而有光輝的宇宙觀。

張橫渠對道體的瞭解弄明白了，進一步講天道性命通而爲一。籠統地說，天人合一是空話，要確定地瞭解，如何通而爲一。張橫渠有一句話表達得很好，這句話見諸於《正蒙·誠明篇》，他說：「天所性者通極於道，氣之昏明不足以蔽之。天所命者通極於性，遇之吉凶不足以戕之。」這個句子很漂亮。張橫渠這句話不是憑空說，他是根據儒家經典說出來的。怎麼能把通極於道的性，通極於性的命拉掉呢？怎麼能把天瞭解成條件串系中的定命論呢？張橫渠這個句子是帶經典性的句子，經千錘百鍊說出來的，你不能隨便反對。

張橫渠講「太和」、「太虛」以至天道性命相貫通，這是講的本體。本體不能光擺在那裡，要通過我們的實踐工夫把它體現出

來，證實本體確實如此。本體不是光景，也不是一個抽象的概念，客觀的道體通過實踐理性而顯。中國的學問沒有特別彰顯知解理性（speculative reason）的作用。張橫渠講太和、太虛、天道性命相貫通，就是落在實踐理性（practical reason）範圍內。這就表示客觀地講道體這個觀念是屬於實踐理性的範圍，不屬於知解理性的範圍。所以，講道體一定預設有一個工夫跟在後面。

張橫渠曰：「聖人盡道其間，兼體而無累者，存神其至矣。」這是講工夫的一個開端。「盡」就是充分體現，通過道德實踐充分體現道，「盡道」就是工夫。盡道的最高境界是「兼體無累」，這是張橫渠說工夫的提綱挈領。那麼，工夫的落實處如何表現？這是張橫渠比周濂溪進一步的地方，張橫渠完全落在《論》、《孟》講，工夫實處在「盡心化氣以成性」。你能正面盡心，就能反面化氣。所以，理學家講實踐工夫就是講「變化氣質」，這個氣不是宇宙論的氣，是氣質的氣。

「盡心」從孟子來，「變化氣質」是宋明儒的共同意識，「成性」是張橫渠特有的觀念。什麼叫「成性」？孟子並不說「成性」，照孟子，本心就是性。張橫渠根據孟子推進一步，提出「成性」這個觀念。朱夫子不瞭解「成性」這個觀念，後來胡五峰繼承了這個觀念。「成」是什麼意思？天道性命屬於本體，既然屬於本體，性當該是屬於本有的、先天的。本有的、先天的，為甚麼還說「成」？對於不是本有的東西說「成」很容易瞭解，但對於本有的東西說「成」如何瞭解？「成」有幾個意思，「成性」的「成」字非本無今有之成，是形著之成。就是把本有的東西彰顯出來。這個「成」是從工夫上講，不是從存有上講。假如本無今有，就是從存

有上講有無的問題，這個「成」是從存有上講的成；假如本來有的，永遠要有，這個「成」是從工夫上講的成。本來有的，要通過工夫把它體現出來，從工夫講的成有彰顯、彰著的意思。

張橫渠喜歡講「命日降，性日成」、「天所命者通極於性」，這就是道德的理性不斷地下命令。降命于你，你應該做甚麼，不應當做甚麼，這就叫「命日降」。「命日降」則「性日成」。沒有一個現成的完成的「性」擺在那個地方，這個性要靠你自己努力實踐來體現，這個體現無窮無盡，道體多廣大，性體就多廣大。這就是張橫渠所言「命日降，性日成」的意思。不是像柏拉圖的理型（idea）所代表的性，柏拉圖理型所代表的性是「定性」，不能說「性日成」。但是，人的性，孟子言性善的性，到理學家講天道性命通而爲一的性，本來不是對人下定義的理型。這個性是爲甚麼作人的性，因爲在人的地方容易顯出來。性通於道，「天所性者通極於道」，道體無限，性體當然也無限。它是無限的，就要通過一個無限的過程把它體現。假若你不通過實踐的工夫，你本有的性是沒有用的，這等於黑格爾說的「性之在其自己」（in-itself），也可相比天臺宗的「理即佛」。「性之在其自己」一點用也沒有，「理即佛」也是沒有用的。一定要通過「性之對其自己」（for-itself），通過你的工夫，把性彰顯出來。這就是「性日成」，這個「成」是工夫上講的成。所以，張橫渠喜歡講「命日降，性日成」。

工夫無止境，就是一個無限的進程。在無限的進程中，性體的內容無限擴展，無限充實，無窮無盡。你不能說性體有多少內容，不通過工夫，性一點內容也沒有，只是空洞的。這等於黑格爾所講

的辯證法，辯證的進程開頭是空的，通過辯證的發展一步一步充實。通過工夫把我們原有的性完全實現出來，也就是使它完成。這就是「盡心化氣以成性」。「盡心化氣以成性」還是孟子的取向，還是「心就是性」。孟子是分解的講法，肯定「我固有之也」，「非由外鑠我也。」再進一步，孟子講工夫就是「擴而充之」。「盡」也就是擴充的意思，就是把本有的充分體現出來，充分體現就是完成。張橫渠用名言把孟子本有的意思說出來，這一點了不起。這有甚麼不對呢？怎麼能說張橫渠是宇宙論中心呢？

張橫渠《正蒙》一開頭講太和、太虛、氣，把人的頭腦弄模糊了。另一方面，張橫渠的文章不大通順，因為他是強探力索的，他的一套都是自己想出來的，還有他使用的名詞，就像障眼法，把人的頭腦蒙蔽住了。所以，一般人完全不瞭解，讓他的一些表面的詞語唬住了。共產黨說他是唯物論，到現在，不但共產黨，一般人也說張橫渠是唯物論（唯氣論），這完全是胡說八道。張橫渠表面有一層煙霧，但究竟還是表面的，究其實意並非如此。掃除煙霧，見其實意，怎麼能說是唯物論呢？張橫渠言「盡心化氣以成性」，心是如此之心，性也是如此之性，跟孟子一樣。還有「變化氣質」，這都是根據天道性命通而為一的道體觀念來的。不能說是唯物論。一般人不瞭解張橫渠的道體觀念，講成是自然哲學，自然的宇宙論，這是不對的。

中國學問難講，從明朝以後，清朝入關以來三百年，中國人沒有頭腦，不會用思想。三百多年的長期影響，中國人失去思想力。世俗的聰明沒有用，世俗的聰明不是思想。對古人的思想完全不能瞭解，這是對不起古人。現在的人自作聰明，學了一點西方詞語，

瞎作判斷，這是小聰明。

張橫渠講工夫，工夫實處在「盡心化氣以成性」，工夫的最高綱領則在「聖人盡道其間，兼體而無累者，存神其至矣！」張橫渠講工夫就是從「兼體無累」往裡入。甚麼是「兼體」？「兼」者，兩也；「體」是事體的體，不是體用的體。「兼體」就是兼有兩種事體，這個兩不是平常所講的兩，天地間一切從氣方面講的，都是兩兩相對：動靜、進退、起伏、陰陽、剛柔，這些都叫兩體，就是動態講的對偶性。「兼體」就是說，我們盡道，做實踐的工夫就跟道所成功的氣化一樣。道所以能成功氣化，成一個行程，不能光有明而沒有幽，也不能光有幽而沒有明，一定兼有幽明兩面，永遠下去，生生不息。道既然如此，我們盡道也應當把幽明、生死、晝夜、進退、虛實兩體兼而有之。「兼體而無累」這句話一直沒有人講明白，這句話不好講的。「兼體而無累」就是兼有生死、幽明兩面而不受任何一面所帶累。「兼體而無累」很難，要生命通達、不偏執。

我們的道、宇宙是如此，大道流行，氣化生生不息，聖人在這樣的宇宙裡盡道，最高峰是「兼體而無累」。能「兼體而無累」的緣故在哪裡？就在于「存神」。你能「存神」，才能「兼體而無累」，「兼體而無累」才能成化，有帶累就不能通，不能化。你不能「兼體而無累」，是因為你沒有「神」，你的生命不靈、不虛。不靈不虛就不神，有靈有虛才能存神，有神才能「兼體而無累」。這就是張橫渠所言：「聖人盡道其間，兼體而無累者，存神其至矣。」這是工夫的一個綱領，也是最高境界。把目標點出來，如何做到呢？這就要落實到「盡心化氣以成性」。這就是張橫渠講工

夫。

　　假如把張橫渠講工夫的兩步瞭解明白，張橫渠不但不是歧出，不是宇宙論中心，不是唯物論，而且，我們開頭說張橫渠主觀面弱，事實上也不弱，弱只是表面的假象。我們說張橫渠主觀面弱，因爲他先從客觀面講道體，客觀面講道體特別顯明、彰著，而主觀面的煙霧太重。你沒有眞工夫就穿不透，假若穿透了，主觀面一樣顯出來，穿不透就有假象。周濂溪亦如此。到程明道，主客觀面充實飽滿，沒有虛歉，這就是程明道「一本論」，主客合一。所以，程明道智慧清明、圓熟、堪稱大家。朱夫子不喜歡程明道，他達不到程明道的境界。

八、程明道：主客觀面合一

　　程明道不講太極，也不講太虛、太和，他只根據「唯天之命，於穆不已」講道體，道體就是天命之「於穆不已」。《中庸》云：「唯天之命，於穆不已，此天之所以為天也。」程明道抓住這點來講道體。主觀地講是德行「純亦不已」，程明道最喜歡講「於穆不已」、「純亦不已」。再說到「天理」二字，是程明道自家體貼出來。「天理」，動態地講通「於穆不已」；靜態地講就是道德法則。程明道的道德意識很強，理學家看世界、看社會跟我們現代人不一樣。現在人看香港只看到「馬照跑、舞照跳」，事實上，不能光看到跑馬跳舞，跑馬跳舞不能成自由世界。沒有肯定的一面哪裡能開文明、開文化呢？肯定的（positive）一面，中國老說法就是天理。自由、人權不就是天理嗎？你光看到人家的跑馬跳舞，沒有看到人家有自由、人權，自由世界沒有自由人權，就沒有今天的繁榮，自由人權就是天理。

　　程明道有清明圓熟的智慧，道德意識很強，不是一股清涼散。朱夫子把程明道看成專門喜歡說漂亮話頭，話說得太高；要不然就說他說話渾淪，不分明。這是朱夫子的頭腦不能瞭解程明道。到程明道，主客合一，這就是程明道的一本論。一本論不是西方的一元

論，一元論很簡單，而一本論玄得很。

中國的文化、文明文物、典章制度發展到唐朝最高，大唐盛世，文物典章制度燦爛，理性的智慧表現在佛教，不表現在道德理性方面。佛教能表現那些大宗派，出現那些大思想家、大哲學家，也是了不起。所以，日本人最崇拜唐朝，說唐朝是人類智慧的最高峰。現在是智慧最低的時候，現代人最沒有智慧，這個時代最邪惡，能出共產黨就是最邪惡的時代，人類最墮落的時代。

發展到宋朝，中國文化最成熟，由成熟到爛熟，爛熟就不好。文化方面，宋朝最成熟，文物典章制度方面，唐朝最成熟，它有生命的光輝。生命是一個非理性的東西。關於中國文化的發展，你們去看看許思園的書。許思園講中國的哲學、中國的文學、中國的藝術，講得很好。他是個江南才子，知識豐富。共產黨一來，這種老的知識份子都沒有了。許思園死在青島，給鬥死的。

中國文化的發展你都要懂，你懂得了，才能知道中國的問題究竟在哪裡。這樣一個老文化，當然有問題，但不是簡單化，把它全部摔掉，全盤西化就能解決問題。你要正視這個時代，這是一個大時代嘛。中國人要對自己的國家，對自己的生命負責。這個要靠知識份子發心立志。現在，知識份子喪失思考力，不能認識問題的真假，明明是邪惡的東西，大家都相信，知識份子迷醉於馬克思主義，這種現象不可思議。

社會上一些人譏諷理學家，宋朝理學家可開明得很哩。中國的政治最專制最黑暗是明清兩代，理學都是官方的理學，都是風俗習慣中的理學，那是教人譏諷的。但是，宋朝創始的那些理學家都開明得很。明朝的八股文章，官方的官學，都是朱子的學問，清朝康

熙年間那些理學家，也都是宗朱夫子的官方的理學家。那些理學家
都成風俗習慣中的理學家，所以受人譏諷。戴東原就說他們「以理
殺人」，明清官方的理學家怎麼能算是真正的理學家呢？現在，理
學家成了一個醜惡的名詞，提到「理學家」這個名詞就令人討厭。
這是一種假象。北宋時期，程明道、程伊川家裡開明得很，程家的
婦女不纏足，婦女纏足在宋朝並不流行。

　　儒家學問講道德，道德不是拘束人，是講創造，講完成一個人
的人格。沒有真正的生命、陽剛的生命，不能講這種學問。所以，
我們說儒教是陽剛之教、太陽教；佛老是陰柔之教。儒教本來是陽
剛之教，為甚麼一提到理學家就令人討厭呢？為甚麼一提到理學家
就有一股又酸又迂腐的味道呢？這種味道是由什麼造成的，我們可
從宋朝歷史運會的背景作了悟的線索。

　　中華民族的歷史從夏商演進到宋朝三百年，到了一個低沉的時
代。宋朝于歷史運會上是「重陰」，這不是理學家的責任。理學家
在這樣一個陰柔的政治背景時代氣味之下，就是要提起陽剛之氣，
這個陽剛之氣不是從英雄的事功業績講，是從個人的道德人格講，
從內聖之學講。從內聖之學講陽剛很不容易，只有孟子的學問才能
頂得住。所以，陸象山的學問沒有理學家的氣味，道理就在于此。
陽剛之教完全要靠孟子，但宋朝不看重孟子，明朝從王學以後才推
崇孟子。宋朝重孔顏。儘管程明道的智慧很高、很圓熟，但智慧要
靠氣來支持，從氣方面講，程明道不夠，因為他欣賞顏淵，重孔顏
樂處。就個人生活情趣方面講，孔顏樂趣是不錯的，境界很高。但
孔顏樂趣有顏淵的表現，有周濂溪的表現，有程明道的表現，跟孔
子的表現不同。孔子固然有他的樂趣，因為孔子有智慧、有幽默，

但孔子的樂不像顏淵那樣表現，不像周濂溪那樣表現，就是程明道也達不到孔子的境界。孔子不令人討厭，不教人覺得迂腐，孔子有陽剛之氣，而又不像孟子那樣露鋒芒。孟子有陽剛之氣，但太露鋒芒，所以，理學家不喜歡孟子。宋朝誰能重孟子，表現陽剛之氣呢？就是陸象山。所以，陸象山不令人討厭。

宋朝的歷史運會是「重陰」（陰而又陰曰「重陰」），講學問就不能以陰的方式講。以陰的方式講學問就是陰中陰，朱子的講法就是陰中陰，講「涵養察識」、「格物窮理」都是陰的方式，是漸教。陸象山最不喜歡這一套。我在台大講課的時候，台大的學生說：「怎麼老師講宋明理學，講法跟我們以往聽到的不同？」不同在哪裡，大家也說不出來。講宋明學問不能用陰的方式講，要用陽剛的方式講。我不空講道德，不說教，純粹把裡面複雜的概念一個一個地用高度理智的活動彰顯出來，引發人的理智的好奇、思考的興會。若只講「非禮勿視，非禮勿聽，非禮勿言，非禮勿動」，而無生命的開發，則結果是寸步難行。講這種學問，要有道德的莊嚴，把道德的莊嚴引發出來，就能啓發人的眞生命。自然能非禮勿視聽言動。若憑空只講「居敬涵養」，這不是道德的莊嚴，這只是教化上養成好習慣。官方喜歡的理學家就是這種理學家。

一方面有道德的莊嚴，另方面也要有道德意識。道德意識非通客觀意識不可，不通客觀意識，主觀道德沒有用。通文化意識，通家國天下，道德意識才能彰顯。道德的莊嚴、理智的俊逸，兩方面要兼備，才能講這個學問，這才眞正是陽剛之學，平常講理學的人，思考力不夠，連一個詞也講不好。理智的俊逸很難，西方哲學家不是都有理智的俊逸，分別來講，柏拉圖、萊布尼茲、羅素、維

特根什坦有理智的俊逸；康德有道德的莊嚴，也有理智的俊逸，但他的理智俊逸爲他的道德莊嚴所掩蓋。康德的頭腦清楚得很，他的批判分析了不起。現在的邏輯實論證都是從康德出來的。中國的思想中，春秋教有道德的莊嚴，也有理智的俊逸，春秋名理是理智的俊逸，春秋大義是道德的莊嚴。

現在再歸到程明道的一本論。

孟子批評墨者夷之的講法「是二本也」。怎麼是「二本」呢？夷之遵從墨子講兼愛，他一方面講兼愛，在大原則上主張兼愛，在表現上又主張「自親者始」，這就是兩個頭緒，兩個路頭。兼愛如何表現呢？上帝的愛是博愛、普遍的愛，也就是公愛、兼愛。在上帝可以講普遍的愛，上帝不受時間、空間的限制。普遍的愛在人間怎麼可以表現呢？兼愛、普遍的愛作爲觀念來說當然很好，說到如何表現很麻煩。儒家講「仁」，特別顧及到表現的問題。「仁」是個普遍的道理，這個道理必須是可以表現的。人的表現跟上帝的表現不一樣，因爲上帝沒有時間性、空間性，而人表現「仁」這個普遍的道理有時間性。上帝可以愛無差等，人怎麼可以愛無差等呢？

二本是兩個頭緒，不是二元論，程明道講「一本」，不是我們平常所瞭解的一元論的意思。平常所講的一元論是分解的講，二元論也是分解的講，凡通過分解方式建立的都不可能是圓教。程明道的一本論不是分解地講。肯定天地萬物宇宙的根源是一，這叫做一元論，假若肯定這個根源是二，則是二元論。程明道的一本論不是分解地講，是個圓教的講法，圓教是中國人的觀念。佛教有圓教的觀念，我們藉用這個觀念，宋明儒的思想到程明道是個圓教的講法，這就是我們中國人圓融的智慧，凡通過分解的方式都不可能建

立圓教，圓教要通過非分解的方式建立，程明道正好是非分解的方式，他的「一本論」正是非分解方式下的「一」。

通過分解的方式表達宇宙的根源是一，或者是二，或者是多，都不是圓教。程明道根據儒家的經典，去掉孟子所批評的「二本」，講「一本」。「一本」就是一個路頭。舉例說，《中庸》曰：「參天地，贊化育」，人參於天、地之間而為三，所以，天、地、人三位一體。化育是從天地講，人參於其中，去贊助它，這就是《中庸》的諦義。贊化育就是改造世界，改變世界涉及行動，屬於實踐理性的問題。這是《中庸》的理境，本來不算錯，但參、贊還有能、所的區別，是兩個路頭，不是一個路頭。所以，程明道說，「參」與「贊」這兩個字是多餘的，人表現道體和天地表現道體一樣，他的一本論就是從這個地方講。程明道說：「只此便是天地之化，不可對此箇別有天地。」又說：「只心便是天，盡之便知性，知性便知天。」這是圓頓之教，一個路頭，沒有彼此之別。圓頓之教一定要把時間、空間化掉，把時間、空間的觀念拉掉就是非分解的講法，圓融的講法，這顯然不同於一元論的講法。

程明道的一本論很玄。一本論並不是說先肯定一個「天理」，他是從表現上講，從生活上表現這個道體。「只此便是天地之化」，也就是說只此便是於穆不已。程明道說「天理二字卻是自家體貼出來」，這是分解地肯定天理，他也有分解的講法，依圓頓之教來說，則形而上者便即在形而下，二者並沒有分別開來，但並不是頭腦糊塗。朱夫子說明道的話渾淪，渾淪就是糊塗，所以，朱夫子並不喜歡程明道。但是，程明道並不渾淪，他有分解的表示，有形而上、形而下的講法。分解地講肯定一個「天理」，肯定於穆不

已的道體，這都是形而上的；氣化則是形而下。他說形而上的就在形而下，形而下的也便有形而上，這是圓頓的講法，圓頓的講法並不妨礙先有一個分解的說法。「形而上者謂之道，形而下者謂之器」這是《易傳》的話，程明道並不反對，初步的分解地講當該如此。但說到究竟，道即氣，氣即道，這是圓融的表示，圓融的表示並不妨礙分解的表示，這是兩步工作。所以，先得有分解的講法，才能進一步講圓融，那個圓融才能清楚，不然就是大糊塗。

所以，學習西方哲學第一步就要讀康德，因為康德是分解的方式講。你要先有超越的分解這一步工作，才能瞭解黑格爾，要不然黑格爾就是亂七八糟，結果出現馬克思，天下大亂。黑格爾的辯證法我們稱之為辯證的綜和，辯證的綜和跟分解中的分析綜和不一樣。辯證的綜和是可以講的，程明道「一本論」背後的根據就是辯證的綜和，藏有一個辯證的綜和過程。

黑格爾的辯證的綜和不能獨立的成一套，不能跟康德的超越的分解相對立。辯證的綜和必須預設有一個超越的分解，不能跟超越的分解對立而成兩個不同的系統。假若對立，辯證的綜和提不住，平舖了。辯證的過程不能平舖下來，一平舖下來就平舖到事實上來了，平舖到事實上來，辯證也就沒有了，平舖下來辯證就不能用。平舖到事實上來一定是唯物辯證法，但平舖下來辯證就沒有了，還能說唯物辯證法嗎？所以，唯物辯證法是不通的。

平舖下來有時候是好的，但平舖只能在如體上說，如體平舖，如體不能永遠吊著。如體是體，辯證歷程是要顯示如體，顯示完了，辯證歷程沒有了，只有如體。一體平舖是最高的境界，化掉的是辯證的歷程，顯示的是如體。甚麼是辯證法？我們通過一個辯證

法把不能被限定的東西限定化了的再予以化掉而呈現如。辯證法是一個方法，我們拿這個方法去顯示一個境界，這個方法就是一個勁度，這就是所謂提著。這個東西早晚要放下，放下來，這個提著的勁度就沒有了，這個辯證沒有了，也就是說辯證也要來個辯證，凡是辯證都要通過一個否定把它化掉。

辯證的歷程只能說明精神生活，不能應用到物質。程明道的「一本論」正是精神的表現問題，不是一元論。明道曰：「萬物皆備於我，不獨人爾，物皆然，都自這裡出去。」這是「一本論」的說法。天、地、人三極，分解地講，人極最顯。「萬物皆備於我」光是對人講，這是分解的講法，這不是圓教。「不獨人爾，物皆然」是非分解的講法，圓教的講法，這種說法很玄。這個玄談預設一個超越的分解，假若你不瞭解它後面的超越分解，這句話就是大糊塗。朱夫子就不瞭解，朱夫子說明道的話說得太高、渾淪。渾淪就是大糊塗。實際上一點不糊塗，程明道清楚得很，只是朱夫子不瞭解。朱夫子是分解的頭腦，他講物物一太極，那是分解的方式。

程明道有超越分解的一面，他那些渾淪的話頭是預設一個超越的分解，形而上、形而下的分別是有的。甚麼叫道體，他也可以分別地給你講出來。「萬物皆備於我」，分解地講，我是無待，其他是有待。到程明道說：「萬物皆備於我，不獨人爾，物皆然。」這個有待、無待的差別化掉了，這是圓頓的表示。「萬物皆備於我」，這個「我」不是形而下的我，這個我是「本心」。「本心」有三性：主觀性、客觀性、絕對性。本心知是知非，這個「知」就是本心的主觀性；「心即理」就是本心的客觀性；心是乾坤萬有之基，則是本心的絕對性。「萬物皆備於我」，這個「我」作心體講

的時候，就是說的心體的絕對性，天地萬物不能離開心體。

　　上面引用程明道一些玄談，以說明他的「一本論」，「一本論」是非分解的講法。分解地講，客觀面講於穆不已、道體；主觀面講仁。程明道的〈識仁篇〉很著名。主觀面根據《論語》、《孟子》講，《論語》講「仁」，《孟子》講心性，到程明道，主客觀面合一，主觀面充實飽滿，客觀面也充實飽滿。理學家以程明道智慧最高，他真正把四書（《論語》、《孟子》、《中庸》、《易傳》）的重要觀念統統概括出來。

　　周濂溪、張橫渠、程明道三人成一系，講本體都不失其活動性，講工夫不從格物窮理講。講格物窮理，自伊川始，工夫轉了，本體也不自覺地轉了。下次講伊川，你們要瞭解伊川、朱子系統是怎麼轉出來的。再下去講陸象山，瞭解陸象山是怎樣出來的。宋明儒學的脈絡就可把握到了。

九、伊川、朱子：義理歧出

　　朱夫子很瞭解程伊川，他跟伊川是一個系統。對周濂溪、張橫渠、程明道三人，朱夫子就瞭解不夠。他推崇周濂溪，但他對周濂溪的瞭解也不對。他重視濂溪的〈太極圖說〉，從太極那裡講，把儒家從《中庸》、《易傳》講的那個道體簡單化爲一個理，太極就是理。太極就是理這個理的觀念從伊川始，程伊川就是把《中庸》、《易傳》以至周、張、明道三人所瞭解的那個道體簡單化爲一個理。本來講理也不算錯，程明道也說「天理二字是自家體貼出來」。天理也可以動態地講，動態地講就是那個於穆不已的道體。程明道理解的那個於穆不已的道體不只是理，它是即活動即存有，它有活動性。

　　理不會活動，活動性就代表心。周、張、明道體會的道體合乎《中庸》、《易傳》的本義，它是心、理合一的。伊川、朱子把道體理解爲只是理，活動性沒有了，活動性脫落到氣上，活動變成了形而下。道體本來是即活動即存有，從道體上講的活動怎麼能是氣？怎麼能是形而下呢？差別就在這裡。這個差別自伊川始，把道體說成只是理，他是不自覺的。

　　程伊川把道體簡單化爲只是理，這個道體「只存有而不活

動」。伊川跟明道不同，這個不同主要表現在那裡？最重要表現在
對本體的理解不同，也就是對仁的理解不同。仁通道體，主觀的講
是仁，客觀的講是道體，二者是一樣的，明道說：「仁者以天地萬
物爲一體」、「仁以感通爲性」，仁心的感通沒有界限，仁是個生
化原則，這是儒家共同體會。這樣一來，仁就不只是個抽象的理，
不是伊川、朱子所瞭解的仁只是理。感通爲仁，感通到的地方就有
滋潤萬物的作用，就像春雨一樣，春雨一來，萬物生長，沒有雨，
萬物就乾枯了。這是了不起的一個觀念，比講抽象的博愛、兼愛好
多了。

　　程明道講仁有兩個意思。仁就是主觀地講的道體，可以跟客觀
講的道體同一，這就是以「一體」說仁，是明道講仁的第一個意
思；第二個意思是以「覺」說仁，反過來說，仁就是不麻木。這兩
個意思是一個意思。有感覺、不麻木，有感通，就涵著「一體」，
「一體」從感通來，所以，這兩個意思是相連的。但這兩個意思朱
夫子都不喜歡，程伊川當年就不喜歡這兩個意思，朱夫子是承繼伊
川而來的。伊川說「不能以覺訓仁」，他說覺是知之事，不是仁之
事，覺不可訓仁，這是程伊川的錯誤。伊川把覺看成是知之事，這
個覺成了認識論的知覺（perception）。這種理解很不對。明道明
明是從不麻木說覺，你怎麼能理解成 perception 呢？perception 當
然不能訓仁。

　　朱夫子就是根據伊川的意思，他不贊成以「一體」說仁，也不
贊成以「覺」訓仁。程明道提出以「一體」說仁，以「覺」訓仁這
兩個觀念之後，他的後學中，楊龜山喜歡講「以一體說仁」，謝上
蔡喜歡講「以覺訓仁」。楊龜山、謝上蔡是二程門下的兩個大弟

子，朱夫子批評楊龜山「以一體說仁」，批評謝上蔡「以覺訓仁」，其實是批評程明道。

朱夫子不贊成「以一體說仁」，感通就沒有了，如是于仁上心的意思沒有了，寂感、心、神、靈都不能講。不能說「以覺訓仁」，覺是知覺，仁是理，這樣理解的道體成了只存有而不活動。朱夫子反對「以覺訓仁」乃根據伊川「覺不可以訓仁」而來，朱子講「心性情三分」、「理氣二分」，也是根據程伊川來。伊川說心如穀種，生就是氣，陽氣發動就是生，所以生之理才是性。這不是心性情三分嗎？朱夫子最喜歡伊川這個例，以為到處皆然，結果成了泛存有論，理成了泛存有論的理，性也成了泛存有論的，不是孟子當年所言性善的性，道德意義沒有了。所以，我說朱夫子在講性上把道德意識減殺。階磚有階磚的理，竹子有竹子的理，這種理沒有道德意義。朱子所說的理，形而上學的意味很重，現代人最喜歡這一套，因為現代人怕講道德，但這不合先秦儒家的道理。（朱夫子個人的道德意識很強，但他的一套泛存有論的理氣論卻是知解的形上學。）

工夫方面，朱夫子也是承繼伊川，從《大學》講工夫，也就是講格物窮理，重道問學。朱夫子把一般格物窮理的求知當成是道德實踐，知識與道德混淆不清。知識是個助緣，格物窮理，教育只是對你的人格發展的幫助條件。周濂溪、張橫渠、程明道怎麼講工夫呢？他們三人都不講《大學》。周濂溪說「幾動於彼，誠動於此」，拿誠體來通化這個幾，這不是格物窮理的問題。張橫渠講「聖人盡道其間，兼體而無累者，存神其至矣」，這不是格物窮理。程明道講工夫主要是識仁，識仁不是格物窮理。朱夫子從格物

窮理講工夫，是順取的路，與道德實踐不相干。

孟子說：「學問之道無他，求其放心而已。」又說：「擴而充之，足以保四海。」孟子講擴充，擴充才是盡心的根本工夫。擴充的第一關是求其放心，存心是第一步的、消極的；擴充則是積極的。孟子講盡心、求其放心、擴充，這是逆覺之路。逆覺的意思就是不順感性的現實滾下去而逆回來以體證本心。我們的良心隨時呈現，即使在夾雜中也呈現，良心一呈現，我們就馬上把它捉住，不要蒙混地隨感性滾下去，這就是從感性的現實夾雜中返回來，返回來逆覺自己生命中的本體，這個本體就是本心、仁體。這一逆覺之路才是中肯的。依格物窮理的順取之路講道德就不中肯。

程伊川晚年講中和問題，朱夫子就是根據伊川講的中和問題自己用工夫，把其中相關的觀念都弄清楚了，成了一個系統。在這系統裡本體方面只存有而不活動；工夫方面是格物窮理，順取之路；於孟子本心即性講成心性情三分，亦即理氣二分。朱夫子講中和問題有「中和舊說」與「中和新說」。「中和舊說」同於一般人的講法，還合孟子的義理。有一天，朱子與其弟子蔡季通對話，忽然推翻以前所說，馬上定下「中和新說」。所以，你要瞭解朱子，首先從他的中和說開始，然後再瞭解他的「仁說」。朱子中和說、仁說都是有系統的，而且已經成了定本。把這個系統瞭解好了，其餘的也就都通了。

伊川所言「性即理」，在朱子系統中，佔關鍵性地位。朱子理解的實體性理「只存有而不活動」，工夫是順取的路。朱子的形態不是方向道德，是本質道德。在西方，本質道德是個大傳統，到康德才轉過來，轉過來的結果是中國的路。在中國，方向道德先出

現，中國先秦原始儒家就是方向道德，到朱夫子轉出本質道德，所以，我說朱夫子是別子為宗。

朱夫子講「性即理」，性就是理。性為甚麼是理呢？性就是一個個體之所以為個體的那個本質，使一個個體能夠挺立起來的那個根據，這個「性」字是存有論意義的一個觀念。朱夫子理解的性是存有論意義的，所以，他結果走上泛存有論的路。朱夫子講「性即理」就是從「然」、「所以然」這個理路來悟入的。

性是客觀性原則，心是主觀性原則，客觀性原則就是粉筆所以能挺立起來成其為粉筆的根據。這個意思是對的。胡五峰也說：「性者，天地萬物之所以立。」這個觀念就是佛教所要破的自性觀念。有性就有體，體就是存在的根據，所以，「性」字是一個存有論的觀念。朱子從「然」、「所以然」的理路瞭解性，這不是原初先秦孟子、告子講人性論問題的那個性的意義。先秦儒家原初沒有這個意義，原初講人性的善惡，告子的說法是「生之謂性」，孟子不滿意這個說法。孟子往上提升，從人之所以異於禽獸的地方說性，把道德性提出來，說人有道德性這個性。道德性的「性」從四端之心瞭解，在這個地方不容易想到性是一個存有論的概念。但是，我們也可以這樣想，假如從存有論的概念理解孟子，我們先突出人的道德性，離開人的道德性就沒有人的存有。人作為道德的存有（moral being）來看，把人的自性——道德性——挺立起來，道德性這個本質使你真正成為一個實有（real being）。這個地方，being 還是可以用，不過這個 being 單就人而言，而且單就人的道德性而言，它不是存有論本身的意義。存有論不一定單就人講，也不一定單就人的道德性講，它是對萬物而言。

假如我們照孟子的講法，單就人而言，而且把人看成能夠作道德實踐的一個存在，如此一來，當然要把道德的心性體現出來，如果你的道德心性不能體現出來，你不能說是一個眞實的存有（real being），你只是一個偶然的存在（existence）而已。在時間空間中存在，這存在是一個現實的偶然存在。being 是存在的存在性。一個人若只是一個偶然的存在，這是很可悲的，這就是我們平常所說的草木之人。草木之人儘管還是一個人，但他不是一個眞實的存有，因爲他的本質沒有體現出來。

眞實的存有，就是你之所以爲你自己的性——一個超越的根據，使你能頂天立地站起來。理學家講的「性」就是這個意思。把孟子所講的道德心性這個本質體現出來，作爲人的眞實存有之超越根據，這個時候，人之爲一眞實存有之超越根據就是人的眞性，這是單就內在的道德性而言。這個意思的性，當朱夫子由「然」與「所以然」之路悟入時，他將其普遍化，到處應用，遂轉化而爲一泛存有論的概念。粉筆有其所以爲粉筆的理，這個理就是粉筆的性。竹子、階磚等皆然。所以，朱子說「性即理也」，朱子所謂「性即理也」，成一個泛存有論的概念。

孟子說性只就「人類的存有」（human being）而言，講的是人內在的道德性。孟子言性善，這性字的道德意義很強。到朱夫子的時候，他言性從「然」入。有一個「然」就有一個「所以然」。眼前天地萬物都是「然」，「然」就是實然，實然就是現實上是什麼。有一個「然」，就有一個超越的「所以然」（朱子的理、太極是超越意義的所以然，不是定義中的所以然。）這個超越的「所以然」就從「然」處超越地引出來。這樣，所以然之理就很自然說出

來。這個所以然之理就是實然物之超越意義的性。如此瞭解
「性」，「性」成一泛存有論的概念，泛存有論意義的性是個超越
的所以然，也就是個理。所以，朱子言「性即理」。他言「性即
理」就從這個思路來。泛存有論意義的性，其道德性減殺。

　　朱子的形上思辨的趣味濃，所以，現代人對朱子發生興趣。其
實，就儒家的道德意識講，儒家原初根本沒有泛存有論的問題，儒
家講仁、義都是道德意識。從這個地方講，陸王是儒學的正宗，陸
王保存道德意識。但是，人們以朱夫子為正宗，陸王反倒不是正
宗，這不是大顛倒嗎？這個大顛倒至現在還轉不過來。朱夫子光講
「性即理」，從來不說「心即理」，可見朱夫子的思想完全接不上
孟子，完全不能理解孟子，他對孟子的註完全不對。孟子言「惻隱
之心，仁也」，就是「心即理」的意思。朱夫子對這句話的註就不
對，照朱夫子的註，仁才是性，性才是理，屬形而上；心是氣之
靈，心之靈還是氣，氣屬形而下。但孟子說惻隱之心就是仁，心就
是性。所以，陸象山、王陽明說心理為一，陸、王的講法合孟子
義。照朱夫子的說法，就是析心與理為二；析心與理為二，是告子
的義外說，王陽明批評朱夫子是對的。

　　照朱夫子對孟子的註解，惻隱成了情，心是總說，情是分說。
無論總說或分說，心、情只有一總一分的差別，心屬於氣，情也是
屬於氣。心變成形而下，這怎麼合孟子的意思？這樣講孟子顯然不
對。孟子的原義，惻隱之心就是心，並不是惻隱與心分開兩截說。
照朱夫子的講法，就是心、性、情三分，用形而上學的詞語說就是
理氣二分。心、性、情三分就是理氣二分，道德意義不是減殺了
嗎？陸、王道德意識那麼強，反倒被誤為禪，而朱夫子則被視為正

宗，這是一個顛倒。（從一般敎化上講，朱子是正宗。從內聖之學
講，朱子不是正宗。）

陸、王眞正合乎孔、孟的傳統，王陽明四句敎照孟子的意思
講，陸象山講本心也是照孟子義理講。陸、王道德意識很強，爲甚
麼變成非正宗呢？這是一個弔詭。《宋史》把程、朱列入〈道學
傳〉，陸象山反倒不列入〈道學傳〉，而列入〈儒林傳〉。學問講
到這個地方多顛倒呀，所以，我們現在從義理上把它糾正過來。一
千多年來沒有人做這個工夫，我寫《心體與性體》，說朱夫子是
「別子爲宗」，有人反對。他們雖替朱子辯護，其實沒有瞭解朱夫
子，若朱夫子復生，也不會贊同他們的講法。

以往尊德性、道問學之爭，把最內部的問題都蒙蔽了，大家不
知道問題在哪裡。你要把內部義理說淸楚，要一步一步講，這也不
很容易。你懂得「心即理」、「性即理」、「仁義內在」就很不容
易。要把「仁義內在」講淸楚也不容易，這個問題要從「仁義內
在」講起，這是孟子的義理。陸象山繼承孟子，他走的不是分解的
路，他用非分解的方法表達，分解的義理在孟子，他的假定都在孟
子。陸象山走非分解的路，所以，朱夫子說他是禪。他表面有
「禪」的嫌疑，因爲「禪」就是走的非分解的路。陸象山雖然採非
分解的方法。但他並不反對分解，他採非分解的方式把你引歸到
《孟子》，分解的義理都在《孟子》那裡，你好好讀《孟子》就懂
得了。

朱夫子說陸象山「兩頭明中間暗」，這個就是禪。陸象山是有
這個姿態，他不說破，不說破就很容易令人誤解爲禪。陸象山是個
非分解的風格，所以也有令朱夫子聯想到他爲禪的嫌疑。朱夫子很

聰明，但他說的都不對，陸象山並不是禪。陸象山自謂學無所受，
「因讀《孟子》而自得之。」所以，要講陸象山，先得把他假定的
基本義理講清楚，從非分解落到分解上。陸象山所說「先立其
大」，從孟子來。「心即理」就是從孟子來。孟子那個地方表示
「心即理」呢？先得瞭解「仁義內在」，再理解「性善說」，進一
步就是孟子所言「惻隱之心，仁也；羞惡之心，義也；辭讓之心，
禮也；是非之心，智也。」這幾句話就表示「心即理」，陸象山的
幾個論點都從孟子來。

　　孟子以後，儒家的發展就是《中庸》、《易傳》、《大學》。
宋儒繼承《論語》、《孟子》、《中庸》、《易傳》、《大學》。
周濂溪是宋儒的第一人，基本觀念在北宋都提出來了。周濂溪、張
橫渠、程明道、程伊川，北宋就講這四個人。這四個人恢復儒家，
他們講學問不是從《論》、《孟》講起，而是先從《中庸》、《易
傳》講，一步一步往《論》、《孟》回歸。先秦儒家則從《論》、
《孟》、《中庸》、《易傳》一根而發，這是兩個不同的發展度
向。光講《中庸》、《易傳》不行，《中庸》、《易傳》哲學意味
重，本體宇宙論的意味重，一定要回歸到《論》、《孟》。《中
庸》、《易傳》本體宇宙論的意味重，但它是從《論》、《孟》發
展而來，它的根在《論》、《孟》。所以，勞思光說《中庸》、
《易傳》是宇宙論中心，這種講法是不對的。《中庸》、《易傳》
以《論》、《孟》為根，也是以道德為中心。《中庸》、《易傳》
的理境要有具體的意義，就要落實到《論》、《孟》。所以，周濂
溪、張橫渠一定要在《論》、《孟》處落實。這是宋儒發展的度
向。

　　朱子承繼伊川成一系統，這個系統不同於周濂溪、張橫渠，也不同於程明道。並不是說伊川、朱子有意的跟周、張、明道不同，這是不自覺的轉出來那麼個形態。朱夫子以為自己繼承二程，不但繼承二程，還繼承周濂溪、張橫渠，所以，他是道學的正宗。其實，朱夫子只能繼承程伊川，周、張、明道他都不能繼承，這個一般人看不出來。誰能繼承周、張、明道北宋初期的那條路呢？南宋第一個消化北宋前三家學問的是胡五峰。胡五峰繼承謝上蔡的路下來，通程明道，首先講識仁，以萬物一體瞭解仁，以不麻木瞭解仁。

　　宋明理學分三系：伊川、朱子一系，陸、王一系；北宋三家及胡五峰、劉蕺山一系。胡五峰承繼周、張、明道，開湖湘之學，這條路是宋學的正宗。周、張、明道是開山祖，宋學正宗的特點是：本體「即活動即存有」；工夫講逆覺，體證本心仁體，以「覺」說仁，以「一體」說仁。講心性、講工夫都順著孟子講。「盡心化氣以成性」，「成性」這個觀念根據張橫渠來，開始心、性分說，最後合一。心、性暫時分開說，跟朱夫子析心與理為二，通過格物窮理來瞭解的「性即理」不一樣。

　　胡五峰《知言》提出這麼一個重要問題：「性也者，天地鬼神之奧也」，《知言》接下去說：「性，天下之大本也，堯、舜、禹、湯、文王、仲尼六君子先後相詔，必曰心，而不曰性，何也？曰：心也者，知天地宰萬物以成性者也。六君子盡心者也，故能立天下之大本。人至於今賴焉。」先秦儒家的主要論題在「心」、「性」，「性」是個自性原則（自性原則也可以叫做客觀性原則）；心是主觀性原則。性、天合在一起代表客觀性原則，所以，

我們說性是個奧體。張橫渠說：「未嘗無之謂體，體之謂性」，這句話很好，這個「性」正合乎西方人存有（being）的觀念，所以，說「性」是個自性原則。存有（being）不好瞭解，去掉存有一樣不好瞭解。

西方人從柏拉圖起一直到黑格爾，天天講 being 還是講不明白。佛教講「無自性」，這個理學家最反對。佛教爲 non-being 而奮鬥，西方哲學、中國哲學爲 being 而奮鬥，這不單是理學家的問題，整個哲學都是這個問題。性的問題如此重要，爲甚麼堯、舜六君子言盡心而不言盡性呢？六君子言盡心就是相傳的心法：「人心惟危，道心惟微，惟精惟一，允執厥中。」性固然重要，然工夫要從盡心講，要盡性還是要通過盡心，要在盡心上用工夫。心是個關鍵，萬物都在心知的作用中。離開心知，萬物就沒有存在。

「成性」從張橫渠來，成是形著義，不是本無今有之成。通過盡心，本有的性才能一步一步顯現出來，這就是成性的意思。伊川、朱子的系統沒有「成性」這個觀念，朱子始終不懂甚麼是形著。陸、王系統也沒有「成性」這個觀念，因爲在陸、王來說，心就是性，用不著「成性」這個觀念。從周、張、明道下來的系統，先是心、性分說，最後心性合一。「性也者，天地鬼神之奧也」是性之在其自己，光是性之在其自己沒有用，進一步一定是性之對其自己。性之在其自己是客觀性原則，性之對其自己是主觀性原則，心就是主觀性原則，這個很明顯，通過盡心才能一步步顯出性。

胡五峰繼承北宋前三家。張、周、明道這一系統先從天命不已講道體、性體，然後一步一步回歸《論》、《孟》，把客觀性原則建立起來，再通過盡心來成性，把道體形著地完成。這是胡五峰對

北宋前三家的消化。胡五峰是第一步消化，但胡五峰《知言》系統沒有人能繼承下來。朱夫子是第二步消化，朱子是胡五峰的晚輩，朱子的老師是李延平，李延平有眞工夫，不是伊川的一套，但朱子不瞭解他的老師，他跨過他的老師，直接承繼伊川。朱子是實在論的心態，朱子有強力、靭勁、論辯性強。他對《知言》看不懂，拿伊川的義理架構來質疑胡五峰，對《知言》有八端質疑，那些質疑統統不對。

胡五峰這個系統叫做「盡心化氣以成性」的系統，開始是心、性分說，最後合一。這個系統不同陸、王「心即性即理」，也不同伊川、朱子只能說「性即理」，不能說「心即理」，心性不能是一。朱夫子一出來，把湖湘學派壓下去，胡五峰這個系統的學問無人理會，他的弟子大多英年早逝，大弟子張南軒也一點用也沒有，所以，以後就是朱夫子的天下。

朱夫子的系統成了，湖湘學派也壓下去了，這個時候出來了陸象山。朱夫子不能把陸象山壓下去，可見陸象山的強力不亞於朱夫子。陸象山的學問直接從孟子來，等於孟子學的復興。孟子學跟周、張、明道的講法不大相同。

南宋以後經過元朝八、九十年，明朝初年還是程、朱的學問。到王陽明出來風氣才變。王陽明扭轉朱子的系統，通過《大學》反駁朱子。王陽明有一個系統，他的系統性建立在心、意、知、物四個概念的關連性上，這四個概念是從《大學》講出來的。王陽明扭轉朱子講《大學》，朱子的《大學》是伊川的《大學》，王陽明的《大學》是孟子的《大學》，根據孟子講《大學》。

「無善無惡心之體，有善有惡意之動，知善知惡是良知，爲善

去惡是格物」，這是王陽明著名的「四句教」。王陽明說：「意之
所在爲物」，這個「物」是行爲物，其意義有好有壞。王陽明所謂
「爲善去惡是格物」的「格」是「正」的意思，跟朱子格物窮理的
「格」意思不同，朱子格物之「格」是窮究的意思。

　　王陽明「四句教」還不是最高境界。「四句教」亦名「四有
句」，進一步是「四無句」。王龍谿「四無句」最玄（這個問題可
以讀我的《圓善論》最後部份），這是儒家學問發展到最高峰。
陸、王一系須看《從陸象山到劉蕺山》一書。

陸王一系之心性之學

出版說明

楊祖漢

　　《陸王一系之心性之學》原刊於香港《自由學人》第1卷第1至3期（1956年8至10月），分三期刊出。據牟先生文前之按語，〈上篇〉爲綜論，〈中篇〉專講王龍溪與羅近溪，〈下篇〉專講劉蕺山。但不知何故，討論羅近溪的部分似未寫完。

　　此三篇論文係牟先生研究宋明儒學之初期成果。當時他尚未提出宋明儒學三系之說，故仍將劉蕺山歸入陸、王一系。儘管如此，對於蕺山之區分「心宗」與「性宗」，以及其「以心著性」的思想特色，牟先生在此已有所著墨。

上篇

陸王一系之心性之學

近因講劉蕺山誠意之學，遂涉及陸王一系之全體。本文是其〈上篇〉。〈中篇〉則專講王龍溪與羅近溪。〈下篇〉則專講劉蕺山。

一、言良知者末流之弊：情識而肆與虛玄而蕩

吾既言《王陽明致良知教》於前，今再就當時學術發展而言「劉蕺山誠意之學」。蓋當時言良知者，漸失其傳，久而生弊。故劉蕺山云：「今天下爭言良知矣。及其弊也。猖狂者參之以情識，而一是皆良；超潔者蕩之以玄虛，而夷良於賊。」（〈證學雜解〉中語）。此爲當時言良知者之兩大弊。此兩大弊實可溯源於泰州（王艮）龍溪（王畿）之不善紹。黃梨洲論泰州學派曰：

> 陽明先生之學，有泰州龍溪而風行天下，亦因泰州龍溪而漸失其傳。泰州龍溪時時不滿其師說，益啓瞿曇之祕而歸之師，蓋躋陽明而爲禪矣。然龍溪之後，力量無過於龍溪者，又得江右爲之救正，故不至十分決裂。泰州之後，其人多能赤手以搏龍蛇。傳至顏山農、何心隱一派，遂復非名教之所

能羈絡矣。顧端文曰：「心隱輩坐在利欲膠漆盆中，所以能
鼓動得人，只緣他一種聰明，亦自有不可到處。」羲以爲非
其聰明，正其學術之所謂祖師禪者，以作用見性。諸公掀翻
天地，前不見有古人，後不見有來者。釋氏一棒一喝，當機
橫行，放下柱杖，便如愚人一般。諸公赤身擔當，無有放下
時節，故其害如是。（《明儒學案・泰州學案》）

此一派即所謂「猖狂者參之以情識，而一是皆良」。不嚴辨良知與
情識，一任自然情識之鼓蕩，則情識亦皆良矣。此所謂「流入情識
而肆」矣。至於順龍溪之風而趨者，則所謂「超潔者蕩之以玄虛，
而夷良於賊。」「夷良於賊」者言良知而無別於佛老也。此所謂
「流於玄虛而蕩」之弊也。故黃梨洲又論王龍溪曰：

愚按四句教法，考之陽明集中，並不經見。其説乃出於龍
溪。則陽明未定之見，平日間嘗有是言，而未敢筆之於書，
以滋學者之惑。至龍溪先生，始云四有之説，猥犯支離，勢
必進之四無而後快。既無善惡，又何有心意知物？終必進之
無心無意無知無物而後元。如此，則致良知三字，著在何
處？先生獨悟其所謂無者，以爲教外之別傳，而實亦並無是
無。有無不立，善惡雙泯。任一點虛靈知覺之氣，縱橫自
在，頭頭明顯，不離著於一處，幾何而不蹈佛氏之坑塹也
哉？（《明儒學案・卷首・師說》）

關於四有四無，吾已詳言之於《王陽明致良知敎》中。龍溪之弊，

如實言之，不在四無。因四無在渾化境界上亦可以說。其諦義須善會。四有四無俱可成立，而若以四無代四有，兩相對章，則非是。龍溪之弊端在其只識心之虛靈義，而忘其天理義，只以虛靈明覺言良知，而忘以是非好惡處之天理言良知。故「任一點虛靈知覺之氣，縱橫自在，頭頭明顯，不離著於一處，幾何而不蹈佛氏之坑塹也哉？」此數語確是的評。因歧出關鍵正在此也。當然心有虛靈明覺義。非謂龍溪言虛靈明覺即必否定其中之天理。此不是邏輯中矛盾之問題。然凡講此種學問，一有偏忽，而失其肯要，則差之毫釐，謬以千里，弊即隨之。不可不慎也。故黃梨洲述陽明曰：

〔……〕而或者以釋氏本心之說，頗近於心學。不知儒釋界限，只一理字。釋氏於天地萬物之理，一切置之度外，更不復講，而止守此明覺。〔實則並非置之度外，更不復講，而乃根本不能肯定有理，有天理。〕世儒則不恃此明覺，而求理於天地萬物之間，所謂絕異。然其歸理於天地萬物，歸明覺於吾心，則一也。〔就世儒言，則析心與理為二，理在心外；就佛氏言，則根本無理，只有空理，只有明覺。〕〔……〕點出心之所以為心，不在明覺，而在天理，金鏡已墜而復收，遂使儒釋疆界，渺若山河。此有目者所睹也。（《明儒學案·姚江學案》）

「心之所以為心不在明覺，而在天理。」此是加重語。實則亦在明覺，亦在天理。明覺與天理合一。故陽明總云「良知之天理」。

指導吾人生活行為之方向之道德的、創造的天心，虛靈明覺是

其本性，健行不息是其本性，而在明覺進行之中即具有定然而當然
亦是天然之則，此即為天理，亦是其本性。程明道云：「吾學雖有
所受，天理二字卻是自家體貼出來。」其體貼「天理」二字，不外
由天倫、天秩、天序、天討、天罰而來。這些都是表現之變形。總
而名之曰天理。此「合當如此」之天理當然不是知識所對之物理，
而是道德價值意義之理。此理當然內在於吾心，與客觀的桌子之理
之外在於吾心，而為吾認知之心之所對，當然不同。此合當如此、
定然如此（最後的，無條件的）之天理，如其現成之所是而觀之，
當然亦是客觀的，而且是普遍的：無人能更變它，是客觀的，無人
能違悖它，是普遍的。然此天理之根源終必歸於心：落於心而出於
心。與附著於外物，由物之結構與變動而見之物理，當然不同。合
當如此、定然如此之天理必然被肯定，此理歸根於心而出於心，亦
必然被肯定而無可疑，此兩者是儒家之通義，無人能悖。天理，落
在人事關係上，為天倫、天秩、天序、天討、天罰等，收攝而內在
於心，則為仁義禮智等。（由惻隱之心見仁，由羞惡之心見義，由
辭讓之心見禮，由是非之心見智。）心之表現而為仁義禮智，亦天
理也。仁義禮智名曰心之德。既為心之德，當然內在於心。心之德
即心之理。此心與理合而言之，即為道德主體、價值之根源。此為
孟子由仁義內在以見性善所首先抒發者，乃儒家之通義，且為儒家
所必肯定而與佛老為不同者。仁義禮智為心之德、心之理，天理之
根在心，即內在於心，此在程朱亦不能悖。然則在儒學內，何以會
有程朱陸王乃至其他之差別？落實言之，何以象山總不契於朱子而
斥之為支離？至陽明，何以亦總不契於朱子，而斥之為求理於外，
析心與理而為二？

二、孔孟立教之規範

原夫孔子於《論語》就日常生活指點仁體，見不違仁之難，不輕許人以仁，見踐仁之不易。須是直下承當仁體，不厭不倦，開而出之，不落於方所，不囿於封域，方是仁者之踐仁，直下是仁體之流行。可使爲之宰，可使治其賦，可使與賓客言，皆囿也，囿即滯，滯則礙。故孔子皆不許以仁，而曰「不知其仁也」。是以仁，若「照體獨立」而言之，即是生機（眞實生命，耶穌所謂「我即是生命」之「生命」，不是生物學之生命）之不滯。其本質的性相有二：曰覺曰健。覺是怵惻之感，「滿腔子是惻隱之心」（明道說孔子語）。健是不厭不倦，健行不息。「維天之命，於穆不已」，是「天行健」也。「文王之德之純，純亦不已」，是「君子自強不息」也。文王如此，孔子亦如此，而且即就此而指點仁體。覺是心之虛靈，精誠惻怛；健是心之創造，自有天則。此爲道德實踐的天心仁體之指出。若依「作用見性」而言之，則天心仁體以感通爲性，以潤物爲用。是故「君子所存者神，所過者化」。感通即神，潤物即化。此方是仁者之極致。故《中庸》贊之曰：「唯天下至誠〔此即天心仁體〕爲能經綸天下之大經，立天下之大本，知天地之化育。夫焉有所倚？肫肫其仁，淵淵其淵，浩浩其天。」此直是由此天心仁體之大本直通上下內外而覆載乾坤：卷之則退藏於密，即是此仁體本身，放之則彌綸六合，天地莫能外。此是徹底透出，化超越內在而一之，而唯是無我無人有我有人無古無今有古有今之法體之流行。又贊之曰：「唯天下至聖爲能聰明睿智，足以有臨也；

寬裕溫柔，足以有容也；發強剛毅，足以有執也；齊莊中正，足以有敬也；文理密察，足以有別也。」此是分言。總持而統於本，則即繼之而曰：「溥博淵泉，而時出之。溥博如天，淵泉如淵。」則上之所分言者即承此仁體而出也。故又贊曰：「大哉聖人之道，洋洋乎發育萬物，峻極於天。優優大哉，禮儀三百，威儀三千，待其人而後行。故曰：苟不至德，至道不凝焉。故君子尊德性而道問學，致廣大而盡精微，極高明而道中庸。」此數語實是《易・繫辭傳》「範圍天地之化而不過，曲成萬物而不遺」兩語之擴大。「洋洋乎發育萬物，峻極於天」，即「範圍天地之化而不過」也，「禮儀三百，威儀三千，待其人而後行」，則以三百三千為配例以言「範圍天地之化而不過」之大道必有「至德」之本統以為根，所謂「待其人而後行」也。否則只是虛脫落空之光景。「至德」即天心仁體之在踐履中實現也，即「肫肫其仁」也。「至道」則「淵淵其淵，浩浩其天」矣，亦即「發育萬物，峻極於天」也，「禮儀三百，威儀三千」之一一有生命地實現也。故至德而至道，尊德性而道問學，致廣大而盡精微，極高明而道中庸，皆緊繫於天心仁體之範圍曲成之本末統宗之義也。（有本有末，統之有宗，會之有極。）

以上雖都是贊語，然按之孔子之點出仁體以及其天縱之聖之踐履，實皆如理如實而無虛妄。

孔子就日常生活而指點仁體，及乎孟子則有一理論思辨之進路，此即由仁義內在以見性善：彰著此道德之主體、價值之根源，以明道德實踐之先天可能之根據。由仁義內在以見性善，即所以彰著此天心仁體之內蘊。孔子只說仁。叫它是「性」亦可：天心仁體

即是吾人之性。分著其內蘊則曰仁義，或曰仁、義、禮、智。實則亦不只此四德，乃無量德。道德實踐即在直承此性而盡此性。故孟子即進而言：「盡其心者知其性也，知其性則知天矣。」盡惻隱、羞惡、辭讓、是非之心，即知仁、義、禮、智之性。知性即盡性。是則盡心亦即盡性也。知性盡性則知天矣。此是由盡心盡性直達天德，而涵蓋乾坤矣。故曰：「萬物皆備於我矣，反身而誠，樂莫大焉。」惟因盡心盡性（此即誠），上達天德，涵蓋乾坤，始能說「萬物皆備於我」。「我」不是一筐子，萬物不是作個體看藏於此筐子中。我所盡之心性即是「維天之命，於穆不已」之心性，亦即天道密運（天行健）之心性，故曰「天心仁體」。萬物皆在此天心仁體之中。故至誠盡心盡性，萬物皆涵攝於此天心仁體之中而莫能外，而一起盡舉。如是便是「皆備於我」。《中庸》直言：「唯天下之至誠，為能盡其性。能盡其性，則能盡人之性。能盡人之性，則能盡物之性。能盡物之性，則可以贊天地之化育。可以贊天地之化育，則可以與天地參矣。」此亦是「盡心知性知天」之另一說法，「萬物皆備於我」之另一說法。

天心仁體之在天道方面見者，則為〈繫傳〉所謂：「乾知大始，坤作成物。乾以易知，坤以簡能。」以及「一陰一陽之謂道，繼之者善也，成之者性也。」乾知坤能即表示天心仁體之所以為心以及此心之健行地、曲成地表現其自己之「能」。此是天道方面之良知良能。知是心覺，能是與事宛轉會去表現此心覺以成事。譬如惻隱之心是覺，相應此惻隱之心而即會如理以動，則是能。故曰乾知大始，坤作成物。（儒家言始，言元，皆自心覺之見言。）隨之，陰陽本身雖只是氣，而一陰一陽之變化以成道則不只是氣。天

心仁體密運於陰陽之中使之成為一陰一陽之變化，此變化過程或成化過程（或化育流行）即名為「道」，所謂「大道浩浩」也。（程明道語）。大道浩浩必本於天心仁體而成其為浩浩，決不是中性無記自然主義之變化過程。惟如此，始能說：「繼之者善也，成之者性也。」以「繼」說善，即是能順承大道浩浩而浩浩下去，生機不自此而滯，即名為善。能繼，天心仁體必在呈露流行中。否則亦不能繼矣。天心仁體本身即是善，而天心仁體非抽象的死體，故即呈露即流行。流行不能不繼，繼亦是善。由繼以說善，即是由作用以說善。仍還歸於一個大道之浩浩。在此大道浩浩繼中，在化育流行中，隨物而凝聚：凝聚於甲，即成甲，成甲即為甲之性；凝聚於乙，即成乙，成乙即為乙之性：是之謂位育，是之謂「成之者性」。天心仁體凝聚於甲而成甲即為甲之性。《大戴禮記》：「分於道謂之命，定於一謂之性。」亦是此義之另一說法。自物之承受此天心仁體之凝聚言謂之命，由命而定，定於此物而成其為此物，則謂此物之性。故《中庸》開首亦可承此而言：「天命之謂性，率性之謂道，修道之謂教。」此「天命之謂性」是順承大道浩浩之凝聚於人而單言人之性。人稟此性而即能盡其性以善紹善繼，而仍還它個大道浩浩，此即為「率性之謂道」。此大道浩浩在人之盡其性以見者、實踐以見者。此是人盡性以後事，不是「天命之謂性」之定於一以前之大道浩浩也。定於一以前之大道浩浩，即〈繫辭傳〉中三語所示者，乃是宇宙論之說法，給人乃至萬物之性以形而上之根據，而《大戴禮記》之二語以及《中庸》開首之三語即承此根據而言也。此為從上說下來。而孔子之「肫肫其仁，淵淵其淵，浩浩其天」，以及孟子之「盡心知性知天」、「萬物皆備於我」，與夫

《中庸》之由至誠以盡性，則是道德實踐之說法，給宇宙論之說法
所表示之天道以落實而不虛脫（非外在之空論，非虛脫之光景）之
踐履上的根據，其透悟至此，是存在的證悟徹悟而至者，故無一毫
虛幻不實處。此是從下說上去。此兩來往，在儒家《論》、
《孟》、《中庸》、〈繫辭傳〉中，是徹底透出而不相礙之兩面
說：不是說這一面而不透那一面，或說那一面而不透這一面，而覺
其有滯礙，有扞格，而相對立者。（漢儒如董仲舒則大體是宇宙論
中心之說法，而於道德實踐一面則甚差。朱子亦是偏重宇宙論一
面，而道德實踐一面則不透。）此兩面一不通透，則兩面之各一面
亦必有走失，有偏差，或不能盡其蘊，當其義。是故兩面通透不相
礙，固顯一「至道」之全，而兩面之各一面之本質的內蘊亦因而確
定而不亂，充其極而無遺。

　　復次應知，此兩面雖通透而不礙，而定於一以前之大道浩浩之
如此，其義之認知與確定固是由道德踐履上之「存在的證悟徹悟」
而至者，決非空頭地、外在地、觀解地隨意以論者。若如此，則必
無必然之根據。此猶「淵淵其淵，浩浩其天」必以「肫肫其仁」爲
根據。否則只是空說，並無準義。亦猶揚雄說：「觀乎天地，則見
聖人」，而伊川則必曰：「觀乎聖人，則見天地。」亦猶上帝之爲
獨一無二之眞神，之爲宗教崇拜之上帝，必賴耶穌之道成肉身而上
十字架，始彰著而無疑。若此義明白，則客觀地、超越地說上帝，
說天道，以圓成吾人實踐之理境，以顯超越義，亦未始不可。然在
儒家，超越與內在實圓通而爲一而不相滯礙不相對立者，而在基督
教則尚不能至。

　　復次應知，「分於道謂之命，定於一謂之性」，此宇宙論之說

法必函人與物同以「天心仁體」爲性，此即爲人物同體。然則何以
嚴人禽之辨？曰：此關鍵唯在能盡、能繼與否上。人得五行之秀，
稟此天心仁體以爲性，隱稟之也，非徒外在地稟之而已也，且由此
稟之而能盡之以善紹善繼以開拓變化，而即以此天心仁體內在於自
己之生命而爲自己之性。稟之，是潛隱地爲其性，而盡之，則是實
現地爲其性。用黑格爾術語說，潛隱地爲其性是「在其自己」，而
盡之，則是「對其自己」。人之性是稟而盡之合說，由此以見人之
性。非徒外在地稟之而已也。若只外在地稟之，而永不會去盡，不
見其盡，則亦塊然一物耳。不足爲人。然在禽獸或草木瓦石，則此
天心仁體只在大道浩浩中成之，實現之，以爲其體，而禽獸草木瓦
石卻並不能納之於自己生命中盡之以善紹善繼以開拓變化，即以此
天心仁體爲其自己之性。是則天心仁體之爲其性爲其體，只是外在
地，而禽獸草木瓦石之以天心仁體爲體爲性，亦只是外在地而並沒
有拉進來，兩者脫節而不相即。天心仁體雖不捨遺而成之而實現
之，然彼卻只是一被動，遂只塊然退墮爲一物，而封閉其自己，因
而其性亦只是材質的陰陽之氣所蘊結而顯之「結構之性」，而不復
能即以此「天心仁體」爲性也。此即人禽之大辨，而人之所以特出
者。（禽獸中稍有靈氣者，乃天心仁體略投其光於禽獸生命中，然
禽獸不能盡之以開拓變化，是即亦不可云禽獸稟此天心仁體以爲其
性也。故禽獸之性仍只是「結構之性」。至於草木瓦石，則天心仁
體之光，根本絲毫未投射進來。故其性尤純爲結構之性。至若問何
以人如此，物若彼，此則造化之秘，非人所能答覆者。然就既成事
實而論個體之形成，亦有可得而言者，此是形上學、宇宙論之事。
在中國，朱子於此較能正視。因其盛言理與氣也。蓋此必須於天心

仁體之理外，復需講一形而上學意義之「氣」也。太極、陰陽、五行、理、氣、道、性、命、才、質、情、欲、天資、義理之理、氣質之性，等等，朱子對之俱有分解的體悟。在義理系統之展開與結構上，此步分解工作是必要的，而一落於此工作，則必進至形上學、宇宙論。朱子正作了此步開荒與鋪路的工作。本文對此方面不加積極討論。若有涉及，則視爲已知之所與。本文所注意者只在孔孟由道德踐履所開出之「天心仁體」一面所涉及之踐履上（非「存有」上）之全部問題與全部發展。）

三、朱陸之殊途

以上由孔子之「肫肫其仁，淵淵其淵，浩浩其天」，與孟子之「盡心知性知天」，「萬物皆備於我」，以明孔孟由道德踐履所開出之規模。此規模只以兩語盡之，即：此天心仁體「卷之則退藏於密」，即此仁體本身，「放之則彌綸六合」，範圍曲成無不涵蓋。心佈滿宇宙，理亦佈滿宇宙，實則只是一天心仁體之佈滿宇宙，心與理分言只是拆開以觀耳。（拆開分言當不應忘理是什麼意思，心是什麼意思，必須扣緊天心仁體而解之。）而此佈滿宇宙決不是外在地、觀解地空言，而是由肫肫其仁、盡心知性之踐履的證悟徹悟以至者。此爲孔孟立教之規範。會之《論》、《孟》、《中庸》、〈繫辭傳〉無不合者。

設以此規範爲標準，吾人覺後來只陸象山首先能綜攝相應此規範而有契於心，當下吸之於生命中承當而無疑，直下認定而不搖動。何以見之？首先見之於彼所謂「先立其大」。此語雖得自孟

子，然會觀其整個氣象與意味，彼之常說此語實不爲〈公都子〉章之問答所限。彼言「先立其大」即是教人先證悟此天心仁體以爲踐履之本耳。此即爲「尊德性」。彼言「吾於踐履，未能純一。然纔自警策，便與天地相似。」此實是大根器語。他先立其大，故一念警策，便彌綸六合，與天地相似。他合下有一個大開大合的心量。此心量是相應天心仁體而開出的。他自言其學是「因讀《孟子》而自得之」。可見他於孟子「盡心知性知天」、「萬物皆備於我」，眞能言下領會於心，直下承當而無疑。試看他說：「萬物森然於方寸之間。滿心而發，充塞宇宙，無非此理。」此顯然是「萬物皆備於我，反身而誠，樂莫大焉。」之轉語。滿心而發即充其心而至於極，亦即心體全體朗現之意。心佈滿宇宙，理亦佈滿宇宙。心是此天心仁體之心，理亦是此天心仁體之理。故又曰：「孟子就四端上指示人，豈是人心只有這四端而已？又就乍見孺子入井，皆有怵惕惻隱之心一端指示人，又得此心昭然。但能充此心足矣。」充此心而至極即滿心而發也。又曰：「窮理是窮這個理，盡性是盡這個性，至命是至這個命。」不是窮外在之理以盡內在之性也。因本說「滿心而發，充塞宇宙，無非此理」也。當然他也道問學，理會事。但「宇宙內事即是己分內事。」不是空頭道問學，窮外在之理也。故云：「旣不知尊德性，焉有所謂道問學？」（請再覆看上面引述《中庸》語）。又曰：「宇宙即是吾心，吾心即是宇宙。」心佈滿宇宙，理佈滿宇宙，故天心仁體與宇宙相融一也。故云：「宇宙不曾限隔人，人自限隔宇宙。」不能滿心而發，人自與宇宙作對。豈是宇宙本來與人相限隔哉？「我說一貫，彼亦說一貫。只是不然。天秩、天叙、天命、天討，皆是實理。彼豈有此？」（案：

此所謂「彼」當指佛家言。）由以上諸話頭會通觀之，象山確能相應孔孟之規範而用其誠。決不歧出。復由此會通觀之，心即理、心外無理，必然同時成立，同時被肯定。本來只是一天心仁體耳：心是天心仁體之心，理亦是天心仁體之理。更不待言心即理、心外無理。今復說此兩語，乃有對而發，譬如對朱子而發。這是因屈折下去而扭轉回來，故如此云。（容或在《象山集》中找不出「心外無理」語句，然豈必語語說到？滿心而發，充塞宇宙，無非斯理。豈有心外之理？當知此是天心仁體之心、天心仁體之理。當知此是希聖希賢完成人格之道德踐履上的事，不是認識心之知識上的事。「小心翼翼，昭事上帝。」則理亦在心外。但戰戰兢兢，純一不二，以充此心，則亦不能心外有理。）

象山扣緊盡心知性知天，萬物皆備於我之踐履軌範，故其踐履工夫皆落於實事實理，脫落一切歧出與假借。此合下是一個大人氣象，直下在人品上立根基：不假手於文字，不作專家，不作學者，不著書立說，不作經師。故云：「千虛不博一實。吾平生學問無他，只是一實。」「吾之學問與諸處異者，只是在我全無杜撰。」「後世言學者，須要立個門戶。此理所在，安有門戶可立？又要各護門戶，此尤鄙陋。」「後世這道理者，終是粘牙嚼舌。吾之言道，坦然明白。全無粘牙嚼舌處。此所以易知易行。」「〔……〕又添得一場閑說話。一實了，萬虛皆碎。」「若是聖人，亦逞一些子精彩不得。」「小心翼翼，昭事上帝。上帝臨汝，無貳爾心。戰戰兢兢，那有閑管時候？」「要常踐道。踐道則精明。一不踐道，便不精明，便失枝落節。」「吾有知乎哉？晦庵言謙辭。又來這裡做個道理。」「人心只愛去泊著事。教他棄事時，如鶻孫失了樹，

更無住處。」「人不肯心閑無事，居天下之廣居。須要去逐外，著一事，印一說，方有精神。」「人不肯只如此。須要有個說話。今時朋友，盡須要個說話去講。」「做得工夫實，則所說即實事。不話閑話。所指人病，皆實病。」「某從來不尙人起爐作竈。多尙平。」這些話，旣表明他自己的身分，亦大都對朱子而發。朱子要注書立說，要理會字句，要物物磨將去。因此不免有「杜撰」處，不免有「粘牙嚼舌處」，不免「做個道理」，不免「要有個說話」，不免「著一事，印一說，方有精神。」此皆是「虛」，因他岐出假借，故總不免於「支離」。說朱子支離，朱子不服。（然心平時一想，也承認確有支離處。並認象山門下於踐履皆有氣象可觀。）因他認象山乃空口說大話，故自己決做漸次的工夫。這不是說漸次工夫不應做，問學不應道。道問學與漸次工夫之本身無所謂支離。其所以總不免於支離者，以象山觀之，乃根本在「岐出與假借」，而不能歸於道德踐履上尊德性以先立其大，盡心以知性，而卻轉而「去逐外，著一事，印一說」，成爲寡頭之「道問學」。此其所以支離也，於心身性命無交涉也。（可以成學者專家，於學術文化當然有貢獻。然於道德宗敎之踐履以成聖成賢則無關緊要。）朱子當然不承認他是寡頭「道問學」。他亦有尊德性。然以象山觀之，他的尊德性實在並未尊起來。吾以今語言之，朱子之尊德性實是經驗地尊、外在地尊（此義俟下論之），故彼不解象山之意也。他認象山爲空疏，爲空口說大話，誤也。他已忘此種學問本爲成聖成賢之德性學問，全是內在性的，人格完成之踐履上的，與知識學問之多少並無本質的關係。當然象山之成就如何是另一事，然其途徑是相應的。自其脫落一切岐出與假借而觀之，朱子慌了手腳，認

其爲禪，全是自西方轉來，不合聖人之道，而上面那些話頭，自其
遮撥而觀之，亦確有類乎禪宗作用者。然直斥之爲禪，非聖人之
道，則是朱子之不求深解。脫落一切歧出與假借而直歸於踐履之平
與實，正是道德宗教實踐之本質。此是任何修道者之所共同。何言
便爲禪耶？朱子於孔孟由道德踐履上所開出之肫肫其仁，盡心知性
以上達天德之規模，只能解悟之放在一邊，而不能領會於心直接承
當之於自己生命中。其不能如此也，或是以爲此是聖人「聖神功化
之極」，只當作一種最高境界看，故不可空說此境以之敎人。若是
如此，則朱子誤矣。須知踐履所至之境界是一事，而其爲踐履之軌
範（道路）則又是一事。自其爲踐履之軌範言，則不可作一境界
看，而直須承當之於自己生命中以盡性。然而朱子根本不能證悟其
爲踐履之規範，只作一境界看，因而只能外在地解悟之，作一場話
說，放在一邊，不干己事，卻轉而去「道問學」，另走一條實踐之
途徑。故彼總不能了解象山之途徑而認爲是禪也。因之朱子學中之
尊德性亦只是經驗地、外在地尊。故工夫全用在道問學上。

　何以言其尊德性是經驗地、外在地尊？曰：首先關鍵是在「涵
養察識，敬貫動靜」兩語。靜養動察，敬以貫之。涵養屬靜時，故
亦曰靜養。察識屬動時，故亦曰動察。此有承於其師李延平之「觀
喜怒哀樂未發氣象」，而亦從伊川所說「涵養須用敬，進學在致
知」而來也。格物致知含於動察中，而以此定「進學」，則「進
學」之觀念自此即爲歧出而外在。格物者即物而窮其理也。今日格
一物，明日格一物，久久自然貫通。是則格物致知之進學全爲經驗
的。此格物致知之進學，因敬以貫之，亦是收歸於心身性命上來，
故亦函有尊德性之意。然此尊德性顯然是經驗地、外在地。推之，

其一切敬的工夫亦都是經驗的、外在的。以朱子持身之謹，克制之嚴，自是尊德性，然是經驗地尊、外在地尊，故乏自然充沛之象。尊德性瑣碎委散於道問學之中，全幅心力集中於道問學，而尊德性則徒見其隨道問學而委散，而不見其直承天心仁體之提挈，此所以以象山觀之，並未尊得起也。朱子亦覺此病，故認從象山遊者，於踐履上皆有氣象可觀，而自己之門人，則雖讀了許多典策，卻無甚挺拔處。朱子氣魄大，心力強，故能提得住道問學之重力，一一從外磨，終亦磨得平。至於一般人，則在其大樹之蔭庇下，自不能暢達其生命，調適而上遂。故皆猥瑣而枯萎。凡此種道問學中之尊德性，皆是經驗的、外在的，惟賴戒慎於風習名教而不敢踰越以維持其尊德性；此是消極地尊，並非積極地尊。蓋其主力在知識典策，故其所成亦在此。此固可為一般人所遵循，一般人遵而行之，亦不失為「為學日益」之善人，然語於內在性成聖成賢之學問，則顯不相應矣。由此言之，此尚非上根下根、利根鈍根之問題，而乃相應不相應之問題也。相應於其所應者各有上下利鈍之別，而非於不相應者概可別之以上下根也。是則朱子之途徑實是道問學之途徑（為學日益），於學術文化自有大貢獻，而於成聖成賢之學問（為道日損）則不甚相應也。而在道問學中，彼固是上上根器，焉得謂之為鈍根。然「作者之謂聖，述者之謂明」。彼能「道問學」以述之，則固亦大賢也。

　　其次，其尊德性之所以落於經驗地、外在地，則在其順性理一邊而充其極，而於心則遺留於人性範圍內而望塵莫及，遂不能使心理合一而共充其極。吾人本謂只是一「天心仁體」之肫肫、淵淵，與浩浩，心亦只是此天心仁體之心，理亦只是此天心仁體之理：

心、理本是一。在孔子只就日常生活而點示之，以其天縱之聖之履踐而表現之，故渾化而不見封域。此即所謂「合下是天地氣象」，故不見有天人內外之劃界也。然至孟子，則因其有理論思辨之進路，先將仁義收攝於人性以見人性之善，遂落於分解之破裂中而內外天人之界分矣。然不經過此分解之破裂，則道德主體、價值根源，不能彰顯，而人無路可尋，無可認知人之所以為人處。然雖收攝於人性而見性善，而即心以見性，心性本合一，亦即心理本合一，而盡性知天，萬物皆備於我，則其初之分也而又合矣。至朱子固亦知仁義禮智是心之德，如此則亦心性合一、心理合一。然彼由心之德而認知性，由性而認知理，故云「性即理」。「性即理」一成立，則天地萬物莫不有理，遂順「性即理」而充其極，須時將「理」之觀念超越而擴大，越出於人性以外，而曰「在物為理，在人為性」。是則「理」為一超越形上學中之概念，而性則落在個體上說，尤其特指人而說。性以理為其形上之根據，實則性理一也。是則性理一起充其極而有超越性與普遍性，而「在人為性」一語本身即示一界限。在「人」一界限內，性即理具於心而為心之德，表現而為仁義禮智等。此戴東原所謂「理如一物然，得於天而具於心」。吾人前謂自宇宙論處說下來，儒家古典本有此一面，故「得於天而具於心」，亦並無過。惟是在人一界限內，性為心之德，得於天而具於心，則性通於心內，亦通於心外，乃徹上下而充其極，而「心」則固仍留於人之界限內而未充其極。如是，心性合一、心理合一，只在人一界限內為然，而越於人，則不合一矣。此所謂「理大而心小」。如是，心只停在「有限心」之形態，而未至「無限心」之形態。亦可以說只是主觀的心，而未能超越其自己以至

「客觀的心」與「絕對的心」。人之具有此靈覺之心只停在其本然如是、自然如是之狀態。此本然如是、自然如是之心具有本然如是、自然如是之仁義禮智之德而亦自然停在那裡。此是心理合一之封域性與本然性（自然性與潛存性）。對此本然潛然之心性合一只作一靜觀涵養之工夫而停放在那裡，而卻使用其所投射出之智力與毅力（此統爲心力）以從事於格物致知之道問學與戒愼將事之敬貫動靜。一切工夫重點都落在格物致知之問學上與敬之持之之矜持上。此即爲工夫之外在化，亦即尊德性之外在化，自必顯智力之學問性，而不顯德性之踐履性。所幸彼之格物窮理乃窮一超越而普遍之理（太極），藉此超越而普遍之理所形成之客觀意識與絕對意識，遂可以使其委散之敬而上提，常保持其超越意義之敬畏義。惟此委散之敬乃上提於理，而未昇化於心，故仍是外在的也。心之局限而不能開放，上與理齊，則理亦是現成的、本然的，擺在那裡，而爲理智之心觀解之對象。此是觀解上的外在之理，而不是踐履上的德性之理。亦猶哲學思辨中之上帝不是耶穌口中之父的上帝也。朱子亦會解「復其見天地之心」一類語句，亦可以體悟天地化機爲仁一類道理，然大都只是觀解的、美的欣趣的，不是德性之踐履上直透天心仁體而證「萬物皆備於我」而見其如此也。「滿心而發，充塞宇宙，無非斯理。」此種語句朱子總不能說，亦不能解。（言下領悟而承受之謂之解。）若曰此象山說也，容有輕忽處。然則《孟子》、《中庸》中此類話頭已甚多，亦未見其言下領悟而承受之也。此之謂不能先立其大以尊德性。是以心不能開放而與理同充其極，則心與理即不能合一，而理亦不是踐履中天心仁體之理，心亦不是踐履中天心仁體之心。工夫外在化，尊德性亦外在化，此所

以象山斥其爲支離。而後來之王陽明復直就客觀義理而斥其析心與理爲二也。

四、內聖之踐履之內在義路：致良知教

象山能綜攝相應孔孟立教之規範，尊德性以立其大，直下承當天心仁體以爲道德之踐履。「若某則不識一字，亦須還我堂堂地做個人。」「六經註我，我註六經。」「建安亦無朱元晦，青田亦無陸子靜。」有，不增添一些子，無，不減損一些子。此完全是內聖之實踐上的話，純內在性的德性之實踐上的話。內聖的實踐就是內在地不斷地從一個人之時間性、歷史性、偶然性、有限性中解脫出來而企求一絕對永恆而無限之自我之發展過程。適所引象山之語句，即「無限自我」呈現之表示。然此實踐過程是一無限的過程。象山當然是在不斷的「踐道」中。其「踐履未能純一，然纔自警策，便與天地相似」。這表示他經常在奮發中。此無限的踐履過程有「內在的義路」可循持否？此則象山並未開出來。他只是自己在踐履中，對其門人在啓發感召中，讓他自悟自踐。「有學者終日聽話，忽請問曰：『如何是窮理盡性以至於命？』答曰：『吾友是泛然問，老夫卻不是泛然答。老夫凡今所與吾友說，皆是理也。窮理是窮這個理，盡性是盡這個性，至命是至這個命。」這種說法固然是透，然卻不是一循持之路。此人聞之，必是懵懂。因爲他想得一可循持的義路。又「臨川一學者初見。問曰：『每日如何觀書？』學者曰：『守規矩。』歡然問曰：『如何守規矩？』學者曰：『伊川《易傳》，胡氏《春秋》，上蔡《論語》，范氏《唐鑑》。』忽

呵之曰：『陋說。』良久復問曰：『何者爲規？』又頃，問曰：
『何者爲矩？』學者但唯唯。次日復來。方對學者誦：『乾知大
始，坤作成物，乾以易知，坤以簡能』一章，畢，乃言曰：『〈乾
文言〉云：大哉乾元，〈坤文言〉云：至哉坤元。聖人贊易，卻只
是個簡易字道了。』遍目學者曰：『又卻不是道難知也。』又曰：
『道在邇而求諸遠，事在易而求諸難。』顧學者曰：『這方喚作規
矩。公昨日來，道甚規矩？』」這說法亦不是想求規矩者所能滿
意。此學者所說，若在朱子聽之，必有可商量處。而在象山，則全
抹去。若此學者已有相當造詣（不是知識上的），聞之，當有轉
機。否則，必被壓死，成了悶葫蘆。象山之點撥，當然很像禪宗的
辦法。禪宗的棒喝是從混沌中求秩序，以無規矩爲規矩，斷掉一切
葛籐，直從無出路中證大覺。然凡施用此種方法，必是接受此種方
法者已有相當蘊蓄鬱積而不得解時，方可用。不是一開頭就可用
也。依此必須有教有論，即可資循持以踐履之內在義路。此種內聖
的踐履，若說眞有義路乎？則無此要求無此感受的人，亦無辦法可
以使之入。若說眞無義路乎？則有此要求有此感受的，予以義路可
循持，有大助益。象山的義路（規矩）是禪宗的辦法。然此尚不
足。教論上可資循持以踐履的內在義路，象山並未開出。朱子所開
的是道問學的外在的義路，一般人可循持，易把握。然與內聖的踐
履不相應。此是「爲學」的義路，不是「爲道」的義路。

　　「爲道」的內在義路，由陽明開之。所謂「致良知教」也。爲
道的內在義路亦可說爲「心性之學」。此學之相應地開啓發展與完
成乃在陸王一系，殿軍是劉蕺山。朱子之外在的義路與內聖的踐履
不相應，亦如西方中世紀聖多瑪之神學，與耶穌的精神不相應。

（然他們卻都被認爲是正宗。這正宗是傳統的、文敎的，不是義理的。當然他們都有大功無疑。然基督敎至今無眞正的內在義路，因無心性之學故也。）

爲道的內在義路須直就天心仁體之在主觀踐履中如何內在地實現而開出。是以爲道的內在義路是主觀實踐上的義路。客觀實踐的內在義路是就天心仁體之在客觀實踐中如何外在地、客觀地實現而開出，此是歷史哲學、政治哲學事。

內聖之踐履是一無限過程，天心仁體之在主觀踐履中實現是艱難重重，猶如在屯蒙中冒出一樣。此主觀踐履中之艱難（障蔽）有是外部的，有是內部的。外部的，如人之存在之偶然性、無家性、有限性、周圍世界之敵對性，如今時存在主義者之所說。內部的，如私意之執著、僵滯、隨時限定其自己、拖陷其自己，而落於種種感覺欲望中，如聲色貨利，所謂貪嗔癡，以及名位權力等。即使從外部的艱難中反上來而歸依於天心仁體上，此天心仁體之實現亦不是一帆風順的。最後障蔽自己爲自己之最大敵人的乃是自己，私意之自己，執著之自己，限定並拖陷我的那自己。「爲道」的內在義路即就此天心仁體如何在主觀踐履中衝破此內部的障蔽而開出，故云此即「心性之學」也。（佛家的《成唯識論》即佛敎徒的主觀實踐之內在義路。）

陽明開此內在義路，所謂致良知敎，則在以下四句：

　　無善無惡心之體。有善有惡意之動。
　　知善知惡是良知。爲善去惡是格物。

孔子點示天心仁體不是抽象地離地只陳述一潛隱自存之體而已,而是自表現、充分實現,或踐仁,成為「仁者」上說仁。這根本是具體地盈地說仁。此可由「顏淵三月不違仁」而見,由不輕許人以仁而見。即孟子也要講盡心盡性,擴而充之:充惻隱之心,仁不可勝用;充羞惡之心,義不可勝用。象山亦說:「但充此心而已」。但要開示此德性踐履之內在義路,則不能不有分解。因此就天心仁體之踐履的實現,先開示為心、意、知、物四面。如是,先抽象地離地只陳述一潛隱自存之體:無善無惡心之體。此言無善無惡即是潛隱地純粹至善,未經過分化彰著而重歸於充分實現的那本源的原始的絕對:無善相亦無惡相。然這不是說其內在的本質亦如自然現象之是其所是,為中性的無記。因為它是德性之體、價值之源,而不是自然之「事」也。故雖無善相,無惡相,然其本性乃純粹至善,即「理之靜」之絕對。(陽明亦說「無善無惡理之靜,有善有惡氣之動。」)這只是暫時抽象地所顯之一義。與告子無分於善惡之「生之謂性」之自然主義既不同,因其外仁義也,復與老子玄同之道,佛家之真如涅槃,亦不同,因其不能將仁義內在於心性,將價值植根於心性,而只硬化而為外在的事或相,故視之皆為人為的虛妄分別也。世人不察,遂見之而駭然矣。寧有精誠惻怛之天心仁體而可無善乎,而可無辨於善惡乎?

陽明以心之所發為意,此即普通所謂發心動念也。陽明順承此普通之說法而說「意」。故亦可云「意念」。後來劉蕺山看清此點,嚴分意念。而在陽明則不分。故陽明之「意」實可定為「念」也。意念不分而實為念,則意落於經驗界而為「經驗的」(後天的),故「有善有惡意之動」:順軀殼起念即為惡,不順軀殼起念

即爲善。故心之發動而爲意念常是牽連於軀殼（形而下的氣質欲望）而分化：惡是陷落於軀殼中之念，善是躍起而如心體之性之念。然意之動而有善惡與「動於意」不同。依陽明，「動於意」，則無論善念惡念皆成爲惡。此又爲深一層之障。意之動是直接的，可說是第一序上的意，而「動於意」則是間接的，可說是第二序上的意：順第一序的意而又返回來多了一點念。此念純粹是私，清一色地、同質地歧出而全爲私，故動於意後，無論善念惡念，一齊皆壞。陽明亦說：「無善無惡理之靜，有善有惡氣之動。」此「氣之動」與「意之動」同。而「氣之動」亦與「動於氣」不同。「動於氣」，一齊皆壞。與「動於意」同。

　　落於經驗界而有善惡之念，此正是工夫插足的地方。這工夫決不能從外面說，如朱子所開出者。朱子當然亦能察識到念之善惡，然他除靜時之涵養心體外，一切著實的工夫皆在外面繞，此即所謂委散的尊德性，尊德性之外在化。此爲以經驗的工夫對治經驗上之善惡念。此將成一無盡的糾纏。故工夫決不能從外面繞，而須直下從內部開，以先天的工夫對治經驗上的善惡念。先天的工夫不與意念同落在經驗層次上，而是超越而駕臨乎經驗以上。惟超越而駕臨乎經驗以上之工夫始能對治或消化經驗層次上的病。此是如理而不歧出的工夫，很說得通的。此將如何而可能？陽明曰：「致良知」。

　　「知善知惡是良知」，此語即示良知超越而駕臨乎經驗的善惡念以上。良知之知此善惡，不是認識的心只以善惡爲對象而知之就算完事。若如此，則良知之知與客觀的、經驗的善惡爲認知關係之對立，爲對於一既成事實之認識關係。如是，則良知的超越性即失

去。縱然認知之心之認識客觀對象，在某義亦可說所知之對象即在
認知之心之智光的照射下，因而亦可說此智光即越乎所知之對象之
上。然此「越」是認知關係的越，而不能主宰而轉化之。而良知之
知善惡，其超越而駕臨乎經驗的善惡念之上，是形而上地、道體地
超越，因而是主宰地、貫徹地、轉化地、創造地超越。惟因是此種
超越，故良知之知之，始能超化而治之，因而始能由之而開出一
「先天之工夫」。良知是通透於天心仁體之全蘊的「既虛亦實」之
本質。（此即陽明所說：「知是心之本體」一話之切義。）「虛」
是說其「虛靈明覺」，單彰「智用」（亦即「智性」）；「實」是
說其精誠惻怛，仁義禮智一齊俱彰。陽明說：「良知只是個精誠惻
怛的心」。又說：「良知只是個是非之心。是非只是個好惡。只好
惡就盡了是非，只是非就盡了萬事萬變。」在孟子，「是非之心智
也，羞惡（即好惡）之心義也。」此是並列分講。而在陽明，則是
非好惡縮於一以見良知之用。精誠惻怛則表示仁亦在良知之用中。
推之，辭讓之心之禮亦不能外此良知之用。是以在孟子並列分講之
仁義禮智，在此俱縮於「良知之用」而一起彰著。雖在孟子四端並
列，而因俱是心之具體妙用，則固可通而一之也。陽明即就此「俱
是心之具體妙用」而即通而一之於「良知」。也可以說，將孟子並
列中之「智」冒上來轉化而為良知以通徹於心德之全部。是故「良
知」既虛亦實，而由此既虛亦實之「良知之用」中以見心德之全。
因而亦見「良知之天理」一語之必然成立。既虛亦實之「良知之
用」超越而駕臨乎經驗的善惡念之上，意念有善惡，而駕臨其上之
「良知之用」卻是一純粹而絕對之準則，並無對待相，它是一永不
可分裂之「純一」，準則性的「純一」。是以它是無對之至善。由

既虛亦實之「良知之用」之超越性、至善性,還而彰著並保住心體之超越性、涵蓋性、主宰性,乃至純粹至善無對性。是以既虛亦實之「良知之用」兩頭通:一方保住並彰著心體之絕對至善性,且是了解「心之所以為心」之訣竅;一方超越而駕臨乎經驗的善惡念以上,對治而轉化之,因而亦是開「先天的工夫」之訣竅。若用康德的術語說,則前者是對於「良知之用」之「形上的說明」(metaphysical exposition),而後者則是它的「超越的說明」(transcendental exposition)。

　　是故「知善知惡是良知」一句最關重要,它是「致良知」這「先天的工夫」所由立之關鍵。致良知就是把駕臨乎經驗的善惡念以上之良知之「知」擴充出來而使意念只有善而無惡,即,使意念永是相應心體本性而發,而惡念則在良知之致中消化於無形。如是,意念雖是心之發動而在經驗中,而有「良知之天理」以徹之,即精誠惻怛,是「是」而存是,非「非」而去非,好「善」而行善,惡「惡」而去惡之「良知之用」以徹之,則經驗之流亦無不是天理流行矣,此之謂「誠意」。意念一誠,則天心仁體亦全具體化而充分彰顯矣,成為充實飽滿之實現:在良知之用與經驗的意念之純化中而實現,此之謂「正心」。而「意之所在為物」,是則「物」即意念之「內容」。如是,意念一誠,則其內容(物)自格。格者正也,成也,(依陽明之訓)。物之正或成,即意念內容之在良知天理中而為表現善之特殊具體事也。故陽明云「致吾心良知之天理於事事物物,則事事物物皆得其理矣。」(此即致知格物之訓)。此亦即「為善去惡是格物」一句之所示。為善去惡即是在致良知中純化經驗中之意念以及意念內容:自純化「意念」言,為

誠意，自純化「意念內容」言，為格物，故可總統於「為善去惡」
也。是以正心，誠意，格物，皆在「致良知」之先天工夫中而為一
體無間之完成。此一體無間之完成即是天心仁體之「充實飽滿的實
現」。至此，無限而絕對之真我亦呈露。

　　以上是陽明四句教法之綜釋。此即是內聖之踐履（主觀的實
踐）中內在義路之開示，先天的工夫之開示。

　　當然要作此工夫必須具備兩個條件：一、有必為聖賢之志，即
立志希望。此如基督徒之「效法基督」（ imitatio Christi,
following of Christ ）。契爾克伽德說：「我不敢自居為基督徒，我
只想如何成為基督徒。」此「成為基督徒」之「成為」過程是一無
限的過程。如何成聖的過程亦是一無限的過程。契氏說宗教即是
「以無限的熱情欣趣於個人的永恆之福〔即道福〕」。吾人可藉此
以說必為聖賢之志，即：「有欣趣於個人的永恆之福之無限的熱
情」。有此無限熱情（亦可說是精誠惻怛之心志），則此「先天的
工夫」之開示即提供一如何成聖之「內在義路」。若無此心志，則
此「內在義路」亦用不上。二、有相當的開悟接受此「先天的工
夫」，即對於天心仁體之「良知之用」須有相當的體悟與信得及，
方能用此工夫。故陽明曰：「乃若致知，則存乎心悟。」否則總無
頭腦處，轉來轉去總落在「外在的工夫」上。如是則只能走朱子所
開示的路。有必為大人之志，有四無傍依而獨見天心之悟，如是則
庶幾其可以踐道而希聖矣。

　　此「致良知教」尚有兩點特徵須認識：一、良知是通透於天心
仁體之全蘊的「既虛亦實」之本質，而其「虛」之義卻最為特殊而
彰顯，亦最易進入人之心目中。吾人縱能不忘其「實」之義，即

「良知之天理」，然良知畢竟是「既虛亦實」之圓德，而特顯具體而活潑之「作用」或「妙用」義。此實最美最俊逸之理境。一旦良知全體披露，則一切皆在良知之妙用中而朗現無遺，統全宇宙皆透明而朗潤。故「致良知教」可曰「顯教」。（佛教中有顯教、密教之分，吾今借用此兩詞，義不必同彼。）此則全體敞開者，而令人有淺露之感。蓋「作用」是具體的化境，化而無涯岸而全體朗現，則幽深玄遠之深度亦不顯矣。實無所謂淺，乃化而不見其深，遂覺有淺露之感矣。如觀汪洋大海，爲其無限之呈現所沖淡，亦不覺其深矣。致良知教亦復如此。爲其全體朗現所沖淡而不覺其深度。其深度全在致良知工夫之爲無限的過程上。若不踏實作「致」的工夫，由肫肫其仁而至淵淵其淵，浩浩其天，而只在那「作用」之妙理上馳騁其妙悟，或對此朗現妙理或化境說得太多，則「顯教」眞成淺露矣。關於此全體朗現之妙理之妙悟，王龍溪與羅近溪皆已透澈無餘蘊，而羅近溪尤爲圓融無偏差（觀其《盱壇直詮》可知）。實已達美妙精微之境。然皆令人似有淺露之感。故走顯教之路者，必須作踏實「致」的工夫以歸於密。不要只說一個虛靈圓潤的露水珠。（二溪皆令人有只說虛靈圓潤的露水珠之感。在圓潤上，龍溪不及近溪。）「尊德性而道問學，致廣大而盡精微，極高明而道中庸。」「博厚配地，高明配天，悠久無疆。」依此標準以充實自己，方可無憾於顯教。孔子當然是顯教。如是在作工夫中當常效法孔子，以孔子取證。孟子、陸王似皆有不足處。二溪皆極美妙圓潤，此點實超過陸王。然不免於小。（橫渠、二程、朱子皆有其「大」處。此無別論。）

二、良知既是「既虛亦實」之圓德而特顯「作用」義，作用必

具體。若於此虛此實不能真切體悟而作踏實「致」的工夫，只於「作用」處、「具體」處著眼，則作用可以走失，具體可以混雜。如是「猖狂者參之以情識，而一是皆良；超潔者蕩之以玄虛，而夷良於賊。」如首段所述。其弊不可勝言矣。蕩之以玄虛，如王龍溪。參之以情識，如顏山農一派。此皆由「作用」與「具體」之走失而至者。（由「蕩之以玄虛」亦可引至「遊之以光景」，如王東崖。）

第一點是顯露，第二點是蕩肆。對治此病，則劉蕺山之「誠意之學」尚矣。

在講「誠意之學」以前，先就蕩肆而言「相似法流」，次再就龍溪、近溪之妙悟而言顯露。

五、蕩肆與光景：相似法流

無論程朱陸王，在踐履工夫上，皆最忌玩弄光景，簸弄精神（亦曰簸弄精魂），與氣魄承當。而在陸王一系，此三病尤為易顯。故自陸王以後，犯此者眾，而覺此亦嚴。真偽疑似之際，不可不辨。蓋陸王講學，脫落習染，直悟心體，以立其大。簡易是其主徵。但簡易是就透悟心體以立大本而言。中有存主，心體流行，直而無曲，自是至簡至易。故〈繫辭傳〉云：「乾以易知，坤以簡能。〔……〕易簡而天下之理得矣。」又曰：「易簡之善配至德。」又曰：「夫乾，確然示人易矣。夫坤，隤然示人簡矣。」但一方又說：「夫乾，天下之至健也，德行恆易以知險。夫坤，天下之至順也，德行恆簡以知阻。」朱子注云：「至健則所行無難，故

易。至順則所行不煩，故簡。然其於事皆有以知其難，而不敢易以
處之也。是以其有憂患，則健者如自高臨下而知其險，順者如自下
趨上而知其阻。蓋雖易而能知險，則不陷於險矣。既簡而又知阻，
則不困於阻矣。所以能危能懼，而無易者之傾也。」知險知阻，則
簡易之體即須涉及無窮複雜之事而表現，而人之踐履工夫亦成為
「必有事焉」之無限過程。簡易之體在險阻中克服險阻而表現，如
是，簡易之體既落實而不蹈空，亦充實而不貧乏。在「必有事焉」
之落實而充實之踐履過程中，無光景可玩，一是皆為踐履中之實
理，無精神可弄，一切皆內斂而為積極構造之實體（成實事之實
體），而凡有承當，皆知有憂患，體之以誠敬悱惻之心，義理貞定
以赴之，而非氣機鼓蕩以當之。故為義理承當，而非氣魄承當。

　　但透悟簡易心體，而不能知險知阻，正視險阻，在「必有事
焉」中而落實，則因心體之簡易而將「事」亦簡易，馴至將下半截
全部放棄或荒廢而不關心，則心體吊掛，形同隔絕。如是，則三病
成焉。蓋儻來一悟，心體吊掛，簡易誠簡易矣，然既吊掛，則天心
仁體即失其為主而轉為客。其轉為客，是因儻來一悟之「智光」悟
及之而不能當下融於自己之中以為主，在必有事焉中磨練以成事，
以平實而充實其自己。如是悟及之，即將其投射於外而為一客體。
然天心仁體永遠是踐履中之實理實體，永遠是位居主體而在生活中
呈現表現。是以其為吊掛之客體只是因智光之悟及而將其橫撐豎
架，投射於外而為影子。此影子即為「光景」。此是將天心仁體離
其主位投射於外，所成之虛映。故曰「光景」。故凡智及而不能仁
守，則智之所及皆是光景。智光悟及於天心仁體本身，而不能當下
將此天心仁體融於踐履中而為主，以成其為天心仁體，則天心仁體

即失其守，吊掛而爲光景。對此光景，說玄說妙，擬議猜卜，歌頌贊嘆，皆是玩弄光景。一切精釆皆成張皇，此便是出花樣。故曰播弄精魂。此是將自己一點靈根投出去而爲播弄之對象，此即所謂播弄精魂也。天心仁體乃自家一點靈根，此不能投出去而爲播弄之對象，而只應當下內歛而爲成事之實體，如是則不爲所播弄之精魂，而爲在踐履中呈現之實理矣。玩弄光景，播弄精魂，則智光之明成爲浮明，隨著影子之投射於外而遊離飄浮於上層，而沈澱在下面者只是情識流轉，氣機鼓蕩。當其儻悟心體，一方固簡易，一方亦洒脫。然天心仁體旣投射於外而爲光景，不能內在於踐履中爲主以成事，則其洒脫即是虛脫。虛脫了一切，則簡易之體之光景與情識流轉，氣機鼓蕩，相緣平流而爲蕩肆，且不復知其爲蕩肆而自認爲是「天」矣，是天心仁體之自然流行矣。如是直情逕行誤爲直道而行。此即劉蕺山所謂「猖狂者參之以情識，而一是皆良」也。天心仁體旣成爲光景，智光之明成爲浮明，則生命即全成爲氣機之鼓蕩。在此情形下，凡有承當，皆是氣魄承當。憑其簡易之體之光景而一口氣承當下來，然一口氣上不來，亦當眞承不下來。故凡氣魄承當，皆是氣機之鼓蕩，所謂矜氣、客氣、虛驕之氣，及其氣洩，則呆若木雞。凡承當：或當仁或當事。無論當仁、當事，皆必須拆穿光景，使天心仁體歸位，而爲義理之承當。故簡易未易言也，承當亦未易言也。當陸象山說：「吾於踐履，未能純一。然纔自警策，便與天地相似。」人若忽視其踐履求純一之工夫，而只看其一念間便與天地相似，只看其「我註六經，六經註我」，認爲一下子便一了百了，便一切承當了過來，便一切皆圓滿具足，更無餘事，則未有不落於玩弄光景，播弄精魂，氣魄承當者。因而象山那些話

頭都可以只轉爲一些大話頭。故朱子每見此攢眉,總說:「若某則卻不敢如此說」。此足見陸王一系易顯此三病也。故眞僞疑似之際不可不辨。吾以下以陽明之言爲例以明之。

陽明曰:「某於此良知之說,從百死千難中得來,不得已與人一口說盡。只恐學者得之容易,把作一種光景玩弄,不實落用功,負此知耳。」時陽明年五十,居南昌,正式提出「致良知」時所說。陽明於百死千難中得來,故其說良知既平實而又充實,是即其總不離生活踐履,於艱苦奮鬥中,悟良知,呈現良知,以作生命之主宰。而與人一口說盡,人若得之容易,亦只把捉一個良知,不直下融於生命中,實落用工,則成玩弄光景。陽明已預見之,故正式提揭致良知之時,即作此警告。

又陽明在三十一歲時,行導引術,能先知。衆驚異,以爲得道。而陽明忽悟曰:「此簸弄精神,非道也。」此是從道家導引工夫以明簸弄精神之意。即在佛道二家,本其宗旨,其主要目的與眞實工夫,亦不以神通爲重。在靜坐中,浮現靈光以先知是可能者,然此亦是投射自家之靈根以逞精采,此豈可爲道?在儒家只說「天命之謂性,率性之謂道」。「道也者不可須臾離也」。是要在盡性踐形中以見道,是則當下拆穿光景,攝歸精神於倫物中以爲實體。不是投出去以求先知也。

吾人說,玩弄光景,播弄精魂,皆是天心仁體之投射於外。此時智光之明亦成浮明,而沈澱在下者則爲情識之流轉、氣機之鼓蕩。若於此而說自然、快樂、活潑,則便成猖狂蕩肆,而且覺與敬畏戒懼爲對立。此則便是相似法流。關此,陽明亦鑒及之。〈陽明年譜〉載其五十三歲時在越,八月宴門人於天泉橋:

中秋，月白如畫。先生命侍者設席於碧霞池上。門人在侍者
百餘人。酒半酣，歌聲漸動。久之，或投壺聚算，或擊鼓，
或泛舟。先生見諸生興劇，退而作詩。有鏗然舍瑟春風裡，
點也雖狂得我情之句。明日，諸生入謝。先生曰：昔者，孔
子在陳，思魯之狂士。世之學者，沒溺於富貴聲利之場，如
拘如囚，而莫之省脫。及聞孔子之教，始知一切俗緣，皆非
性體。乃豁然脫落。但見得此意，不加實踐以入於精微，則
漸有輕滅世故，闊略倫物之病。雖比世之庸庸瑣瑣者不同，
其為未得於道一也。故孔子在陳思歸以裁之，使入於道耳。
諸君講學，但患未得此意，今幸見此，正好精詣力造，以求
至於道。無以一見自足而終止於狂也。

詳此所云，若以一見自足而終止於狂，則其所見是光景，其脫落是
蕩肆。此即流於「相似」而非真道也。

在同年月又載：

是月，舒栢有敬畏累洒落之問。〔……〕先生曰：君子之所
謂敬畏者，非恐懼憂患之謂也。戒慎不睹，恐懼不聞之謂
耳。君子之所謂洒落者，非曠蕩放逸之謂也，乃其心體不累
於欲，無入而不自得之謂耳。夫心之本體即天理也。天理之
昭明靈覺，所謂良知也。君子戒懼之功，無時或間，則天理
常存，而其昭明靈覺之本體，自無所昏蔽，自無所牽擾，自
無所歉餒愧怍。動容周旋而中體，從心所欲而不踰。斯乃所
謂真洒落矣。是洒落生於天理之常存。天理常存生於戒慎恐

懼之無間。孰謂敬畏之心反爲洒落累耶？

是則敬畏與洒落因戒懼無間，天理常存，而得統一。洒落植根於天理，非植根於情識。而天理常存，不爲光景，則因戒懼無間之無限工夫過程而始然。此則爲眞踐道，而非相似法流也。陽明於百死千難中悟得良知，故其踐道盡性，一歸於精誠惻怛之實。「彼其充實不可以已。其於本也，閎大而闢，深弘而肆，其於宗也，可謂調適而上遂矣。」自能洞察病微，不落光景。然其後學，無此艱苦，無此功力，則即易落於光景，流於蕩肆。此即泰州、龍溪所生之弊也。

龍溪喜講良知靈明之一體平鋪，而忽視天理。其所造詣雖有至精至妙之勝義，而流弊亦不可掩。此將於下章論之。泰州學派以自然快樂活潑爲主，而不免落於情識混雜。自然快樂活潑本是造道之極致，而在儒家學問中，亦本有特喜言此者。而且淵源流長，可自曾點說起。故朱子說：「曾點不可學」。而陽明亦於賦「點也雖狂得我情」之句後，戒諸生「無以一見自足而終止於狂」。此一流，在儒家學問中，若藉佛家名詞說，便名曰「相似法流」。其所嚮往是一最高境界。孔子亦說「成於樂」。人到能自然、快樂、活潑，當然是大成化境。然此談何容易。孔子說「成於樂」，必先之以「立於禮」。故此不可隨便輕道。否則，落於情識而不自知。此種蕩肆是聰明人、高明人之病。似之而非，故曰相似法流。（佛家說相似，亦有邏輯中謬誤義。）此尙是就儒學內部講。於此根本接不上者，外轉而爲陳同甫、戴東原，再外轉而爲蘇東坡、袁中郎、袁子才，所謂「率吾性即道也，任吾情即性也。」其所說率性即道，

亦不是《中庸》之義,直是任情而已。

　　以下試就黃梨洲論泰州學派與陳白沙各段文字以明光景與蕩肆
之意義。

> 陽明先生之學,有泰州龍溪而風行天下,亦因泰州龍溪而漸
> 失其傳。泰州龍溪時時不滿其師說,並啓瞿曇之秘而歸之
> 師。蓋躋陽明而爲禪矣。然龍溪之後,力量無過於龍溪者,
> 又得江右爲之救正,故不至十分決裂。泰州之後,其人多能
> 赤手以搏龍蛇。傳至顏山農何心隱一派,遂復非名教之所能
> 羈絡矣。顧端文曰:「心隱輩坐在利欲膠漆盆中,所以能鼓
> 動得人。只緣他一種聰明,亦自有不可到處。」義以爲非其
> 聰明,正其學術之所謂祖師禪者,以作用見性。諸公掀翻天
> 地,前不見有古人,後不見有來者。釋氏一棒一喝,當機橫
> 行,放下柱杖,便如愚人一般。諸公亦身擔當,無有放下時
> 節,故其害如是。(《明儒學案‧泰州學案》)

案:此即自然、快樂、活潑、洒脫之流入「情識而肆」者。此是一
種浪漫精神,而沒有反上來。故由洒脫浪漫而至氾濫而肆也。顏山
農、何心隱一派,如趙大洲、鄧豁渠、程學顏、錢同文、管志道,
言學則鳩雜儒佛,而生活則復帶有游俠縱橫之習。自其鳩雜儒佛
言,並不能眞對儒佛負責,亦並不能眞對學以成德,以潤自家之生
命負責,而只是在直接之反應中,憑其縱橫之聰明,以作直接之受
用。祖師禪之作用見性,在直接反應之直接受用中,只是情識縱
橫,氣機鼓蕩。而儒佛之敎言亦只成助長情識之風光。自其帶有游

俠縱橫之習言，此等人皆有原始之血性與豪氣，亦皆有不羈之才情。若在英雄人物，此種血性、豪氣，與才情，正是行動之動力，正可因之而作出一番事業來。然在當時之政治社會下，彼等究亦未作出事業來。抑其本質究亦非事業才。故其血性、豪氣，與才情，只成得一狂禪。而在成德之學問中，狂禪之一切風光與門面皆只是相似法流也。

泰州派開山祖王艮，號心齋，其本人即張皇奇特。當其見陽明時，三晤而始折。其承接陽明之良知而所自得者，則在簡易直截，直悟本體。自然、快樂、當下即是。不容擬議，不容湊泊。揚眉瞬目之間，醒活人不少。故曰：「心有所向便是欲，有所見便是妄。既無所向，又無所見，便是無極而太極。良知一點，事事分明，不用安排思索。」打掉一切欲向之歧出而當下呈現，便是自然快樂。故彼有〈樂學歌〉云：「人心本自樂，自將私欲縛。私欲一萌時，良知還自覺。一覺便消除，人心依舊樂。樂是樂此學，學是學此樂。不樂不是學，不學不是樂。樂便然後學，學便然後樂。樂是學，學是樂。嗚乎，天下之樂何如此學，天下之學何如此樂。」此皆表示最高最圓最平最實之境界。然此談何容易，亦不可作直接的平面觀。其仲子王東崖（襞）即承此家風而逞妙悟。黃梨洲論王東崖曰：

先生之學，以不犯手為妙。鳥啼花落，山峙川流，飢食渴飲夏葛冬裘，至道無餘蘊矣。充拓得開，則天地變化草木蕃，充拓不去，則天地閉，賢人隱。今人纔提學字，便起幾層意思。將議論講說之間，規矩戒嚴之際，工焉而心日勞，勤焉

而動日拙。忍欲希名而誇好善，持念藏穢而謂改過。心神震動，血氣靡寧。不知原無一物，原自見成。但不礙其流行之體，眞樂自見。學者所以全其樂也。不樂則非學矣。此雖本於心齋樂學之歌，而龍溪之授受，亦不可誣也。〔因陽明曾令東崖師事龍溪與緒山〕。白沙云：「色色信他本來，何用爾脚勞手攘？舞雩三三兩兩，正在勿忘勿助之間。曾點些兒活計，被孟子打倂出來，便都是鳶飛魚躍。若無孟子工夫，驟而語之以曾點見趣，一似說夢。」蓋自夫子川上一嘆，已將天理流行之體，一口倂出。曾點見之而爲暮春，康節見之而爲元會運世。故言學不至於樂，不可謂之學。至明而爲白沙之藤蓑，心齋父子之提唱，是皆有味乎其言之。然而此處最難理會。稍差，便入狂蕩一路。所以朱子言曾點不可學。明道說：康節豪傑之士，根本不貼地。白沙亦有說夢之戒。細詳先生之學，未免猶在光景作活計也。（《明儒學案·泰州學案一》）

案：於穆不已，天心仁體之流行，自是「如是如是」，決不容橫撑豎架，亂動手脚。故東崖所說，亦實有斯境，實有斯理。如其所說而觀之，並無不是處。然凡講此，並不可只是正面說此境，說此理。此於穆之體是踐履之體，亦是要在踐履中作如是如是之呈現。而說到踐履，若照顧到人生之艱難面，正視生命中之非理性、反理性面，罪惡如其爲罪惡而正視之，則頓覺有一無限的工夫過程在內，而此體之呈現亦必在無限的工夫過程中呈現。其呈現也，自是如是如是，自是自然活潑，洒脫一切擬議安排而貼體落實。其本身

只是要呈現，自不容犯手腳，自是現現成成。然在工夫過程中則不能無艱難。即此，便不能不「起幾層意思」。「但不礙其流行之體，真樂自見」。此是不錯，但不是輕鬆地只說一個「不礙」即得。它隨時呈現，而吾人亦隨時自然快樂，然是在無限踐履過程中呈現，在無限踐履過程中快樂。如是，其呈現不是直接的、平面的，而吾人之自然快樂不是直接的、平面的。而是在踐履過程之縱貫中呈現與快樂，所以是立體的，是充實而又平實的。若忽略此踐履過程之縱貫，而只是正面說此境，說此理，只就此流行之體本身說不犯手，則便是玩弄光景，亦是對此境、此理與此體作直接的平面觀，而軟疲下來，癱瘓下來，因而其自然快樂亦是情識的、氣機的。當然吾人不能說東崖無工夫，然其到什麼程度，真能正視艱難否，則難說。故梨洲謂其「未免猶在光景作活計也」。白沙雖有「說夢之戒」，然白沙亦喜妙說此境。故梨洲復論白沙云：

> 愚案：前輩之論先生備矣。今請再訂之。學術疑似之際，先生學宗自然，而要歸於自得。自得，故資深逢源，與鳶魚同一活潑，而還以握造化之樞機。可謂獨開門戶，超然不凡。至問所謂得，則曰靜中養出端倪。向求之典策，累年無所得，而一朝以靜坐得之，似與古人之言自得異。孟子曰：「君子深造之以道，欲其自得之也。」不聞其以自然得也。靜坐一機，無乃淺嘗而捷取之乎？自然而得者，不思而得，不勉而中，從容中道，聖人也。不聞其以靜坐得也。先生蓋亦得其所得而已矣。道本自然，人不可以智力與。才欲自然，便不自然。故曰：會得的，活潑潑地，不會得的，只是

> 弄精魂。靜中養出端倪，不知果是何物？端倪云者，心可得
> 而擬，口不可得而言。畢竟不離精魂者近是。今考先生證學
> 諸語，大都說一段自然工夫高妙處不容湊泊。終是精魂作弄
> 處。蓋先生識趣近濂溪，而窮理不逮；學術類康節，而受用
> 太早。質之聖門，難免欲速見小之病者矣。似禪非禪，不必
> 論矣。（《明儒學案·卷首·師說》）

梨洲斷白沙不離精魂，謂其「欲速見小」亦是確當。靜坐一機可以
促成儻來一悟。此一悟不可少，因此是「逆覺」一關。逆覺之悟不
必靜坐，機緣甚多，即其形態或方式甚多，但必須是「靜」，故周
濂溪謂「主靜而立人極」。若謂動靜時也，則甚至連「靜」也不必
說。原則只是「逆覺」。吾人即以「逆覺」來規定靜。使靜不作
「時」看，而作「忘緣反照」看，即灑脫（抽掉）一切緣慮而回歸
於仁體之自己。（此常在靜時。若原則地以逆覺為主，則無論動
靜，隨時皆可逆覺。）此即所謂「靜中養出端倪」。此逆覺以悟
體，亦是一長串的大工夫。然亦可是儻來一悟。剋就悟本身說，無
論有長串的工夫在前，或只是儻來一悟而無長串的工夫，皆只是一
下子。即此說「頓」，於長串的工夫說「漸」。是則頓漸之對立
泯。但若無長串的工夫之漸在其前，而只是儻來一悟，則其悟體立
人極是不穩的。問題不在頓，而在此儻來一悟之「無真積」在其
前。無真積在其前，則其靜是「淺嘗而捷取」。此固不足恃。然縱
使有真積在其前，此真積過程亦是後返的，是逆覺以悟體上的。後
返所悟之「體」是抽象的，是緣慮淨盡的一個純粹的抽象普遍性。
此時之灑脫自然，亦是抽象的。若只停於此「抽象的」，就「體」

說，就難免有光景精魂之譏，就自然快樂之心境說，亦是因灑脫而來之鬆一口氣，是消極的，而自己之生命亦尚是停滯在情識之靜止狀態中、無干擾狀態中。因爲那純粹的抽象普遍性，逆覺所悟之體，尚在吊掛中（故可說光景，說精魂），尚未貫注於生命中起積極的作用。若一方是吊掛之普遍性（光景），一方是無干擾之情識，而只在灑脫緣慮上，說自然、說快樂，復進而藉那吊掛之普遍性之一無牽掛，認爲此即是妙道而積極地氾濫無戒懼，以爲如此是自然，是灑脫，則靜止無干擾之情識即進而興風作浪，轉而爲氣機之鼓蕩，成爲「情識之肆」。此即爲相似法流。梨洲謂東崖、白沙在光景中作活計，終是精魂作弄處，吾意終因他們在此等處未透徹，始如此。即只停在逆覺之抽象階段中而說玄說妙。此只是一關，一步驟。故云「受用太早」，「欲速見小」也。

　　然天心仁體、逆覺所悟之體，本是具體的，本是要在生活中「呈現」的（呈現一詞吃緊），它不能永吊掛在那裡。所以它要在踐履中進入生命而爲主，而恢復其爲具體。如是，它要在生命中起積極的作用，正視那情識氣機之非理性、反理性，一見爲罪業，即如其爲罪業而正視之，從根上而轉化之，以恢復此體之道德理性上的作用而成爲天理流行、於穆不已之再體現。（此義友人唐君毅先生雅言之而深切著明。）如是，則天心仁體既落實又充實，而在此而言之自然快樂由天理流行而見者，方是眞實的、具體的、立體的自然快樂。所謂不思而得，不勉而中，從容中道，聖人也。天心仁體之由其逆覺之抽象的再進入生命中而爲具體的呈現，此又是一長串的工夫過程、踐履過程。此與逆覺之長串過程共爲兩來往，無一可少。此分析言之，爲顯然有別之兩過程，而在實際踐履中，常混

融於一起。此即「必有事焉」一語之兩頭用，「君子深造之以道」一語之兩頭用：一方逆覺作抽象的呈現，一方順成作具體的呈現。惟如此方不落於光景、精魂，與氣魄，亦可免於「情識而肆」也。

只要明白上述之兩過程（逆覺與順成），則龍溪與江右（羅念庵、聶雙江、王塘南等）之爭執，便可得而判。這個爭執，不是理上的事，乃是「事」上（工夫形態成勁力）的事。從理上說，一句也夠，多句也可，亦都是對的，即王東崖與陳白沙之所說，如其所說而平觀之，亦都是對的。但是從「事」上說，則有備與不備，有偏與不偏，有弊與不弊。但都總說著了一點。補偏救弊，乃見其全。工夫之全亦即工夫之理之全。吾前言剋就「悟」本身說，都是一下子，即此說「頓」。大體龍溪喜只就此頓，直下承當。頓前之真積、逆覺之長串過程，則不多注意；而在直下承當中，逆覺順成一起呈現，亦未免稍嫌輕易。體上本無事，本現成，而此則在事上，亦真成無事閒道人矣。江右則注重悟前之真積，由真積以入悟，此即其所謂「主靜歸寂」也。亦屬逆覺過程中。寂而後通感，則由逆覺轉順成。在江右，此兩過程界線稍分明。以下試疏導而說明之。

中篇

王龍溪之頓教：先天之學

一、陽明學宗要簡述

　　王龍溪爲陽明鄉中之直接大弟子，且獨得陽明晚年密傳。茲先看梨洲之述陽明曰：

> 先生憫宋儒之後，學者以知識爲知，謂人心之所有者，不過明覺，而理爲天地萬物之所公共。故必窮盡天地萬物之理，然後吾心之明覺，與之渾合而無間。說是無內外，其實全靠外來聞見以填補其靈明者也。先生以聖人之學，心學也。心即理也。故於致知格物之訓，不得不言致吾心之天理於事事物物。以知識爲知，則輕浮而不實。故必以力行爲工夫。良知感應神速，無有等待。本心之明即知，不欺本心之明即行也。不得不言，知行合一。此其立言之大旨，不出於是。而或者以釋氏本心之說，頗近於心學。不知儒釋界限，只一理字。釋氏於天地萬物理，一切置之度外，更不復講，而止守此明覺。世儒則不恃此明覺，而求理於天地萬物之間，所

> 謂絕異。然其歸理於天地萬物，歸明覺於吾心，則一也。向
> 外尋理，終是無源之水、無根之木。縱使合得本體上，已費
> 轉手。故沿門乞火，與合眼見暗，相去不遠。點出心之所以
> 爲心，不在明覺，而在天理，金鏡已墜而復收，遂使儒釋疆
> 界，渺若山河。此有目者所睹也。（《明儒學案‧姚江學案》）

梨洲此段扼要之述，甚是中肯。世儒向外尋理，是沿門乞火；釋氏
只守明覺，是合眼見暗。歸理於天地萬物，歸明覺於吾心，析心與
理爲二，則一也。（對佛教言，亦只姑如此說，其實不甚恰。蓋佛
教並不肯定萬物之理也。）王學之精髓是「心即理」、「心外無
理」、心與理一。（此心是道德實踐的心、非認識的心，亦非只寂
照的心。理亦是形上的道德實踐的理，非知識所對之萬物之理
也。）如是而後道德實踐之成聖成賢之學成。「心之所以爲心，不
在明覺，而在天理。」是加重說。實則心之所以爲心亦在明覺，亦
在天理。明覺與天理合一，天理即內在良知之明覺中。故陽明總說
「良知之天理」。梨洲特標此義，以別儒佛，可謂法眼。其所以如
此單提直指，亦意在簡別王龍溪。其論龍溪曰：

> 愚案：四句教法，考之《陽明集》中，並不經見。其說乃出
> 於龍溪。則陽明未定之見，平日間嘗有是言，而未敢筆之於
> 書，以滋學者之惑。至龍溪先生，始云四有之說，猥犯支
> 離，勢必進之四無而後快。既無善惡，又何有心意知物？終
> 必進之無心、無意、無知、無物而後元。如此，則致良知三
> 字，著在何處？先生獨悟其所謂無者，以爲教外之別傳，而

　　實亦併無是無。有無不立，善惡雙泯。任一點虛靈知覺之
　　氣，縱橫自在，頭頭明顯，不離著於一處，幾何而不蹈佛氏
　　之坑塹也哉？（《明儒學案‧卷首‧師說》）

梨洲此段評語，亦有中處，然亦不甚能盡。關於四有四無，吾已言
之於《王陽明致良知教》中。直從體上說，四無亦可說。龍溪由此
而悟其先天之學。但不可與四有為對立，亦不可以四有為支離。故
「既無善惡，又何有心意知物？」之疑為粗疏也。然「任一點虛靈
知覺之氣，縱橫自在，頭頭明顯，不離著於一處，幾何而不蹈佛氏
之坑塹也哉？」則龍溪確可令人生此印象。但不必真是與佛無判。
見下二段。龍溪喜言良知之虛靈明覺，而不重言天理，則是事實。
稍有偏重或輕忽，即有不足。而劉蕺山所謂「超潔者蕩之以玄虛，
而夷良於賊」，亦隱指龍溪一流言。蓋道理到極高極圓處，一切現
成，都成無事，此亦不可總掛在口上。總說此義，誠可博得高明一
名，亦可理上極順，所謂頭頭明顯，然亦令人有「虛玄而蕩」之
感。一切洩漏，將何所事哉？吾細讀《王龍溪語錄》，覺其於良知
教確已調適而上遂，發展至最高境，可謂徹底透出矣。細會其言，
理上亦無病。確是高明穎悟之捷才。梨洲《明儒學案》中所取錄
者，尚不能盡其蘊。此或在當時有遺漏未見者。又當時譏議龍溪者
流行日久。故梨洲謂其累陽明不少。其論斷亦不能不受當時輿論之
影響。吾人處於今日，總觀《王龍溪語錄》之全，平心以會其意，
覺其妙悟圓教，的是高明不凡，惟不免洩漏耳。（同時之人互相譏
議，固有所中處，亦有誤解處、不盡處，乃至意氣處，或只特重其
可能之流弊處。梨洲晚，對之自無所用其意氣，然或因未能全窺細

玩，亦有不盡處。）

二、龍溪所承接於陽明者

　　吾下先就其所述陽明學之發展次第，以明其所承接於陽明以成其所謂「先天之學」者之意義。

　　　先師之學凡三變，而始入於悟。〔案：即學詞章、學佛老，
　　　與龍場之悟。〕再變而所得始化而純。〔案：此悟後之再
　　　變，亦有三階段，如下所述。〕〔……〕自此之後，盡去枝
　　　葉，一意本原。以默坐澄心為學的，亦復以此立教。於《傳
　　　習錄》中所謂如雞覆卵，如龍養珠，如女子懷胎，精神意思
　　　凝聚融結，不復知有其他。顏子不遷怒貳過，有未發之中，
　　　始能有發而中節之和。視聽言動大率以收斂為主，發散是不
　　　得已。〔……〕一時學者，聞之翕然，多有所興起。〔案：
　　　此龍場悟後之第一階段。以默坐澄心、存天理去人欲為學
　　　的。〕〔……〕自江右以後，則專提致良知三字。默不假
　　　坐，心不待澄。不習不慮，盎然出之，自有天則。乃是孔門
　　　易簡直截根源。蓋良知即是未發之中，此知之前，更無未
　　　發；良知即是中節之和，此知之後，更無已發。此知自能收
　　　斂，不須更主於收斂；此知自能發散，不須更期於發散。收
　　　斂者，感之體、靜而動也。發散者，寂之用、動而靜也。知
　　　之真切篤實處即是行，真切是本體，篤實是工夫，知之外更
　　　無行；行之明覺精察處即是知，明覺是本體，精察是工夫，

行之外更無知。故曰致知存乎心悟，致知焉盡矣。〔案：以上為第二階段。〕逮居越以後，所操益熟，所得益化。信而從者益眾。時時知是知非，時時無是無非。開口即得本心，更無假借湊泊。如赤日麗空，而萬象自照；如元氣運於四時，而萬化自行。亦莫知其所以然也。〔案：此第三階段，晚年化境。〕（《王龍溪語錄‧滁陽會語》）

龍溪此段所述與梨洲《明儒學案》中所述大體相類。梨洲所述或即根據此段稍有改易而成。陽明於江右以後，專提「致良知」。第一階段之默坐澄心、存天理去人欲之教法，則棄而不提，亦不必再提。衡之龍場之悟，亦勢必發展至江右以後之「致良知」，而後始可云圓滿成熟。蓋龍場之悟以釋其心中之鬱結者，惟是在對朱子之格物致知與正心誠意之兩行不合一，而忽然大悟心即理，轉為心理之合一，致知格物與正心誠意之兩行轉為合一之一行。如是真正之內聖的道德實踐始可得而言。這一悟，在人生之覺悟過程中是重要之一關，亦是不容易的。蓋吾人反省心之活動，其首先所最易把握的是其認識了別之活動，故亦最易停於其「理智的解物」一層面；而反而提起來以主宰並指導吾人生活之方向的道德的心與道德的理，則最不易見。只看今日一般學術風氣，不能正視價值主體，即可知之。即以吾個人而論，必待在理論的步步逼迫上了解了康德，始自覺對於孟子有了解。吾之了解是理論逼迫的解悟，而陽明在當時，則是居夷處困，龍場之一悟。而龍場之悟則在三十七歲。其前時之鬱結擾攘，固亦是糾纏於平面的認識心與立體的道德心（踐履心）之不得解。此是初步問題。人，早者在二、三十歲，遲者在

三、四十歲之十餘年間，亦只能而且必須首先遭遇到這類問題。
（陽明三十七有龍場之悟，專提致良知是在五十歲。朱子於三十七
粗論中和，至四十定中和之說，亦發展至五十，其學始備而熟。）
人對於陽明之悟，固不必視爲若何之神秘。惟其居夷處困，以及其
前時之鬱結，忽然一悟，其主觀方面自不能不有心境上之躍進而感
受一大動盪、大喜悅。悟後如何條理而中肯地說出其所悟，則不能
不有待於發展。惟此後之發展是順適調暢之發展。而其初期之默坐
澄心，以收斂爲主，發散是不得已，則是緊張後之休息，亦是尙未
至條理而中肯地說出其所悟之成熟階段。此後漸漸醞釀，其條理而
中肯地說之之機竅在「致良知」。他是握住孟子良知良能這一點爲
線索而說之。當然，若在別人，如此悟後，亦可不從此一面說。譬
如後來之劉蕺山便從「先天之意」說。但在內聖之道德實踐上，此
一面要亦是重要而中肯之一面，即開始不從此一面說，亦必接觸到
此一面或落到此一面。是以此一面要是應有之分內事。其初期之講
法，雖說是緊張後之休息，然在客觀義理上，在逆覺上，亦有其意
義。惟在義理上亦可統於「致良知」而無遺無漏，亦不相悖。旣可
統於致良知，則不必視爲獨立敎法矣。後來江右之羅念庵、聶雙
江，主靜歸寂，反有類於陽明初期之講法。然在陽明生時，此二人
並不稱弟子。此若非不契陽明江右以後之專提致良知，即是由於未
能全懂，未能順陽明之發展線索而全把握之。在此點上，江右不及
龍溪。然龍溪不但全幅接受江右以後之致良知，而且推進一步，專
調適而上遂，專喜對良知之虛靈明覺作「形上之說明」（參看〈上
篇〉第四段講「知善知惡是良知」一句）。此則更易拉長與江右派
之距離。故陽明死後，雙方常有爭執。江右派於體上，圓熟不及龍

溪，其自己之義理亦多沾滯而不通透。而龍溪專喜講「形上之說明」，義理規模旣不廣大，亦不曲盡，故照顧有所不及，亦未能善予融通。且其專喜講「形上之說明」，與陽明講「致良知」亦有歧異處。

三、形上的證悟與超越的證悟

吾於〈上篇〉第四段講「知善知惡是良知」一句時，說：旣虛亦實之「良知之用」兩頭通：一方保住並彰著心體之絕對至善性，且是了解「心之所以爲心」之訣竅；一方超越而駕臨乎經驗的善惡念以上，對治而轉化之，因而亦是開「先天的工夫」之訣竅。前者是良知之「形上的說明」，後者是良知之「超越的說明」。說明亦可說解悟。若在工夫中（存在的踐履感受中）眞實見到，而不只是「言語上承接、知解上湊泊、格套上倚傍」（亦龍溪常說語），則亦可說證悟：前者爲形上的證悟，後者爲超越的證悟。形上的證悟含在吾前文所說「逆覺」中，由逆覺而透出者。形上的證悟必函有一超越的證悟。致良知（與只說良知本身不同）即在超越的證悟上說，而且一切工夫皆結穴於此超越的證悟。此超越的證悟含在吾前文所說之「順成」中。惟陽明說此順成，是著重良知之超越而駕臨乎經驗的善惡念（即陽明所說之意）以上而誠之，故其所著重之超越的證悟亦必對「經驗的意」而言。意之所及爲物。在超越的證悟中，致知誠意格物，則知致意誠而物格。物格即物正，物正即事成。是則在此順成中，事之成與知之擴充披露一起彰顯。蓋在致良知以誠意格物中，此順成之工夫之所以可能必在知善知惡之良知之

透露，亦即良知之一隙之明。然良知之透露、良知之一隙之明，並
非即良知之如如現成之本體，故必曰致。致者擴充義、披露義。擴
充披露可自兩面說，一自物欲間隔而擴充出去，二由一隙之明而擴
充張大，此兩面都表示「致」義。而在致知誠意格物之順成工夫
中，意物都是具體的、特殊的，因其爲特殊而具體的，良知之知之
覺之之透露亦是具體的，且必因而受局限，而不復是其如如現成之
本體。其如如現成之本體，若不在「超越的證悟」中呈現，則必是
抽象的，而說之亦是抽象地說之。惟在超越的證悟中，始是具體地
說之。陽明對於良知如如現成之體亦自有形上的證悟，然必在超越
的證悟中證之。而其超越的證悟又對經驗的意而言，故其功實而不
蕩。若至經驗的意純化而直從本心流，一切相應本體如如而成純，
則所謂堯舜性之也。即所謂大成化境。在此亦可說致知、誠意、格
物，然此致、此誠、此格皆是順本體之「自然地流」，此所謂「即
本體便是工夫」。一切皆如如現成。到此亦不容說矣。然龍溪專喜
說此不容說者。一方專喜講如如現成之本體，是則「超越的證悟」
義，對「經驗的意」而言之超越的證悟義，已不顯，一方又專喜說
「堯舜性之也」之致之、誠之、格之，是則形上的證悟與超越的證
悟純融化而爲一，對治「經驗的意」之超越的證悟轉化而爲先驗
的、順體的，或內在於體自身的「超越的證悟」。此則自是大成化
境，亦即其所謂「先天之學」。然到此本是不容說者。不實落在對
治經驗的意之超越的證悟上用工，而專說此不容說者，專談「即本
體便是工夫」，此其所以不免「虛玄而蕩」之譏也。然調適上遂，
此理此境亦不可泯。以下試引其言以證之。

四、龍溪所謂「先天之學」之意義：即本體便是工夫

> 先生謂遵巖子曰：「正心，先天之學也。誠意，後天之學也。」遵巖子曰：「必以先天後天分心與意者何也？」先生曰：「吾人一切世情嗜欲，皆從意生。心本至善，動於意始有不善。若能在先天心體上立根，則意所動自無不善，一切世情嗜欲自無所容，致知工夫自然易簡省力：所謂後天而奉天時也。若在後天動意上立根，未免有世情嗜欲之雜。纔落牽纏，便費斬截；致知工夫，轉覺繁難；欲復先天心體，便有許多費力處。」（《王龍溪語錄·三山麗澤錄》）

案：詳此所云，則所謂「正心先天之學」，此正心即先天至善心體之自正，「心」，取其超越義，「正」，不表示工夫義，是虛說，而若表工夫，則亦是「即本體便是工夫」，是「堯舜性之也」之正，不是陽明四有句中通過致知誠意而至之正心。通過致知誠意而至之正心，此心取經驗義，而以良知之致、意之誠，以證實其至善之體，而致知亦爲對治「經驗的意」之「超越的證悟」中事。而在龍溪之「從先天心體上立根」，則超越的證悟即與形上的證悟融化而爲一，對治「經驗的意」之超越的證悟純轉化而爲先驗的、順體的，或內在於心體自身之超越的證悟。吾必以爲此只是在對治「經驗的意」之不斷的「超越的證悟」中之化境，並不可視之爲一獨立之教法。觀其所說「在後天動意上立根，〔……〕致知工夫，轉覺

繁難，欲復先天心體，便有許多費力處。」等語，即知龍溪對於
「致良知以誠經驗的意」一義並未能眞切正視。蓋此不是難易繁簡
的問題，而是必然要如此的，此是內聖踐履上之必然的，亦只有通
過這不斷的超越的證悟而始能復先天之心體，並不是可以更替而另
尋一省力之途徑。所謂「在後天動意上立根」，此語亦不妥。依陽
明四有句，是在良知上立根，致良知以對治後天的意。而不是直在
後天的意上立根。若不是如此，而直在後天的意上立根，則成以經
驗對治經驗，此自然是繁難，不但繁難，且成內聖踐履上不可能
者。若非如此，便是龍溪不能正視「致良知以誠經驗的意」之義。
「在先天心體上立根」，亦不可假頓悟以爲說。蓋頓悟亦並不即函
「堯舜性之也」之一體之化之化境。頓悟可函一對於心體之形上的
證悟，一悟而至心體之滿證。人可有此一悟，然人不是神，並不能
一悟即永住於此一體之化之化境中而不退轉。此即是說，雖悟到
了，而仍可有經驗的意之牽纏。欲不退轉，只有在不斷的「超越的
證悟」之工夫中作到。是以「在先天心體上立根」並不可作一獨立
而認爲是易簡省力之工夫途徑。所謂「即本體便是工夫」，實則在
此並無所謂工夫，只是一體之化。在此言「致知工夫」，工夫義全
失。若龍溪認爲此種致知是一種獨立之易簡省力之工夫，則便是不
能正視內聖之踐履，不免虛玄而蕩者。此只是美談以逃虛空而不能
落實者。由此可斷其所謂四無之意義。

五、四無之意義

　　陽明夫子之學，以良知爲宗。每與門人論學，提四句爲教

法：無善無惡心之體，有善有惡意之動，知善知惡是良知，
爲善去惡是格物。學者循此用功，各有所得。緒山錢子謂此
是師門教人定本。一毫不可更易。先生謂夫子立教隨時，謂
之權法，未可執定。體用顯微，只是一機。心意知物，只是
一事。若悟得心是無善無惡之心，意即是無善無惡之意，知
即是無善無惡之知，物即是無善無惡之物。蓋無心之心則藏
密，無意之意則應圓，無知之知則體寂，無物之物則用神。
天命之性粹然至善，神感神應，其機自不容已，無善可名。
惡固本無，善亦不可得而有也。是謂無善無惡。若有善有
惡，則意動於物，非自然之流行，著於有矣。自性流行者，
動而無動。著於有者，動而動也。意是心之所發，若是有善
有惡之意，則知與物一齊皆有，心亦不可謂之無矣。緒山子
謂若是，是壞師門教法，非善學也。先生謂學須自證自悟，
不從人腳跟轉。若執著師門權法，以爲定本，未免滯於言
詮。亦非善學也。（《王龍溪語錄·天泉證道記》）

吾不以爲龍溪四無之說爲不通。吾以爲此是最高之理境，大成圓教
之化境：實有此義，實有此境。然吾不以爲此是一獨立之教法。吾
亦不認陽明四句爲權法。權法即可更替。吾同意錢緒山，認其是致
良知教之教法上之定本。此不是滯於言詮事，乃是內聖踐履而達化
境上之必然的。四無純是形上的證悟，然此形上的證悟所證之妙體
根本是精神表現上的事，是踐履上的事，因此，形上的證悟必函攝
於超越的證悟中以實之，否則，只是觀解。故認四有句爲定本，始
能肯定踐履之過程，否則全撤矣。「心意知物，只是一事」，亦是

可以說的。在神化中，一體平舖。說無全無，說有全有。非有非無，亦有亦無。然在四有句中，因意之有善有惡而心與知物一齊皆有，此「有」在心意知物上不是同一意義。心意物之爲有是同一意義，而「知」之爲有則殊特。若一例觀，則悖矣。蓋意是經驗的，有善惡之兩在。心之發意而待正，則心亦是經驗的。物是意念之內容，當然亦是經驗的，惟「知」是超越的。知因意之具體而具體，因意之特殊而特殊，隨意念之動而知之，故亦爲其所限而爲「有」。然限而不限，恆自超越，有而不滯於有，恆自攝持，不失自性。故能保持其純粹至善性，此其所以爲良，所以爲絕對之準則，因而可以由之開出「先天之工夫」，以成立「超越之證悟」。故與心意物之爲有不同也。惟因有此準則，始能在不斷的「超越證悟」中達至四無之化境。在四有句中，無善無惡心之體，是抽象地置定，而其具體的證實，則有待於良知之致。在致良知中，良知一方駕臨於經驗的意之上，一方還證心體之至善，故曰「致知焉盡矣」。龍溪於此「致知教」不能眞切正視，遂以爲是權法，不是究竟話頭。然細思之，豈另有一易簡省力之致知工夫乎？致良知本已簡易矣，故曰先天的工夫。先天的工夫是內聖踐履上理之必然的，故亦無所謂省力不省力。（吾說先天的工夫是對朱子的經驗工夫言，言其爲由良知上立根基而開出的工夫。此與龍溪所說先天之學，意不同。不可混。）

六、陽明之和會

　　上提〈天泉證道記〉中記陽明之斷語，吾亦認爲不妥。

　　吾教法原有此兩種。四無之説，爲上根人立教。四有之説，
　爲中根以下人立教。上根之人，悟得無善無惡心體，便從無
　處立根基。意與知物，皆從無生。一了百當，即本體便是工
　夫。易簡直截，更無剩欠。頓悟之學也。中根以下之人，未
　嘗悟得本體，未免在有善有惡上立根基。心與知物皆從有
　生。須用爲善去惡工夫，隨處對治，使之漸漸入悟，從有以
　歸於無，復還本體，及其成功一也。〔……〕然此中不可執
　著。若執四無之見，不通得衆人之意，只好接上根人，中根
　以下人無處接授。若執四有之見，認定意是有善有惡的，只
　好接中根以下人，上根人亦無從接授。

據此所記，是陽明亦認四無可爲一獨立之教法，而且專接上根人，
但〈陽明年譜〉中所記即與此有不同。在該處，則陽明認四句教
「是徹上徹下語，自初學以至聖人，只此功夫。」是則四有不專接
中根以下人矣。吾認此較妥實。蓋「悟得無善無惡心體」，是從那
裡得悟？必是在良知呈現或透露處悟。一悟悟入，直透如如現成之
心體或良知本體。知孝、知弟、知惻隱皆是良知之透露。不管其透
露之機竅爲何，良知之本性總是一樣的：一節之知與全體之知總是
一樣。猶如金子，一分一兩，總是純金。由其「總是此良」之透露
處，暫捨去其知孝、知弟、知惻隱之當機表現之特殊相，而直悟入
其如如現成之體，便立見得心、意、知、物只是一事，俱是無善惡
對待之粹然至善。此處全質全量，並無質量之別，只是如如現成。
然悟得是一事，在生活中表現又是一事。悟得其是如此並不函其表
現是如此。悟得此體不過更增加對於良知之所以爲良之信念與認

識，而不至混雜耳，譬如以隨軀殼起念之直覺本能爲良知，以心理學之自然好惡（喜歡不喜歡）爲良知，此皆是魚目混珠。故悟入良知本體，誠是重要。此是一步很大飛躍的「逆覺」。然由其透露而當下逆覺信得及，亦並不函在現實生活中心意與物便都是無心之心、無意之意、無物之物之純然天理流行。所以於此說「一了百當，即本體便是工夫」，乃只是「形上的證悟」中之形式的直接推理，尚非是「超越證悟」中之眞實而具體的綜和表現。凡悟都是一下子，所以都是「頓」。然悟之機緣，在現實生活中極複雜而曲折。孟子說大舜在深山中與木石居，與鹿豕遊，與野人無以異。及其聞一善言，見一善行，若決江河，沛然莫之能禦。此當是一悟全悟，是上上根器人。然其悟之醞釀與機緣，又誰能道之？吾想此不能隨悟之爲一下子而亦一下子。所以悟亦是一步大工夫、大逆覺。不過在悟後，始有自覺的工夫可言。若決江河，沛然莫之能禦，亦不表示即是天理流行，神化之境，亦不表示「即本體便是工夫」。所以悟得是如此，而要達至眞實而具體的綜和表現，則必須通過超越的證悟。信得及其當下逆覺而悟者，不過是信得及其所悟之良知而眞能「致良知」耳。致之以在超越的證悟中而作眞實而具體的綜合表現，以實現其如如現成之體於現實生活中。良知呈現而致之，當然是信得及。否則不是良知。致良知以誠「經驗之意」，是就事實上有善惡意而言致，若致得全是良知天理流行，更無善惡意念之雜，心意與物俱是無善惡對待之至善，則便是「即本體便是工夫」，此乃是大成化境，非一悟即可如此也。故四有句爲「致知焉盡矣」之致知之定本，而四無是化境，不可爲一獨立之教法。在致知過程中，悟得本體與否只是時間問題，並不能由此決定出兩種教

法、兩種工夫。在良知當機透露而致之時，很可能一時未直悟入本
體，然在不斷的超越證悟中，其悟入是必然的。由其當機透露而悟
知一無窮深遠圓成之良知自體是並不難的。難在本之以作超越的證
悟而至純熟化境。頓悟本體並不函即至純熟化境。四有四無是熟不
熟問題，不能由熟不熟決定出兩種教法、兩種工夫。只有一個「致
良知」之「先天工夫」。不能說正心是先天之學，誠意是後天之
學。因爲誠後天之意正要本著先天而超越之良知以誠之。依此而
言，仍是在良知上立根基，不是在有善有惡上立根基。依此則陽明
四句教「是徹上徹下語，自初學以至聖人，只此工夫」，是不錯
的。只因陽明當時言致良知，是著重在本良知以踐履而實致其知，
不多談「形上的證悟」，故人多不及此，而惟龍溪超潔過人，喜馳
騁妙悟，故遂有此張皇。若會而通之，則此步開朗亦是必要的。大
乘佛法，般若、華嚴之妙諦，並非都眞是佛說。然其澈法淵底，開
朗盡至，亦是必要的。惟不能會而通之，納於超越的證悟中，以實
致其知，則不免虛玄而蕩。故吾去其四無爲一獨立教法之說。

七、龍溪多重形上的證悟

> 先生曰：自先師提出本體工夫，人人皆能談本體說工夫。其
> 實本體工夫須有辨。自聖人分上說，只此知便是本體，便是
> 工夫，便是致。自學者分上說，須用致知的工夫，以復其本
> 體。博學、審問、愼思、明辨、篤行，五者廢其一，非致
> 也。世之議者，或以致良知爲落空。其亦未之思耳。（《王
> 龍溪語錄·沖元會記》）

案：此明言即本體便是工夫，是聖人分上事，亦即四無是聖人分上事。然須知聖人是踐履而成的，並不是天生有個聖人可以自用其上根頓悟「即本體便是工夫」之工夫。所以只有一個「致良知」的先天工夫，在不斷的超越證悟中，以趨純熟化境。（朱子道問學是經驗的工夫，此方是後天之學。以良知爲準則，致其良知以誠經驗之意，是先天的工夫。若說先天之學，「致良知之先天工夫」便是先天之學，不可以四無爲先天之學，以四有爲後天之學也。先天之良知準則落在後天上用，而其本身不落後天〔即不是經驗的〕，此即先天之學矣。良知雖知善知惡，其本身卻不隨其所知而落於經驗之雜，正由其知善知惡而見其駕臨於善惡念之上，而顯其自身爲超越的、絕對的粹然至善。惟致此先天之良知，始能化惡而存善，以達四無之境。龍溪不能正視此先天之工夫，以此爲落於有而不足，而另以四無爲先天之學，則蕩矣。）

> 朋友中有守一念靈明處，認爲戒懼工夫；纔涉言語應接，所守工夫便覺散緩。此是分了內外。一念靈明，無內外，無方所；戒慎恐懼，亦無內外，無方所。識得本體原是變動不居，不可以爲典要，雖終日變化云爲，莫非本體之周流。自無此病矣。（同上）

案：此段所說純是形上的證悟，只就悟得本體是如此而作形式的陳述，此實不能治其朋友之病。何不告之曰：致良知不是空守一念靈明便爲戒懼工夫。空守一念靈明，便截斷了事，而靈明爲光景。截斷了事，故至應事而與事接，便覺所守皆散。此誠是內外兩橛，由

兩橛而至兩絕（斷潢絕港之絕）。然致良知卻正是在事上致（即在意念以及意念之內容上致），何曾教你守一念靈明？何不本此一念靈明之良知而著實致之於言語應接上？若能如此，則無內外兩絕之病，而上達於純熟而化矣。龍溪不告之以超越的證悟，而卻只與之談本體之本性，如何濟事？

> 馮子叩闡師門宗說。先生曰：「知慈湖不起意之義，則知良知矣。意者本心自然之用。如水鑒之應物，變化云為，萬物畢照，未嘗有所動也。惟離心而起意，則為妄。千過萬惡，皆從意生。不起意，是塞其過惡之原，所謂防未萌之欲也。不起意，則本心自清自明，不假思為，虛靈變化之妙用，固自若也。空洞無體，廣大無際。天地萬物，有象有形，皆在吾無體無際之中。範圍發育之妙用，固自若也。其覺為仁，其裁制為義，其節文為禮，其是非為知；即視聽言動，即事親從兄，即喜怒哀樂之未發。隨感而應，未始不妙，固自若也；而實不離於本心自然之用，未嘗有所起也。」馮子曰：「或以不起意為滅意，何如？」先生曰：「非也。滅者，有起而後滅。不起意，原未嘗動，何有於滅？」馮子曰：「或以不起意，為不起惡意，何如？」先生曰：「亦非也。心本無惡。不起意，雖善亦不可得而名，是為至善。起即為妄。雖起善意，已離本心。是為義襲誠偽之所分也。」馮子曰：「或以不起意為立說過高，非初學所能及，何也？」先生曰：「亦非也。初學與聖人之學只有生熟安勉不同，原無二致。故曰：及其成功一也。」（《王龍溪語錄·慈湖精舍會

語》）

案：此亦由不起意而悟談本心，此亦是形上的證悟。談的是好，但若問何以能不起意，則必答曰：「致良知。」良知是本心自然之用之呈露。有經驗之意之雜，故致良知而誠之，此之謂化念還心。如是則意亦是本心自然之用，而無所謂起矣。龍溪不談致良知以達「不起意」，而卻只描畫不起意時本心之本相，良知本體之本性，此誠令人有茫蕩之感。說是立說過高，亦不著邊。蓋此只是形上的證悟、形式的陳述。問題是在如何著手也。有著手處，理之所在，合應如此的，便著實作去，無所謂高不高。不從超越的證悟中告之以致良知，而卻只說「初學與聖人之學只有生熟安勉不同，原無二致。」吾知馮子聞之，亦必只是聽得一說而已，心中必仍茫也。在超越的證悟中，悟得本體，而達不起意之境，則當下即落於踐履之實矣。故陽明專提「致良知」，不誤也。

八、形上的證悟與江右派之主靜歸寂

夫良知之與知識，差若毫釐，究實千里。同一知也，如是則為良，如是則為識；如是則為德性之知，如是則為聞見之知。不可以不早辨也。〔案：辨識與知，此識取佛家唯識論之識，前屢言情識，亦是取之佛家。〕良知者本心之明，不由學慮而得，先天之學也。知識則不能自信其心，未免假於多學億中之助，而已入於後天矣。〔案：此辨先天、後天是〕良知即是未發之中，即是發而中節之和。此是千聖斬關

第一義。所謂無前後內外，渾然一體者也。若良知之前別求
未發，即是二乘沈空之學。良知之外，別求已發，即是世儒
依識之學。或攝感以歸寂，或緣寂以起感，受症雖若不同，
其爲未得良知之宗，則一而已。（《王龍溪語錄•致知議略》）

案：良知本體是虛靈妙用，一體平鋪，「無奇特相，無委曲相」
（亦龍溪語）。故即是未發之中，即是發而中節之和。即寂即感，
即動即靜。自寂而言，即是未發之中，自感而言，即是發而中節之
和。然而寂感一機，並不可以分開拉開而對立。故無前後內外而渾
然一體（案：此本陽明〈答陸原靜書〉）。以此定中和，確是面目
一新。故於良知前，別求未發，即是沈空。良知即是最後的，尚何
有更前於良知者？良知之外，別求已發，即是依識，此是離開母
體，非神感神應之和也。此亦是對於良知本體之體悟，即所謂形上
之證悟。其所以言此者，是對江右羅念庵、聶雙江而發。江右派主
張主靜歸寂，以寂通感，以良知爲最後之寂體。此必須由極大之收
歛凝聚而證得，即所謂「逆覺」也。此亦是屬悟良知本體事。聶雙
江曰：「獨知是良知的萌芽處，與良知似隔一塵。此處著功，雖與
半路修行不同，要亦是半路的路頭也。致虛守寂，方是不睹不聞之
學，歸根復命之要。」（亦見〈致知議略〉）此明是以當機透露之
良知不能盡良知之本體。此仍是一節之知與全體之知之別：質別量
亦別。於日常生活當機透露之良知，未經過逆覺之提煉，很可以有
夾雜，此其所以質異。此異不是良知之內在的本質有異，而是其外
緣之處境。亦如金子，一分一兩，雖都是純金，此即其內在本質無
異，然未化煉之金子，則不免有夾雜。由此異，即預定一純淨無瑕

之良知自體在良知萌芽之後，而必須由寂歸而得者。復次，當機透
露之良知，因其爲所涉之事所限，不是那全體良知之大明，故量亦
別。由此別，即預定一無限大明之良知自體在良知萌芽之後，而亦
必須由歸寂而得者。歸寂以顯良知自體，而後良知始眞能作得主，
而吾人經過歸寂之苦工，再本寂體以應物，始眞能站得住。此江右
之所以不喜講現成良知之苦心也。此義本不算錯。然窺龍溪所講之
現成良知本亦是就良知本體言，所謂形上之證悟。良知本體當然是
如如現成的。歸寂亦只能復它，並不能增損它。龍溪亦重悟良知本
體，或無善無惡心體。然則其與江右派之差別何在？曰：不由歸寂
悟證，而即由當機透露處之當下以悟入。在此即重視一節之知即全
體之知，良知之內在本質同。日常生活呈現之良知雖可有夾雜，然
畢竟是良知，即可由此以悟良知之自體。良知雖爲所涉之事所局
限，然限而不限，不捨自性，此其所以爲良，而不同於經驗之意。
吾人即可由此以悟良知自體。此即不必經過主靜歸寂，所謂頓悟
也。然此差別實不嚴重。此眞是主觀之權法。本可不必起爭執。歸
寂亦好，當下指點亦好。然彼等不能說法無礙。遂不相知。依吾觀
之，龍溪之所以令人起疑者，即在其專喜講形上之證悟，而常不能
扣緊「超越的證悟」而言之。故雖頭頭明顯，總不能服人之心。依
陽明江右以後專提致良知，是即在「超越的證悟」中以悟本體，以
致良知之天理於事事物物，既不必「主靜歸寂」以悟良知自體，亦
不著重當下指點以悟良知自體。而若不能正視此超越的證悟中之致
良知，專喜談形上的證悟中之「即本體便是工夫」，則雖謂人未得
師門宗旨，而人總不洽於心也。蓋自己亦未盡合師門宗旨也。蓋專
就良知本體想，固然是大明當空，萬象自照，魑魅無所遁其形，此

即所謂「即本體便是工夫」。但人生是艱難的，光明面與陰暗面俱須正視。若專就正面想，說是魑魅潛消，實未必真消，而亦有躲避之嫌。此不是「信得及」與否也。惟在超越的證悟中致良知，始真能著實扣住陰暗面而消之。此陽明立教之所以為實，而龍溪之所以不免於蕩也。試看龍溪晤念菴時之記語。

九、頓漸之對立與消融

因舉乍見孺子入井，怵惕，未嘗有三念之雜，乃不動於欲之真心，所謂良知也，與堯舜未嘗有異者也。若於此不能自信，亦幾於自誣矣。苟不用致知之功，不能時時保任此心，時時無雜念，徒認現成虛見，附和欲根，而謂即與堯舜相對未嘗不同者，亦幾於自欺矣。蓋兄自謂終日應酬，終日收斂安靜，無少奔放馳逐，不涉二境，不使習氣乘機潛發。難道工夫不得力？然終是有收有制之功，非究竟無為之旨也。至謂世間，無有現成良知。非萬死工夫，斷不能生。以此較勘世間虛見附和之輩，未必非對病之藥。若必以現在良知與堯舜不同，必待工夫修整而後可得，則未免於矯枉之過。曾謂昭昭之天與廣大之天有差別否？此區區每欲就正之苦心也。夫聖賢之學，致知雖一，而所入不同。從頓入者，即本體為工夫，天機常運，終日兢業保任，不離性體，雖有欲念，一覺便化，不致為累，所謂性之也。從漸入者，用工夫以復本體，終日掃蕩欲根，袪除雜念，以順其天機，不使為累，所謂反之也。若其必以去欲為主，求復其性，則頓與漸未嘗異

也。（《王龍溪語錄・松原晤語》）

案：此前半所說現在良知與堯舜同，此是就良知本質說，屬於形上的證悟，即此說頓悟。吾意念菴亦不會反對此義。念菴所說無現成良知，非萬死工夫，斷不能生，吾意是就主靜歸寂以見眞良知（非虛見附和）說。此本無可爭執。如上所說，後半段說從頓入者，即本體爲工夫，吾意此必納於超越的證悟中而後實。即本體爲工夫在超越的證悟中充實完成，而不能只在形上的證悟中另爲一套上根人之工夫。在超越的證悟中致良知，吾意即是「即工夫即本體」。（此工夫是致良知之先天工夫。即工夫即本體只能在先天的工夫上說，不能在經驗的工夫上說。）「即本體爲工夫」只能在「即工夫即本體」中完成。此即謂頓漸融一而不對立，而漸是從先天的工夫說，若是經驗的工夫，則永與頓爲對立也。而頓若只停於形上的證悟中，而不納於先天的工夫中、超越的證悟中，亦永與漸爲對立也。對立則兩俱非是。依是，「從漸入者，用工夫以復本體」，必是在超越的證悟中，用致良知之先天工夫之漸以復本體，否則雖漸而未必眞能復本體也。故在內聖踐履上，漸必非「經驗的漸」。惟如此，始能頓漸融一。至若或就現在良知以頓悟良知自體，或主靜歸寂以漸悟良知自體，則皆是超越的證悟中之致良知以外的外圍的話，此種頓漸兩俱可說，亦都是權法，此隨主觀情形而定。而惟超越的證悟中之致良知則是定本。在此頓漸融一，都是客觀地必然的，而「即工夫即本體」與「即本體爲工夫」亦融於一，亦都是客觀地必然的。（「即工夫即本體」，本體在工夫中呈現，工夫所至即爲本體。體現習化事成。即本體爲工夫，則在體現習化事成中，

輕車熟路，於穆不已，大成化境。）

十、致良知所至之圓而神：徹底透出之化境：圓而神之確義

　　龍溪之稍顯爲蕩處，則在其偏重形上的證悟，而常忽超越的證悟，又總想以四無爲一種可以獨立之教法，而不滿意於四有，此即其不能深切於超越的證悟處。當然真切平實語、警策透闢語，亦在所多有。至於內聖踐履上消融深微之病以證圓成化境，言之尤當機而精透。試看下段：

　　　荊川唐子，開府維揚。邀先生往會。時已有病，遇春汛。日坐治堂，命將遣師，爲防海之計。一日退食，笑謂先生曰：「公看我與老師之學，有相契否？」先生曰：「子之力量，固自不同。若說良知，還未致得在。」荊川曰：「我平生佩服陽明之教，滿口所說，滿紙所寫，那些不是良知？公豈欺我耶？」先生笑曰：「難道不是良知？只未致得真良知，未免攙和。」荊川憤然不服云：「試舉看。」先生曰：「適在堂遣將時，諸將校有所稟呈，辭意未盡，即與攔截，發揮自己方略，令其依從。此是攙入意見，心便不虛，非真良知也。將官將地方事體請問某處該如何設備，某事卻如何追攝，便引證古人做過勾當，某處如此處，某事如此處，自家一點圓明，反覺凝滯。此是攙入典要，機便不神，非真良知也。及至議論未合，定著眼睛沈思一回，又與說起。此等處

認作沈機研慮，不知此已攙入擬議安排，非真良知也。有時
奮掉鼓激，厲聲抗言，使若無所容，自以為威嚴不可犯，不
知此是攙入氣魄，非真良知也。有時發人隱過，有時揚人隱
行，有時行不測之賞，加非法之罰，自以為得好惡之正，不
知自己靈根，已為搖動，不免有所作，非真良知也。他如製
木城、造銅面、畜獵犬，不論勢之所便，地之所宜，一一令
其如法措置。此是攙入格套，非真良知也。嘗曰：我一一經
營，已得勝算，猛將如雲，不如著一病都堂在陣。此是攙入
能所，非真良知也。若是真致良知，只宜虛心應物，使人人
各得盡其情，能剛能柔，觸機而應，迎刃而解，更無些子攙
入，譬之明鏡當台，妍媸自辨，方是經綸手段。縱有些子才
智伎倆與之相形，自己光明，反為所蔽。口中說得十分明
白，紙上寫得十分詳盡，只成播弄精魂，非真實受用也。」
荊川憮然曰：「吾過矣。友道以直諒為益，非虛言也。」
（《王龍溪語錄‧維揚晤語》）

在最內在的內聖踐履中，不但是私欲、罪惡，須化除，即沾滯、執
著，一切發之於情識而非良知天體自然流行者，如意見、典要、擬
議安排、氣魄、有所作、格套、能所，等，亦須徹底淨盡。此皆是
最深微、最微細之心病、意病，而最難消化者。一旦皆融化而歸於
良知大明之自己，則吾人之生命即全幅是一片靈光呈現，一體平
舖，而毫無隱曲。依亞里士多德，此即為「純實現性」，儒者所謂
純是天理流行也。一切隱曲皆發自「潛能性」，亞氏所謂「材質」
也，儒者所謂「氣質」也。潛能性全化除，即為純實現性，而此即

「神」。依儒者，氣質全化而融歸於理，只見是天理流行，則便是聖人，此即「人而神」：此可由內聖踐履而至者。非如亞氏之只是宇宙論上之思解也。此是儒者心性之學之極致。

再看其從正面說的一段：

> 中夜，鄧子〔定宇〕擁衾問曰：「良知渾然虛明，無知而無不知。知是知非者，良知自然之用。亦是權法。執以是非爲知，失其本矣。」先生曰：「然哉。是非亦是分別相。良知本無知，不起分別之意，方是眞是眞非，譬之明鏡之鑒物，鏡體本虛；物之妍媸，鑒而不納，過而不留，乃其所照之影。以照爲明，奚啻千里？孟子云：是非之心，知之端也。端即是發用之機。其云性善，乃其渾然眞體，本無分別。見此方謂之見性。此師門宗旨也。」曰：「學貴自信自立，不是倚傍世界做得的。天也不做他，地也不做他，聖人也不做他。求自得而已。」先生笑曰：「如此狂言，從何處得來？儒者之學，崇效天、卑法地、中師聖人。已是世界豪傑作用。今三者都不做他，從何處安身立命？自得之學，居安則動不危，資深則機不露。左右逢源，則應不窮。超乎天地之外，立於千聖之表。此是出世間大豪傑作用。如此方是享用大世界，方不落小家相。子可謂見其大矣。達者信之，衆人疑焉。夫天積氣耳，地積形耳，千聖過影耳。氣有時而散，形有時而消，影有時而滅。皆若未究其義。予所信者，此心一念之靈明耳。一念靈明，從混沌立根基。專而直，翕而闢。從此生天生地，生人生萬物，是謂大生廣生，生生而未

　　嘗息也。乾坤動靜，神智往來，天地有盡，而我無盡，聖人
　有爲，而我無爲。冥權密運，不尸其功。混迹埋光，有而若
　無，與民同其吉凶，與世同其好惡，若無以異於人者。我尚
　不知我，何有於天地？何有於聖人？外示塵勞，心遊邃古，
　一以爲龍，一以爲蛇。此世出世法也。非子之狂言，無以發
　予之狂見。只此已成大漏洩。若言之不已，更滋眾人之惑，
　默成之可也。」（《王龍溪語錄‧龍南山居會語》）

此徹底透悟語也。孔子肫肫其仁，淵淵其淵，浩浩其天，已體現此
理境矣。故心性之學，以孔孟踐履之所至而開出。此亦是即工夫即
本體也。而陸王之功不可泯也。龍溪之調適上遂，獨發其超曠之
悟，亦不可泯也。至其踐履造詣如何，固不得知，然要非情識而
肆，玩弄光景者也。

　　然以上無論就唐荊川（順之）指點最深微之病，以明眞良知之
圓而神，或是就鄧定宇之「天也不做他，地也不做他，聖人也不做
他」，只憑「一念靈明，從混沌立根基」，以明「世出世法」之圓
而神，然皆是就良知之虛靈明覺以徹悟。良知本是既虛亦實，通透
於心德之全蘊。儒者內聖之學以「人而神」爲宗極，此是從人之聖
證說，即從「主」說；而聖證所至之「人而神」之境界，從「法」
說，便是「圓而神」。而圓而神則必自既虛亦實之具體的心德說。
只從「理」說，則不能有此。理自亦含於心中。然欲達至圓而神，
則必自心之虛靈明覺說。良知既虛亦實，而特彰虛靈明覺之用。故
順良知之虛用，必徹悟至圓而神，始可謂充其極。不至圓而神，亦
不可謂爲了解心。光說理，則既不能圓，亦不能神。圓本是「用」

上事，神本是「靈」上事。此皆是具體的妙用。理本含於心中，抽象地單說理固不是圓而神，抽象地單說虛靈明覺（即抽象地單說心），亦不是圓而神。惟理具體地內在於心，而由心之虛靈妙用具體地帶之以周流運行，神感神應，方是「圓而神」。是以一說圓而神，必是心理之具體的合一，而由心之虛用以彰顯。因由虛用以彰顯，故徹悟至圓而神，必自虛靈明覺之神感神應說，而良知正恰是表示此一面。因必是心理之具體的合一，故言圓而神必含天理於其中，此則可不言而喻者。吾人若予以同情的理解，則龍溪正是在不言而喻下徹悟圓而神者。此其所以特喜發揮虛靈明覺，而不常提天理者。若因此而即謂其「任一點虛靈知覺之氣，縱橫自在，頭頭明顯，不離著於一處」，即將「蹈佛氏之坑塹」，則雖可如此警戒流失，要非稱理而談。蓋良知之圓而神不能不含天理於其內，此是形而上地必然的，否則便不是圓而神。然說圓而神卻不能從理顯，而只能從虛靈妙用顯。故梨洲所云：「點出心之所以為心，不在明覺，而在天理，金鏡已墜而復收，遂使儒釋疆界，渺若山河。」此加重天理之義，在防止流弊以判儒佛上是可以說的。然言良知，必徹悟至圓而神，始可云到家。就圓而神言，則又必歸反於明覺。否則不能極成此最後之宗趣。此由重理而又攝理於心以重心。此是心之具體地歸反於其自己以成圓而神。

十一、由圓而神以判儒、佛

圓而神之神感神應必涉事，涉事，必「理由中出」以成事。此是盡感應之義。龍溪雖常取譬鏡照，言明鏡高懸，而妍媸自照，此

亦只是取譬，少分相似，實則不止鏡照（此自亦必有），而亦是感應，而感應則爲一實之眞幾，此爲形上地生化曲成以實現之義。佛家般若智、菩提覺，固亦是大圓鏡智之鏡照，而亦有圓而神之義，故曰圓智圓覺。然其常寂常照，只有鏡照義，而無感應之實現義。其圓而神，在無住涅槃上，固是因涉事而彰顯，然其涉事是有定向，意即在拔濟迴向，而不在就其所感應之事，如其爲事而形上地生化曲成以實現之。此即是圓而神之著了意，轉而爲不是圓而神。然而佛之宗趣，唯在無餘涅槃。及至一切衆生悉令入無餘涅槃，而滅度之，則無住涅槃之化身涉事即收縮而回歸於無餘涅槃之「法身」。法身雖常、樂、我、淨，常寂常照，然不應事，則即只有鏡照義，而無感應實現義。故法身寂照之圓而神實只是抽象地說之虛靈明覺之圓而神，而此不眞是具體的圓而神，亦即非眞正的圓而神。其所以如此，乃其自始從「本」上說，不能肯定天理，從事上說，不能本理以成事。理抽掉了，事幻化了，亦被遺棄了，故只剩下一片面的寂照之心。此其所以爲抽象的圓而神，而究非圓而神之故也。在此，天理誠屬重要，此爲二程所首先握住者。然剋就圓而神之最後宗趣言，則天理必具體地內在於心，而由心之虛靈妙用具體地帶之以周流運行，神感神應，方能至圓而神。如是不得不反歸於旣虛亦實之具體的虛靈明覺之自身。此是大《易》相傳之圓而神，而由內聖踐履上之良知教所證悟徹悟以契者。不得因彼言般若明覺，吾即不言，亦不得因彼言之，吾若言之，即同於彼也。此是聖證學問上言心之公義，非一家所得私。而若眞徹悟至圓而神，則正可因言明覺之理路如何而判圓而神之眞似。此何可避而不講耶？明乎此，則龍溪正有其不可及處。

試看下段：

或問灑掃應對，便是精義入神，於義何居？先生曰：「天之
所以與我，我之所以得於天，而異於禽獸者，惟有此一點靈
明，所謂天之性也。率此則謂之道，修此則謂之教。其應於
用也，耳自能聰，目自能明，遇父自能孝，遇兄自能敬，無
他物也。以時而出，天則自見。灑掃應對，是其致用之時
也。時遇灑掃，不疾不徐；時遇應對，不阿不激。循其則而
不過，是爲制事之義、宰物之神，皆靈明之妙應也。此易簡
直截根源。譬之空谷之聲，自無生有，一呼即應，一應即
止，前無所來，後無所往，無古今，無內外，炯然獨存，萬
化自此而出：天以之清，地以之寧，日月以之明，鬼神以之
幽，山川、草木以之流峙開落，唐、虞以之爲揖讓，湯、武
以之爲征誅，大之爲仕止進退，小之爲食息動靜，仁人之所
憂，智士之所營，百姓之所與能，盡此矣。〔案：以上即爲
感應之實現義，理由中出以成事。〕所謂一點靈明者良知
也。精義入神者，致其良知之用也。外良知而知，謂之鑿；
舍致知而學，謂之蕩。其機存乎一念之微。聖狂之分，罔與
克之間而已。是爲虞廷精一之傳，孔門退藏之旨，千聖之學
脈也。（《王龍溪語錄·新安斗山書院會語》）

案：此即眞實圓而神之徹悟，言之可謂美矣。

十二、在超越的證悟中眞主觀與眞客觀之成立及 其統一

　　吾人必須知：言內聖之踐履，必開出先天之工夫，經驗的工夫不相應。開先天之工夫，則不能只重理，使心落後著，即必須透至本心，攝理歸心，心冒乎理，理由中出。落實言之而可以成爲踐履之內在理路者，則必曰「良知之天理」與「致良知之天理於事事物物」。致良知之宗極必達圓而神。圓而神是「理之具體地內在於心而由心之虛靈妙用具體地帶之以周流運行，神感神應」，而至者。龍溪徹悟，理皆不謬。然在良知教中，攝理歸心，心冒乎理，于此若眞想達至悟而神而不流於蕩，眞是由「心之虛靈妙用具體地帶著理以成事」，則必不可只偏重形上之證悟，且須眞切於「超越之證悟」，納形上證悟於超越證悟中。及至踐履純熟，使經驗的意純化而從心體流，即純化而爲良知本體所主宰，則超越證悟即與形上證悟融化而爲一，由「即工夫即本體」而至「即本體便是工夫」。此即爲圓而神之大成化境。至此，全體朗現，一片靈光照滿大地。故至圓而神之境，一體平舖，一切皆顯，更無隱曲。故良知教爲顯教。此爲攝理歸心所必至者，亦無不足，亦無可疑。然若於超越證悟，稍有輕忽，只由形上證悟以言圓神朗現，則即不免於蕩，而「顯」亦不免轉示淺露。蓋眞正圓而神不離天理之曲成。天理所曲成者，事也，物也。事物因天理之曲成而客觀化而貞定，不只是一意念，不只是一流逝，不只是形上證悟中一念萬年，一了百了之只是形式的意義、主觀的意義之涉事。在程朱，心雖不及，雖只抽象

地、觀解地以言超越而普遍之理，然其言理是送出去，相應物說，故理客觀，物客觀。說到理之成物是要客觀，它一成，便是它了，便是物各付物，而還它一個個性。如是各正性命，充實廣大，而全幅人文世界、價值事業，亦是各正性命，各有其位。故程朱從性量上說其規模是較廣大。雖是抽象的、觀解的，然確示廣大義。今對治其抽象的、觀解的，而使其轉爲具體的、踐履的，攝理歸心，心冒乎理，則是撮萬殊於一點。此即爲萬法歸一。然此歸一只是一形上之證悟。從外至內，爲萬歸一。從內至外，爲一函萬。然在形上證悟中，一函萬是只有形式的意義、主觀的意義，尚未眞能具體地、客觀地鋪開。亦猶程朱之只是抽象的、觀解的客觀之未通過心，遂只轉爲道問學之經驗工夫，而與內聖踐履不相應。此是原始的客觀，未通過主觀，故非眞客觀。而若通過主觀以至一函萬，而一函萬若只是形式的意義、主觀的意義，則亦是原始的主觀之未通過客觀，故亦非眞主觀。此則旣不免於蕩，又不免於孤狹；而規模自見其小矣。故旣萬法歸一矣，若要免於蕩與孤，而使一再散而歸爲萬，主觀通過客觀成其爲眞主觀（亦即主客觀之眞實的統一），則必須在「超越的證悟」中，理由中出，化習成事以散之。此則一函萬不只形式的意義、主觀的意義，而是眞能具體地、客觀地平散開。此時各正性命，物各付物所具有之客觀性乃是具體而踐履的客觀性，眞實的客觀性，不是程朱那裡之原始的客觀性。如是，始有踐履上之眞實的充實廣大，而非只抽象的、觀解的充實廣大，此後者是虛而不實，故在觀解上雖規模廣大，實只成一些道問學上之知解，而在生活之識度氣度上、踐履之心量性量上，倒反而不廣大。而眞實的充實廣大則只見之於孔子。陸王一系實相應孔子之踐履而

立教。彼等之實際踐履，雖不及聖人於萬分一，然如此立教，如此踐履，是不錯的。王龍溪之所以不免於蕩之譏，只在其說「形上的證悟」多了些，而於超越的證悟，則不但在踐履上，即在講說上，亦見少了些。凡陸王一系皆易有此病。其中惟陽明本人較能真切於超越的證悟，故彼即較他人為平實而充實，規模亦較大。

十三、良知教之顯義、密義、內在義，與超越義：下轉羅近溪

內聖踐履、超越的證悟，固須盡其在我，然時節因緣之所遭逢，生命根器之所蘊發，皆是無窮無盡，難作劃一，於玉成上皆有關係。故萬歸一，一歸萬之主客觀統一能至何種程度，除盡其在我外，皆有命存焉，不可不知也。故孟子曰：「仁之於父子也，義之於君臣也，禮之於賓主也，智之於賢者也，聖人之於天道也，命也，有性焉。君子不謂命也。」「不謂命」是說從性上盡其在我。然畢竟說是「命也」。在超越的證悟中，能知有我所不能成之事，即在自己分上，亦未必真能晬面盎背，施於四體，「骨肉皮毛，渾身透亮」（羅近溪語），在體現、習化事成中，供良知本體通透潤澤於全體生命之無窮複雜之事中，如羅近溪所謂「抬頭舉目，渾全只是知體著見，啟口容聲，纖悉盡是知體發揮」，而況家國天下之事、歷史文化之續、參贊宇宙化育之業，更有非吾所盡能成辦者。知自己有所不能，而常懷悲惻之感，益顯心體性體之超越，而同時吾之心量性量即隨心體性體之超越而同其超越，凡吾所不能盡不能成之無窮無窮事一一皆客觀地肯定之，且肯定無限未來之生命以成

之，無限未來之生命亦永不能了，一一仍須作此無盡之肯定，此即
爲仁者無盡之悲懷，無盡之肯定。如是則心量廣大，常存超越之敬
畏。在圓而神之一片靈光中，一切皆內在而平鋪，此即爲顯教。然
無盡之悲懷、無盡之肯定，則顯超越之敬畏，此即顯而密矣，內在
而又超越矣。此爲良知教中之「密」義與「超越義」。此義龍溪不
能及，而近溪則及之。故次龍溪，而言近溪。（由無盡之悲懷、無
盡之肯定、超越之敬畏，所顯之「密」義與退藏於密之「密」不
同。退藏於密之密是萬歸一，攝客觀於主觀，而攝於一點，此是正
面說，亦是形上之證悟，龍溪雅言之。而與超越義相連之密義，則
是由超越的證悟而知命以言之，此是反面說。超越的證悟兩頭通，
自體現習化事成言，則爲圓而神之內在；自無盡之悲懷、無盡之肯
定言，則爲知命之超越。）

下篇

劉蕺山誠意之學

一、劉蕺山開端別起：歸顯於密

所謂開端別起者，將外擴的致良知教中之「良知之用」收攝於內斂的誠意教中之「淵然貞定」之「意」也。如是，一、不得不嚴分意念，不可以生滅有對之念爲意；二、由意彰著心之所知爲心，而特重主宰性。

吾人說良知是通透於天心仁體之全蘊的「既虛亦實」之本質，而其首先呈現於人之心目中者，則爲其虛德，即所謂「虛靈明覺」者是。縱亦知其復爲實德，然畢竟是以神用或妙用見，即所謂「作用見性」者是，故曰「良知之用」。此當然是聖神圓教（大而化之之謂聖，聖而不可知之謂神），其本身並無不足處。然人之踐此則甚難。由虛與用，見其完全是活的、圓的、具體的：無方所、無典要，眞是唯變所適。雖說「自有天則」（此即其爲實德，故云良知之天理，良知即準則），然由虛與用，在其渾圓通化之中，天則之「方」並不凸顯，並不挺拔，盡消化吞沒於「圓而神」之用中，若無眞實透徹工夫，站得住，把得穩，眞至所謂仁精義熟，則一霎而

天則泯矣。或流於虛玄而蕩，夷良於賊；或流於情識而肆，一是皆良。此則成為全無收煞者。此虛、用、圓神之顯教、圓教所最易順致者。蓋一切在虛用中而散矣：解纜放船，任其所之，便只見流逝，而不見凝聚。當然良知本身既活轉亦凝聚，並無聚散之對待相，自亦無走失相。此即所謂圓教。然踐此者則甚易走失。不拘謹矜持，則恣肆狂蕩。要自然，便有自然之病；要戒懼便有戒懼之病。其幾甚微。故不可不提撕而預防也。

　　預防者，即在將平散之虛用收攝於「淵然貞定」之實體。此不是任何外在的工夫與矜持所能防止者。外在的工夫是外縛，而外縛的反動是狂蕩，此皆是經驗層上之相矛盾地互為因果者。致良知教當然不是教人狂蕩。然踐之不真不實，則易流於經驗層（即感覺層）上之狂蕩。是以預防而對治此狂蕩，當然不能從外在工夫之外縛上想。致良知本是內在的、先天的工夫。然其特徵在虛用與圓神，故預防其弊，亦須內在地將其收攝於「淵然貞定」之實體，而開出一仍是內在的、先天的工夫。此即是歸顯於密，誠意之學之所由立。

　　相應此旨，劉蕺山別立四句教云：

> 有善有惡者心之動，好善惡惡者意之靜。
> 知善知惡者是良知，有善無惡者是物則。

劉蕺山不先抽離地設定一「無善無惡」之「心之體」，直就具體的眼前呈現的動用之心而言心，此不是超越分解地說，而是現象學地、描述地說。故直云「有善有惡心之動」：心之關涉於經驗而發

心動念必隨經驗而歧出而分化，故有善惡之「兩在」。心之動之善
惡兩在不能離其念，故心之動必有特殊內容於其中：心之動與念乃
本質上不可離者。是以心之動之善惡兩在必然地（分析地）函著念
之善惡兩在。此是現象學地、描述地所涉及之呈現上之同一事。

　　但是，心不能只是現象學地順經驗一面去看。它還有超越的一
面。這超越的一面也可以現象學地而且體性學地給指點出來，反顯
出來。這便是「好善惡惡意之靜」一句之所示。此好善惡惡之
「意」不是經驗層上之「念」，它是超越的、先天的、道德判斷所
自出的絕對自肯、純一無二的自肯、恆自淵然貞定的自肯，所以它
是絕對地「善的意」，絕對地「善的自肯」。順這自肯而直接推出
的或最原始的道德態度或道德決斷便就是這「好善惡惡」所表示
的。「好善」就是這自肯（即意）恆是如其性而肯定善，「惡惡」
就是這自肯恆是如其性而否定惡或排拒惡。故好善惡惡是這自肯之
「一幾二用」：表現出來是好善惡惡之二用，而其背後那超越的根
據卻只是這純一無二的自肯，這是永不會分化而恆自貞定如如的，
此就是所謂「幾」之一，這裡沒有善惡的對待，所以是至善、絕對
的善。它既不是經驗層上的念，因為念是有生滅起伏、善惡對待
的，而它卻是靜定如如，且無對待；而它的好惡也不是只是經驗層
上心理現象的喜歡不喜歡，因為喜歡不喜歡是自然現象，無所謂善
惡，譬如你喜歡吃咖啡，我喜歡吃紅茶，這無所謂你善我惡，或我
善你惡，而此好善惡惡一幾二用之意之好惡卻正是道德價值之肯
定，因此它本身是至善，由其好善惡惡之一幾二用而見其自身為至
善。它所好惡的內容（對象）不是順生理需要所喜歡不喜歡的對
象，而是發之於心，動之於心，有道德意義的念：善念必好，惡念

必去。是以這好善惡惡之意只是這去肯定善排拒惡,而反顯其自身為絕對的、純一無二的、至善的自肯,而它本身卻不是具有某一特殊內容之念。是以它總是超越的、恆自貞定如如的。它雖不是經驗層上的「念」,但它卻也是現象學地呈現的,它不是一個抽象,也不是一個設定。它是一個具體的絕對真實。這就是可以現象學地而且是體性學地給指點出來或反顯出來的心之「超越的」一面。惟因有此一面,人心始有主宰可言。

吾於〈上篇〉講陽明時,言念之動(類比於氣之動)有善有惡,此是經驗層上之第一序,而動於念(類比於動於氣)則無論善念惡念,一齊皆壞。此動於念是念之動後而又返回來加了一點意思,此是純粹的私意,此是經驗層上之第二序。但此好善惡惡之意,既不與念為同層,也不是順著念而返回來仍是經驗層上之第二序。它既不是順著念而滾下去,它是超越的,它當然要逆著念而反顯。可是這逆著念而反顯卻不同於那仍屬於經驗層上的第二序之「動於念」。它之由逆著經驗的念而返回來而見,是逆回來而歸於與經驗的念為絕對異質的另一個根:它自身既純一無二,無分化對待,復恆自貞定如如,亦不會自起波濤,造成第一序、第二序之幻象。它對於經驗層上的念確有扭轉的作用、超越的作用、主宰的作用,但它卻不可視為第二序。因它與念不同層故、根本異質故,其自身恆自貞定如如,不起虛幻故。順此意而自作主宰,獨立而不改,旁行而不流,周行而不殆,便是真主宰。若無此真實的主宰,而說我定要如何如何,則皆矜持也,虛偽也,亦即皆念也。孔子說:「毋意、毋必、毋固、毋我。」然則意、必、固、我者皆念也,縱善,亦念也。此不是真作得主的。意之而可以不意,必之而

可以不必，固之而可以不固，有我而可以喪我。此其所以爲經驗
的、偶然的、對待的、生滅起伏的之故也。這裡沒有主，故總是顛
倒也。若順眞實的主宰去，則無意而自意，無必而自必，無固而自
固，無我而自我，而此即爲無限之眞我。化念歸意，即爲誠意。此
爲劉蕺山所獨自深造者。

　　好善惡惡決不是盲好盲惡。故好善惡惡而是知善知惡。故云：
「知藏於意」。而此知即爲良知。此藏於意之知即意自身之瑩徹明
覺。如是，凡陽明所說皆可承受吸納而無遺。然而攝知於意，則良
知之用頓有收煞，此即歸顯於密，而無淺露之感，而虛玄之蕩與情
識之肆亦可堵絕而無由混似成眞。知至善，意亦至善。知之爲準則
以虛與用之圓而神見，意之爲準則以實與體之貞而定見。攝知於
意，知有主宰；而意蘊於知，意亦具體。此則「方圓合一」之敎，
吾人由蕺山之知藏於意而知之，而陽明未之能著也。

　　「有善無惡是物則」，此所謂「物則」即「天則」。天則者意
知獨體所呈現或所自具之體物不遺（亦即範圍曲成而不遺）之天理
也。此則自是有善而無惡，亦仍是至善也。由此而謂格物，即格知
此意知獨體之本物也。故云：「後儒格物之說，當以淮南〔即王艮
在淮南講學時所主之說〕爲正。曰：格知身之爲本，而家國天下之
爲末。予請申之曰：格知誠意之爲本，而正、修、齊、治、平之爲
末。」如是格物即誠意，物即意知之獨體，非「意之所在」，亦
「非知之所照也」，而即意知獨體之自己。劉氏對於格字未有訓
釋。揆其意，當亦近陽明，即訓格爲正。正之即成之，成之即實
之。唯非正「意之所在」、「知之所照」之物耳。而即正此好善惡
惡之獨體也，故格物即誠意。誠意者即如意之純一不二而還其爲純

一不二之謂也。如是致知、格物、正心皆縮於誠意,是一事。意如
其為純一不二而還之,則心亦還其為心而不逐念而流矣。由意之誠
彰著心之所以為心,因意之所在即知之所在、理之所在故也。彰著
心之所以為心即「正心」。正心即「心還心」。意還意,心還心,
則經驗層上之「念之流」融於心、意、知、理中而為天理流行之表
現,此即為「化念還心」(亦可曰化念歸意)。念融於心、意、
知、理中而忘其為念,時時念,時時無念;而心、意、知、理之獨
體亦充實而彰顯,時時有,亦時時無,有而不滯於有,無而不淪於
無,而無限之真我即屹然自立於經驗流中矣。此為內聖踐履之所至
者。致良知之先天工夫是由本以外擴(致知成物),誠意之先天工
夫是由末以返本(化念還心)。故曰歸顯於密也。要在從各面說,
而非對立也。當知天心仁體之德,一皆通全,不相滯礙。惟依性起
修,踐履有度,是以立教有不同耳。而亦未始不相發而相補也。是
以聖教不諍,圓音無礙。諍者滯而未通,礙者其音不圓。以此衡
之,則劉蕺山雖有深造自得,而未及陽明之純熟。觀其斥陽明處,
滯礙甚多,即可知矣(於義於辭皆未至無礙之境)。

二、心體與性體

　　以下所抄語錄,俱見《明儒學案·蕺山學案》。

> 獨字是虛位。從性體看來,則曰莫見莫顯。是思慮未起,鬼
> 神莫知也。從心體看來,則曰十目十手。是思慮既起,吾心
> 獨知時也。然性體即從心體中看出。

此段是綜攝《中庸》、《大學》之兩段經文而成者。《中庸》開首
一章云：「天命之謂性，率性之謂道，修道之謂敎。道也者不可須
臾離也。可離非道也。是故君子戒愼乎其所不睹，恐懼乎其所不
聞。莫見乎隱，莫顯乎微。故君子愼其獨也。喜怒哀樂之未發，謂
之中。發而皆中節，謂之和。中也者，天下之大本也。和也者，天
下之達道也。致中和，天地位焉，萬物育焉。」

　　《大學》〈誠意〉章云：「所謂誠其意者，毋自欺也。如惡惡
臭，如好好色。此之謂自謙〔慊〕。故君子必愼其獨也。小人閒居
爲不善，無所不至。見君子而後厭然。揜其不善，而著其善。人之
視己，如見其肺肝然。則何益矣。此謂誠於中，形於外。故君子必
愼其獨也。曾子曰：『十目所視，十手所指。其嚴乎？』富潤屋，
德潤身。心廣體胖。故君子必誠其意。」

　　《大學》直就心體言誠意愼獨；而《中庸》之言愼獨，則旣本
乎「天命之謂性」，而又通乎致中和，天地位，萬物育。即，心
體、性體並舉。蕺山誠意愼獨之學直本此兩經文而立，旣不似朱子
之就致知格物而開其道問學之途徑，亦不似陽明之扭轉朱子致知格
物之講法而開其致良知之途徑。致良知是由道問學而內轉，而誠意
之敎則復就致良知之內而益內之，所謂歸顯於密也。歸顯於密，就
心體言，是使良知之虛用有收煞，此爲「內在之密」，就性體言，
則由良知與意所見之心體直透於性體，而益見心體之幽深邃遠，此
爲「超越之密」。內在之密是內攝，超越之密是上提。內攝而上
提，則永絕蕩肆之弊。此蕺山之學在「存在的踐履」中之所深造自
得者。然內在超越，通而一之，故云「性體即從心體看出」。而工
夫則在「愼獨」（等於誠意）。蕺山指出「獨」字是虛位。其所意

指之「實」即性體、心體也。「上天之載，無聲無臭」，「維天之
命，於穆不已」，「文王之德之純，純亦不已」，此皆指性體而言
也。故曰：「從性體看來，則曰莫見莫顯。是思慮未起，鬼神莫知
也。」此是超自覺而惟是「於穆」之不已。至隱而至微，然亦至見
而至顯，所謂「森然」也。性體在是，道即在是。故戒慎恐懼於不
睹不聞而慎其「獨」也。此獨字指性體言。《中庸》下文言：「喜
怒哀樂之未發，謂之中。發而皆中節，謂之和。」「致中和」是從
「心體」上說。是即性體上之慎獨工夫必落在心體上說。故《大
學》言誠意慎獨直就心體而言也。於心體處何以言慎獨？曰就意之
「毋自欺」而言也。「毋自欺」是消極的說法，而積極說法，則是
「自慊」。慊，快也、足也。推之，即誠也、實也。此為意之絕對
自肯，好善惡惡之絕對自肯。其好善之誠，如好好色。其惡惡之
誠，如惡惡臭。故此好善惡惡之意是超越的、絕對的善。此由心體
以彰著性體也。性體是「森然」，故令人戒懼，而慎其獨；心體之
意是不能自欺，所謂十目十手，其嚴乎，故令人戒懼，而慎其獨。
意之好善惡惡中即知善知惡矣。此知是心之虛靈明覺之良知或原
知，此亦言心體也。故蕺山云：「從心體看來，則曰十目十手。是
思慮既起，吾心獨知時也。」此是自覺而不自欺之境界。自覺是心
通過意知而即以其自己為對象。此用黑格爾之術語言之，則為「對
其自己」。故心體上之不自欺即「對其自己」也。而性體處之森
然，則「在其自己」也。在其自己是「存有原理」表示性體之「存
有」；對其自己是「實現原理」，表示性體之通過心覺而呈見，而
實現（此即蕺山所謂「性體即從心體中看出」）。此兩者之綜和，
即內在而超越之通於一，心體性體之通於一，則為「在而對其自

己」。此必須在「存在的」主觀踐履中而證悟澈悟到。然雖通於一，而性體則總通過心體而恆自保持其幽深邃遠義、超越義。此將於末節深論之。

三、心意知物皆是超越一面

《大學》之言心也，曰忿懥、恐懼、好樂、憂患而已。此四者心之體也。其言意也，則曰好好色，惡惡臭。好惡者，此心最初之機，即四者之所自來。故意蘊於心，非心之所發也。又就意中指出最初之機，則僅有知善知惡之知而已。此即意之不可欺者也。故知藏於意，非意之所起也。又就知中指出最初之機，則僅有體物不遺之物而已。此所謂獨也。故物即是知，非知之所照也。《大學》之教，一層切一層，真是山窮水盡學問。原不以正誠為主意，以致良知為用神者。

案：此段確定心、意、知、物四字之義。從發用言心，先不抽離地設定一無善無惡之「心之體」。就好善惡惡之超越的絕對自肯以言意，故「意蘊於心，非心之所發」。就「意之不可欺」（毋自欺）以言知，故「知藏於意，非意之所起」。（案：陽明亦不說知是意之所起。此句只是如理說，非有對遮也。）就體物不遺之獨體以言物，故「物即是知，非知之所照」。（非意之所在，非知之所照，此對遮陽明之所說也。「僅有體物不遺之物而已」，其意當是：只有體物而無所遺的一個東西而已，這個東西便是「獨」。故「體物不遺之物」，此物非即「體物」中之物字。否則，不可說獨矣。此

處見蕺山措辭多隱晦。）由此四解，故綜括為四句如下：

有善有惡者心之動，好善惡惡者意之靜。
知善知惡者是良知，有善無惡者是物則。

此四句已見前解。

惟言「《大學》之言心也，曰忿懥、恐懼、好樂、憂患而已。此四者心之體也。」此數語未安。其意是就發用言心，現象學地、描述地以言之。說此四者是心之體，亦是由作用以見體。惟案《大學》云：「所謂修身在正其心者，心有所忿懥，則不得其正；有所恐懼，則不得其正；有所好樂，則不得其正；有所憂患，則不得其正。」依此言之，此四者雖是心之發用，然卻是不好的一面。此四者皆可有勝義與劣義兩面。然因「不得其正」，故此處所說皆是劣義。如是而言「此四者心之體」，雖是由作用以見體，亦不是那清淨原體。此所謂心之體，是現象學地、描述地，直就心之發用而言心之本質，即心之本質在發用也。此發用而善惡雜，然皆發用也。故云「有善有惡者是心之動」。此是經驗地說。故現象學地、描述地直就心之發用所言之心，乃是經驗層上的。由此而上翻以反顯超越的一面，此即「蘊於心非心之所發」之「意」也。故誠意以正心。依劉蕺山，誠意即是還意之純一不二，正心即是由意之誠以正心之發用之經驗層上之雜而供之歸於純。故其誠意即相當於陽明之致良知。在陽明，以致良知為先天工夫之關鍵，而意屬於經驗層。故致良知，則意誠而心自正。在蕺山，以誠意為先天工夫之關鍵，而以心之發用為經驗層。故誠意則心正，亦不必說致良知矣。而良

知亦即在意之誠中見。良知即意之不可欺,故意誠,良知即見。惟心之發用既是經驗層上之雜,則云:「其言意也,則曰好好色,惡惡臭。好惡者,此心最初之機,即四者之所自來」。此最後一語為不妥矣。意是超越的一面,絕對至善。何以能說此經驗層上之四者是由之而來?劉氏措辭之不妥處、滯礙處,大都類此。此其義理不純熟,故「文字般若」不足也。

此心之發用之經驗層上之雜即「念」也。

四、念則經驗一面:意與念之別

> 心無善惡,而一點獨知,知善知惡。知善知惡之知,即是好善惡惡之意。好善惡惡之意,即是無善無惡之體。此之謂無極而太極。意者心之所存,非所發也。或曰:「好善惡惡,非所發乎?」曰:「意之好惡,與起念之好惡不同。意之好惡,一機而互見。起念之好惡,兩在而異情。以念為意,何啻千里?」

心無善惡是言心之清淨原體,是謂至善。若對發用言,此是抽離地說。而此抽離地說之清淨原體,若落實而歸於具體,則因超越一面之意知而彰著其為至善,為具體而落實之至善。知善知惡之良知即藏於好善惡惡之不可欺之意中而融於一,此皆是純粹至善,而無對待相、生滅相者。故云:「即是無善無惡之體。」此種語句,當時凡言至精微絕對處,皆喜用之,而滋生謗議。現在都當解為「純粹至善」,無對待相,無生滅相。

　　意既是超越的純粹至善之絕對自肯，故爲心之所存，而非心之所發。心之存主而不逐物者，即此所存之意也。逐物而起者則念也（陽明所謂隨軀殼起念）。「意之好惡，一機而互見。」「一機」者，絕對之自肯；「互見」者，好善而惡惡：肯定善排拒惡俱見此一機之呈露。「起念之好惡，兩在而異情」。起念是屬於經驗層，逐物而起。逐於此，「此」即爲其念之內容而縛繫此念，供念與之爲凝一；逐於彼，亦然。念之好即著於此而不著於彼，念之惡即不著於此而著於彼。然無論好惡，皆逐物而起。此逐物而起即是念的一個普遍特徵，由此而說「兩在而異情」。「兩在」者，皆爲其所趣著者縛繫，而與之爲凝一，故好惡而兩在。「異情」者，好之與物凝，成一特殊之限定，惡之與物凝，亦成一特殊之限定，故異其情也。此「兩在而異情」之好惡之念，亦可有善的，然而不必其善，因逐物而起故，即善，亦是相對而限定之善。因此，此好惡之念乃善惡混雜，經驗的、偶然的、生滅起伏的。其普遍底子乃是逐物而起，兩在而異情。故爲善惡雜。意之好惡，其普遍底子乃是絕對之自肯，一機而互見，故爲絕對善。依此言之，決不能說意是忿懥、恐懼、好樂、憂患之念之所自來。

　　　　心、意、知、物是一路。不知此外何以又容一念字。今心爲念，蓋心之餘氣也。餘氣也者，動氣也。動而遠乎天，故念起念滅，爲厥心病，還爲意病，爲知病，爲物病。故念有善惡，而物即與之爲善惡，物本無善惡也。念有昏明，而知即與之爲昏明，知本無昏明也。念有眞妄，而意即與之爲眞妄，意本無眞妄也。念有起滅，而心即與之爲起滅，心本無

起滅也。故聖人化念還心，要於主靜。

意既不是念之所自來，然則念何自來？蕺山曰：「今心爲念，蓋心之餘氣也。」此「餘氣」一詞甚有意思。餘氣者，心氣之動被物所牽引，遺出而洩漏，遂凝結於感覺之情，而不返者也。遺出而不返，遂爲心之餘氣矣。心氣之靜本無所謂餘。心氣之靜，即所謂「心體」也。（由心體以透性體之心體。）然動用流行是心之本性，故於心亦可言氣，而曰「心氣」。（氣有心氣、物氣之別。）心氣之動，若不經過內聖之踐履工夫以貞定之，使之恆如其性，而一味順其經驗的自然之動用而流行，則其動也，即不能將其內蘊全幅保聚於其自身而恆如其性，而圓整其自己，使之無欠無餘。依此，其遺出而洩漏，外結而不返，必不可免。此則即爲餘氣矣。餘之又餘，必至盡洩而無餘，則心死矣。故云：「餘氣也者，動氣也。動而遠乎天，故念起念滅，爲厥心病，還爲意病，爲知病，爲物病。」此所謂「動氣」，似尙不是陽明所說之「動於氣」，乃是對心體之靜而只順其經驗的自然之動言。順其經驗的自然之動而爲浮動，此即所謂「動氣」，亦即餘氣也。故此動當爲狀詞，而非被動詞。此成餘氣之動氣，必爲浮動之氣。故愈動而愈遠乎天。原夫心之所以浮動而爲念，而爲餘氣，蓋爲物欲所牽引故也。逐物而馳，往而不返，故念起念滅，好惡兩在而異情。而動而遠乎天，則餘之又餘，心死而止，豈但「爲厥心病」而已哉？念有起滅，心即與之爲起滅，一起紛馳而逐流。念有眞妄，意即與之爲眞妄，一起凝結而兩在。念有昏明，知即與之爲昏明，一起雜染而失其靈。念有善惡，物（天則，獨體）即與之爲善惡，一起顛倒而失其常。故

心死、意喪、知泯、物滅，全幅生命陷落於經驗層，而成為大虛無。扭轉危局，化念還心，要於主靜。主靜者，收攝心之浮動而歸於心氣之靜，使之恆如其性，無欠無餘也。而所以能至此之先天工夫，則在緊握「意之不可欺」而恢復其超越一面之淵然貞定之常體。心、意、知、物是一路，此超越的貞定常體一恢復，則心、知、物皆復而恆如其性矣。故誠意慎獨為單提直指之先天工夫。

> 天一也，自其主宰而言，謂之帝。心一也，自其主宰而言，謂之意。〔……〕今言意為心之所發，亦無不可。言所發而所存在其中。終不可以心為所存，意為所發。意者心之所發，發則有善有惡。陽明之說，有自來矣。抑善惡者意乎？好善惡惡者意乎？若果以好善惡惡者為意，則意之有善而無惡也明矣。然則誠意一關，其止至善之極則乎？

無論經驗面或超越面，心總以動用為性。故就超越面而言，說意為心之所發（即心之發用）亦無不可。然此「無不可」，卻是說：一言所發而所存即在其中。故終不可以心為所存，以意為所發也。蓋如此，則心、意分落於兩層面，心為超越面，意為經驗面，而意為念而非意。若所發、所存是一，則心、意俱在超越面，而心之為超越面而恆如其性乃由意而彰顯。蕺山體此甚深。意既為心之所存，由好善惡惡而見，則意自是有善而無惡，而有善有惡者念也。意有善而無惡，則心知物皆有善而無惡，皆是至善。

> 如惡惡臭，如好好色，蓋言獨體之好惡也。元來只是自好自

惡。故欺曰自欺，慊曰自慊。既是自好自惡，則好在善，即
是惡在不善。惡在不善，即是好在善。故好惡雖兩意而一
幾。若以所感時言，則感之以可好而好，感之以可惡而惡，
方有分用之幾。然所好在此，所惡在彼，心體仍只是一個。
一者誠也，意本一，故以誠還之。非意本有兩，而吾以誠之
者一之也。

意之好惡，「雖兩意，而一幾」，或「一幾而互見」，皆表示它是
超越之至善，而不是經驗層上之「兩在而異情」。此蕺山學中之最
精采者。

五、與致良知教對刊：疏通結礙

古本聖經而後，首傳誠意。前不及先致知，後不及欲正心。
直是單提直指，以一義攝諸義。至末又云：故君子必誠其
意。何等鄭重。故陽明〈古本序〉曰：「《大學》之道，誠
意而已矣。」豈非言誠意而格致包舉其中，言誠意而正心以
下更無餘事乎？乃陽明宛轉歸到致良知，為《大學》本旨。
大抵以誠意為主意，以致良知為工夫之則。蓋曰誠意無工
夫，工夫只在致知，以合於明善是誠身工夫，博文是約禮工
夫，惟精是唯一工夫。豈不直截簡要？乃質之誠意本傳，終
不打合。〔一〕及考之修身章，好而知其惡，惡而知其美，
只此便是良知。然則致知工夫，不是另一項，仍只就誠意中
看出。如離卻意根一步，亦更無致知可言。余嘗謂好善惡惡

是良知。舍好善惡惡，無所謂知善知惡者。好即是知好，惡
即是知惡。非謂既知了善，方去好善，既知了惡，方去惡
惡。審如此，亦安見所謂良者？乃知知之與意，只是一合
相，分不得精粗動靜。〔二〕且陽明既以誠意配誠身、約
禮、惟一，則莫一於意，莫約於誠意一關。今云「有善有惡
意之動」，善惡雜糅，向何處討歸宿？〔三〕抑豈《大學》
知本之謂乎？如謂誠意即誠其有善有惡之意，誠其有善，固
可斷然爲君子，誠其有惡，豈有不斷然爲小人？吾不意謂良
知既致之後，只落得做半個小人。〔四〕若云致知之始，有
善有惡，致知之終，無善無惡，則云《大學》之道正心而已
矣始得。前之既欲提宗於致知，後之又欲收功於正心，視誠
意一關，直是過路斷橋，使人放步不得。主意在何處？
〔五〕

案：此段與致良知教對刊。可如所注之五點疏解如下：

一、「乃質之誠意本傳，終不打合。」此是經傳原文如何講問
題。關此，吾人須知宋明儒講學皆獨具個人義理系統，不純是注解
原文問題。從致知格物，即物而窮其理，亦可成一系統，如朱子；
扭轉朱子格物之說而言致良知，亦可成一系統，如陽明；直就誠意
慎獨而說，亦可成一系統，如蕺山。致良知教乃是天外飛來，由超
曠之悟而得。不過落於《大學》而已。衡之經傳原文，也許朱子所
講較爲切合。然不礙義理系統之進展也。故已不是與原文打合否之
問題。即如蕺山單提誠意，「知藏於意」之知爲良知，原文究是此
意否，亦未敢必。然不礙客觀義理之極成也。

二、「乃知知之與意只是一合相，分不得精粗動靜。」既知是「一合相」，則誠意可，致知亦可。如是，「離卻意根一步，亦更無致知可言」，此兩語亦可說，亦不可說。如認爲一合相，分不得精粗動靜，則可說；如認陽明不知此一合相，認其所謂良知乃與蕺山所說之意脫節，則不可說。蓋陽明之良知本是「既虛亦實」之全德，由是非之心、羞惡之心，合一而言之。如是，則蕺山所說之意即含其中，而總名之曰良知，特彰虛用義。然由良知之虛用見主宰，則主宰義含其中。惟未特標明舉，而將原文之意推出去視爲經驗層上之念耳。如是良知屬超越面，意屬經驗面，而「致良知」即足矣。故好善惡惡與知善知惡是一，在陽明亦不背也。如是則無所謂「離卻意根一步，更無致知可言」矣。若因良知虛用之弊而流爲蕩肆，特將意根明標特舉，將誠意之意視爲心之所存，使良知之虛用有收煞（良知本有收煞，只對弊而言），則固學術中之一進步。然如此，亦必須知誠意固極成，致良知亦極成也。不必尊此絀彼，造成滯礙於胸中。知不相礙而相成，則學術之大通也。

三、「今云有善有惡意之動，善惡雜糅，向何處討歸宿？」曰：即在良知處討歸宿。蓋良知是虛實之全德，屬於超越面，意則爲念，屬經驗面。亦如化念還心，向意處討歸宿也。

四、「吾不意謂良知既致之後，只落得做半個小人。」案：此不成義理。在陽明，由致良知而誠意，亦猶在蕺山由誠意而化念還心。蓋陽明之「誠意」與蕺山之「誠意」，不但「意」不同，即「誠」字之解法亦不同。在蕺山，解誠意爲：如意之純一不二而還其爲純一不二，「非意本有兩，而吾以誠之者一之也。」而在陽明，則意爲念，正是念本有兩，而吾以致良知使之歸於一。使之歸

於一，亦是化念還心也。良知運行，則意念即無有兩，而一是皆純矣。此之謂誠意。非如其爲善念而實之爲善，如其爲惡念而實之爲惡。此則成何說法？何可如此解人？審如此，則蕺山之「化念還心」亦不可能矣。蓋念是餘氣，既遺出外結而爲善，即善矣，遺出外結而爲惡，即惡矣，皆成定局，如何化它？非是化已成者，而是由誠意愼獨使之不再如此耳。由致良知以化念，亦是如此。焉可解爲「只落得做半個小人」？蓋蕺山之「誠意」與陽明之「致良知」，其工夫與作用皆在同一層次。誠意是以誠還之，致良知是不要間隔而推致之，擴充之。此皆是立本而見超越一面之工夫，故其爲工夫同也。立本而見超越一面之工夫即在對治經驗一面：在陽明，爲由致良知而誠經驗義之意，故正好落在誠意上，而在蕺山，則由誠意而化念還心，然而《大學》卻並無一個念。然而總有個經驗面，故其作用亦同也。欲正心，先誠意；欲誠意，先致知；而致知在格物。此一串表說上的先後次序，總得有一個起點。在朱子，則直就《大學》之次序，從格物起，而成爲道問學之途徑、經驗之工夫。是就原文說，有表面之順適。然就客觀義理說，經驗之工夫與內聖之踐履不相應，道問學之格物與正心誠意並無本質的關係。如是，陽明以其超曠之悟，提出致良知，而落在《大學》之致知上，遂解致知爲致良知，以此爲起點。如是扭轉經驗之工夫而爲先天之工夫，與內聖之踐履爲相應矣。此起點之工夫是立本而見超越一面，而經驗一面則落在誠意上。至於正心與格物則落在委蛇上。在蕺山，則立本而見超越一面之工夫是直就誠意愼獨說，心意知物是一路（由毋自欺而見良知，以及致知之知亦解爲良知，亦是隨同陽明之天外飛來而就《大學》而點出者），而由心之動以開出一經

驗面之念字，此在《大學》所列舉之次序上並無字面之著落者，其著落即在心之動，義理亦通。是則凡立本而見超越一面之工夫字，如致良知之「致」字，誠意之「誠」字，與其所對治之經驗面處之工夫字，如誠意之「誠」字（陽明），正心化念之「正」字與「化」字，解法皆不能同。而蕺山則以自己立本而見超越一面之「誠」字解陽明經驗面之「誠」字，遂有「只落得做半個小人」之刻語，此則蕺山之滯礙不通者，不可不察也。

　　五、「視誠意一關，直是過路斷橋，使人放步不得。主意在何處？」曰：主意即在誠意，而以致良知爲工夫之則。或，「以正誠爲主意，以致良知爲用神」。在蕺山，則以正心之動爲主意，而以誠意爲用神，或工夫之則。兩者皆通，不必深文周納，橫生滯礙。亦不必斤斤於《大學》原文如何如何。

　　　　有善有惡意之動，知善知惡知之良，二語決不能相入，則知與意分明是兩事矣。〔案：在陽明自是兩事。良知是超越一面，意之動是經驗一面。〕將意先動而知隨之耶？抑知先主而意繼之耶？如意先動而知隨之，則知落後著，不得謂良。如知先主而意繼之，則離照之下，安得更留鬼魅？〔案：致良知則消鬼魅自消，惟不致，則意念不能純而一於善。焉得有意先知隨，或知先意繼之疑難耶？〕若或驅意於心之外，獨與知與心，則法唯有除意，不當誠意矣。且自來經傳，無有以意爲心外者。〔案：此亦無理。只須確定其意爲念斯可耳。何得如此滯礙？若因意有善惡，即不得說誠意，然則心之動有善惡，亦不得說正心乎？〕求其說而不得，無乃即知

即意乎？果即知即意，則知良，意亦良，更不待言。〔案：
此自極成。不必因此而定絀彼。蓋蕺山所說之意即已含於陽
明之良知中。惟未就《大學》所說之誠意而如此點出，而以
「誠意」之意爲念耳。〕

如惡惡臭，如好好色，全是指點微體。過此一關，微而著
矣。好而流爲好樂，惡而流爲忿懥，又再流而爲親愛之僻，
爲賤惡之僻，又再流而爲民好之僻、民惡之僻。濫觴之弊，
一至於此。總爲不誠意故。然則以正心章視誠意，微著之辨
彰彰。而世儒反以意爲粗根，以心爲妙體。

案：以意爲經驗面，即爲粗根。以良知見心，心爲妙體。蕺山言心
先從經驗面說，即現象學地描述地言之。此則自無所謂妙。然彼亦
知心本無善惡，本無起滅，此即心之超越面。如此，心亦自是妙
體。其所以能復其妙，正因意之誠而使心恆如其性也。意根最微，
心亦妙體，何得於此有所抑揚？此等處總見蕺山之有滯礙。得無因
其特有所見而蔽耶？因此一蔽，即見其心之不化。

陽明云：「意在於事親，則致吾良知於事親之物。」只意在
於事親，便把個私意了。當晨昏則定省，當冬夏則溫清。何
處容得意在於事親耶？

案：此亦找好聽的說。

朱子表章《大學》，於格致之說，最爲吃緊。而於誠意反草

草。平日不知作何解。至易簀，乃定爲今章句曰：「實其心之所發。」不過是就事盟心伎倆，於法已疏矣。至慎獨二字，明是盡性吃緊工夫。與《中庸》無異旨。而亦以心之所發言，不更疏乎？朱子一生學問，半得力於主敬。今不從慎獨二字認取，而欲攝敬於格物之前，眞所謂握燈而索照也。

案：此評卻恰。朱子本是經驗的工夫，未開出先天的工夫。是其不相應處。

予嘗謂學術不明，只是《大學》之教不明。《大學》之教不明，不爭格致之辨，而實在誠正之辨。蓋良知與聞見之知，總是一知。良知何嘗離得聞見？聞見何嘗遺得心靈？水窮山盡，都到這裡。誠正之辨，所關甚大。辨意不清，則以起滅爲情緣；辨心不清，則以虛無落幻相。兩者相爲表裡，言有言無，不可方物。即區區一點良知，亦終日受其顛倒播弄而不自知，適以爲濟惡之具而已。視聞見支離之病，何啻霄壤？〔案：此末流之弊，失良知之本旨。蕺山辨意以救之，自有大功。〕一誠貫所性之全，而工夫則自明而入。故《中庸》曰誠身，曰明善，《大學》曰誠意，曰致知。其旨一也。要之，明善之善，不外一誠：明之所以誠之也。致知之知，不離此意：致之所以誠之也。本體工夫，委是打合。意根最微，誠體本天。本天者，至善者也。以其至善，還之至微。乃見其眞。止、定、靜、安、慮，次第俱到，以歸之得。得無所得，乃爲眞得。禪家所謂向一毛孔立腳是也。此

處圓滿，無處不圓滿。此處虧欠，無處不虧欠。故君子起戒於微，以克完其天心焉。欺之爲言，欠也。所自者欠也。自處一動，便有夾雜。因無夾雜，故無虧欠。而端倪在好惡之地。性光呈露，善必好，惡必惡。破此兩關，乃呈至善。所謂之如好好色，如惡惡臭。此時渾然天體用事，不著人力絲毫。於此尋個下手工夫，惟有慎之一法。乃得還他本位，曰獨。仍不許亂動手腳一毫，所謂誠之者也。此是堯舜以來相傳心法，學者勿得草草放過。

案：此段確鞭辟入裡。

起一善念，吾從而知之。知之之後，如何頓放此念？若頓放不妥，吾慮其剜肉成瘡。〔案：如何頓放此念？曰：不頓放此念，讓它過去。只致良知，而使念念皆善。〕起一惡念，吾從而知之。知之之後，如何消化此念？若消化不去，吾恐其養虎遺患。〔案：如何消化此念？曰：不消化此念，讓它過去。只致良知，使念念皆善，不再有惡。〕總爲多此一起。纔有起處，雖善亦惡。轉爲多此一念。纔屬念緣，無滅非起。今人言致良知者如是。

案：此所以由誠意而化念還心。雖念念相續，皆是天理流行。雖起而無起，雖念而無念。一是皆意根之所主矣。而意根最微，無所謂起，無所謂滅也。同理，此所以由致良知而化念還心。雖念念相續，皆是天理流行。雖起而無起，雖念而無念。一是皆良知之妙用

矣。而龍溪亦曾以慈湖之「不起意」解良知,而在四無中又言「無意之意則應圓」,是即已開蕺山之所謂「意」,而「意與知只是一合相,分不得精粗動靜」,亦含其中矣。見〈中篇〉。

六、答董標心、意十問

> 董標問:「有意之意與無意之意同否?」曰:「人心之有意也。即虞廷所謂道心惟微也。惟微云者,有而未始滯於有,無而未始淪於無。蓋妙於有無之間,而不可以有無言者也。以為無,則墮於空寂;以為有,則流於智故。又何以語心體之本然乎?則是同是別之疑,可釋也已。」

案:此是就意根最微之意而言其有無相。但此問亦可解為有意之意是念,無意之意是意。再進一層始說:無意之意即是意根最微之意。此則妙於有無之間而不可以有無言。蓋此意恆是淵然貞定,而不自身起風波者也。

> 問:「有意之時與無意之時礙否?」曰:「意既不可以有無言,則併不可以有無之時言矣。有時而有,則有時而無。有無既判為兩意,有無又分為兩時,甚矣其支也。時乎時乎,造物所謂逝者如斯夫,而何獨疑於人心乎?」

案:意根最微之意,就其為存有言,是有,此謂意之有相。此有是名詞或實詞。就其空蕩蕩的,恆自貞定,而不自起風波言,則為

無，此謂意之無相。此無亦是名詞。前答妙於有無之間而不可以有
無言，即就此名詞之有無言。如是之意，既不可以有無言，亦可以
有無言。惟不可以有無之時言耳。蓋此名詞之有無是就意根最微之
意之性相言。而有無之時之有無，則是動詞。惟動詞可以有時。而
有時之動詞之有無，不可以之說意根最微之意。而可以以之說念
也。蓋念有起滅，故有有無之時也。有意之時，即是起念之時，無
意之時，即是不起念之時。故此有無為動詞也。而意根最微之意則
常貞定，而無所謂起滅，故亦無所謂有無之時。惟問者當問有意之
意與無意之意同否時，其心目中之意何所指，以及有無是何意，頗
難說。如指意根最微之意言，而有無亦指名詞言，則蕺山前答及此
答皆是。如其心目中說的或想的是念，而有無為動詞，則蕺山所答
為不盡，不能使之判分意念，決其疑似。

　　　　問：「心有無意時否？」曰：「意者心之所以為心也。止言
　　　　心，則心只是徑寸虛體耳。〔案：此語有病，作象徵語看，
　　　　亦可。〕著個意字，方見下了定盤針，有子午可指。然定盤
　　　　針與盤子，終是兩物。意之於心，只是虛體中一點精神，仍
　　　　只是一個心，本非滯於有也。安得云無。」

案：心若全成為餘氣而為念，則只有念而無意，馴至心死，並亦無
心。若心不死，則意常在，安得有無意之時？

　　　　問：「意與心分本體流行否？」曰：「來教似疑心為體，意
　　　　為流行。愚則以為意是心之體，而流行其用也。但不可以意

為體，心為用耳。程子曰：『凡言心者皆指已發而言。』既
而自謂不然。愚謂此說雖非通論，實亦有見。蓋心雖不可以
已發言，而《大學》之言心也，則多從已發。不觀〈正心〉
章專以忿懥好樂恐懼憂患言乎？分明從發見處指點耳。且正
之為義，如云方方正正。有倫有脊之謂易〔當為正〕，所謂
效法之謂坤也。與誠意字不同。誠以體言，正以用言。故正
心先誠意，由末以之本也。《中庸》言中和，中即誠，和即
正。中為天下之大本，誠為正本也。凡書之言心也，皆合意
知而言者也。獨《大學》分意知而言之。一節推進一節。故
即謂心為用，意為體，亦得。」

案：心為綜和名詞。一言心，便綜心之全德，故曰天心仁體。孟子
由心以見性，亦綜心之全德。象山總持地直就天心仁體言，更無分
疏。陽明雖特彰良知，而亦總融於心之全德而言之。此義決不可
忘。如是，心為全體，即體也。其他為德，即目也，亦用也。此用
以德定，不以流行定。反之如彰仁，則亦可說仁為心之體；如彰
義，則義為心之體；如彰禮，則禮為心之體；如彰智，則良知為心
之體；如彰意，則意為心之體。此體是本質義、體性義。心無量
德，心德無盡。常樂我淨亦是心之德、心之體。故陽明亦說樂是心
之本體。今蕺山欲彰意，則說意是心之體即可耳。何得心意對立，
謂意為體，謂心為用？說心為用，只取其流行一義耳，或只說其經
驗一面（即已發）耳。蕺山常不能就超越一面心之全德而言心。蓋
亦為其所彰之意縛得太緊耳。復次應知，無量諸德皆非孤離對立，
乃是每一德通於全體。此不是抽象的普遍性，而是具體的普遍性。

此義陽明甚透，而蕺山則滯礙不通。

> 問：「意屬已發，心屬未發否？」曰：「人心之體，存發一
> 機也。心無存發，意無存發也。蓋此心中一點虛靈不昧之主
> 宰，常常存，亦常常發。」

案：此就心之超越一面言。意與良知總是超越面。念是經驗面。凡
天心仁體之超越面皆是常常存，常常發：存發一機。妙於存發之間
而不可以存發言，妙於有無之間而不可以有無言。動靜亦然。

> 問：「一念不起時，意在何處？」曰：「一念不起時，意恰
> 在正當處也。念有起滅，意無起滅也。今人鮮不以念爲意
> 者。道之所以常不明也。」
> 問：「事過應寂後，意歸何處？」曰：「意淵然在中，動而
> 未嘗動，所以靜而未嘗靜也。本無來處，亦無歸處。」
> 問：「百姓日用不知之意與聖人不思勉之意，有分別否？」
> 曰：「百姓日用而不知，惟其定盤針時時做得主，所以日用
> 得著不知之知，恍然誠體流露。〔案：此答不妥。〕聖人知
> 之，而與百姓同日用，則意於是乎誠矣。誠無爲。纔著思
> 勉，則不誠。不誠，便非意之本體矣。觀誠之爲義，益知意
> 爲心之主宰。不屬動念矣。」

案：百姓日用不知之意是不自覺的、潛存的意，其日用得著是在習
中用。意只是在其自己，而未對其自己。何得云：其定盤針時時做

得主，恍然誠體流露？聖人不思勉之意，是通過對其自己而又在其自己。是全幅彰顯出來而在覺中行的意，是意如其為意之意。

問：「學問思辨工夫與從容中道之天道，是一是二？」曰：「學問思辨，而不本之從容中道，則事事入於人偽。學不是學，問不是問，思不是思，辨不是辨，行不是行。故曰：思誠者，人之道也。誠意云者，即思誠一點歸宿精神。所謂知至而後意誠也。」

案：此說得太陡截，失掉艱苦的意思，亦不能盡其曲。讀者思之。

問：「從心不踰，此時屬心用事，還屬意用事？」曰：「此個機緣正是意中真消息。如定盤針在盤子中，隨盤子東西南北，此針子只是向南也。聖人學問到此，得淨淨地，並將盤子打碎，針子拋棄。所以平日用毋意工夫，方是至誠如神也。無聲無臭，至矣哉。
此個主宰，要他有，又要他無。惟聖人為能有，亦惟聖人為能無。惟從有處無，所以無處有。有而無，無而有，方見人心至妙至妙處。」

案：到此即是心體全幅透徹，朗現而又徹露幽深邃遠之性體也。此即肫肫其仁，淵淵其淵，浩浩其天。

七、答史孝復十疑

史孝復疑:「《大學》於誠意後,復推先致知一著,而實其功於格物者,誠恐拋卻良知,單提誠意,必有誠非所誠者。涑水〔司馬光〕、元城〔劉安世〕只作得九分人物,以此。」曰:「格致是誠意工夫,明善是誠身工夫,其旨一也。蓋以誠意為主意,格致為工夫,工夫結在主意中,並無先後可言。若不提起主意,而漫言工夫,將必有知非所知之病矣。」

案:「必有誠非所誠」與「必有知非所知」,此兩語極有工夫義理上問題之意義。此將迫使吾人對雙方作確切之了解。在蕺山,「意根最微」之意,良知即在其中,故無「誠非所誠」之病。若意為盲意,則單提誠意,真有誠非所誠之病矣。此則使吾人加重「明覺」之作用,即,意雖為心之所存,而良知之明覺不可廢也。故蕺山即以意之不可欺為良知之明覺。而陽明即以良知為準則,而誠意之意則屬經驗面,故亦無「知非所知」之病。蓋良知之用即是心德之全,並非只是一明覺而無實德內容者,即,蕺山所說之意即合於良知之中:良知即是是非之心,即是羞惡之心(好惡之心),故自有準則。若只是一明覺,而無天理在內,則良知即不能有內在之標準,一切推出於良知之外,情識在外,天理亦在外,則誠可有「知非所知」之病,而流於漫蕩矣。蕺山之言是對良知教末流而發,故點出意根最微之意以收攝之,此自有提醒補助之功,而良知教本身

則固無弊也。

　　疑：「妙於有無之間，而不可以有無言者，心也。即道心惟微也。而以意當之，不啻霄壤矣。」曰：「心則是個渾然之體，就中指出端倪來，曰意，即惟微之體也。人心惟危，心也，而道心者，心之所以爲心也。非以人欲爲人心，天理爲道心也。正心之心，人心也。而意者，心之所以爲心也。非以所存爲心，所發爲意也。微之爲言幾也，幾即意也。」

案：蕺山於工夫著眼點在誠意，由意而見之心之所以爲心，即見心之超越面，而若平視心之是其所是，則只是現象學地說其經驗面。此是蕺山思路之獨特處。從經驗一面證心，自無所謂「妙於有無之間，而不可以有無言」。自陸王以來，普通言心者大體皆自其超越一面言，故一說心，皆意指其虛靈之妙用，所謂「以心爲妙體」也。從超越一面言，自如此。然不獨心體本身如此，凡心德（超越面之心德）皆如此。是則無疑於意矣。

　　疑：「怵惕惻隱之心未起，是無意之時，既起，是有意之時。納交要譽惡聲之心亦然。」曰：「怵惕惻隱之心隨感而見，非因感始有。當其未感之先，一團生意，原是活潑潑地。至三者之心，初來原不曾有。亦可見意之有善而無惡矣。不幸而夾帶三者之心，正因此心無主，不免轉念相生，全坐不誠之病耳。今以時起者爲意，又以轉念而起者爲意。豈意有時而怵惕惻隱，有時而納交要譽惡聲，善惡無常，是不特無

　　納交要譽惡聲之心，並無怵惕惻隱之心，宛轉歸到無善無惡
　　之心體耶？」

案：此疑確未明意與念之別。

　　疑：「復之所謂意者，蓋言知也。心體渾然，說個知字，方
　　見有定盤針。若以意充之，則適莫信果，無所不至。」曰：
　　「心體只是一個光明藏，謂之明德。就光明藏中討出個子
　　午，見此一點光明，原不是蕩而無歸者，愚獨以意字充之。
　　子午是活適莫，適莫是死子午。其實活者是意，死者非意。
　　總之，一心也，賢以為知者，即是意中之知，而僕之以為意
　　者，即是知中之意也。」

案：此答甚善。

　　疑：「《說文》：意，志也。《增韵》：心所向也。《說
　　文》於志字下：志，意也。又曰：心之所之也。未有以意為
　　心者。」〔案：此句當為未有以意為心之所存者〕。曰：
　　「心所向曰意，正是盤針之必向南也。只向南，非起身至南
　　也。凡言向者，皆指定向而言。離定字，便無向字可下。可
　　知意為心之主宰矣。心所之曰志，如云：志道志學，皆言必
　　為聖賢的心。仍以主宰言也。心所之與心所往異。若以往而
　　行路時訓之字，則拋卻腳根，離定一步矣。〔……〕」

案：講義理不必根據《說文》訓釋。

> 疑：「朱子以未發屬性，已發屬情，亦無甚謬。」曰：「古
> 人言情者，曰利貞者性情也，即性言情也。六爻發揮，旁通
> 情也；乃若其情；無情者不得盡其辭，如得其情：皆指情蘊
> 情實而言。即情即性也。並未嘗以已發爲情，與性字對也。
> 乃若其情者，惻隱羞惡辭讓是非之心是也。孟子言這惻隱心
> 就是仁，非因惻隱之發而見所存之仁也。」

案：原始儒家《孟子》、《中庸》、〈繫辭傳〉一系之思想實是性
情並言合而爲一詞，以見心之所以爲心，不同道家只是虛靈明覺之
鏡照之心。此最見儒者言心性之特色。普通所謂「性情」即由此
來，此是一好詞。至張橫渠言「心統性情」，朱子承之，表面觀
之，亦似無病。然此語實預伏性情對立之機。以未發屬性，已發屬
情，即此對立之顯言也。復言性即理，則不但與情遠，與心亦遠。
未發屬性，則性是潛存之渾然，難說其無能發此情之根也。已發屬
情，即無性乎？無性之情爲惡情。「性情」之情非惡情也。然則性
與情不能分屬未發已發矣。此只能就其存發一機之呈現而描述地合
一地言之。走邪而爲惡情，則與性對。然此不是已發事也，已發不
必是惡情也。惡情是已發而離乎性者也。性情是存發一機之呈現，
可以描述地合一地言之，亦可以抽象地分解地言之，然不能拆開有
所分屬。朱子常作分解的工夫，此自有貢獻，然常不能歸合，此是
其不透處。蕺山此處所言甚是。然其現象學地描述之態度亦常有不
能簡別處。此如其言理氣合一，並義理之性與氣質之性之分亦反對

之，此則不可。蓋易陷落而流於經驗一面而純爲現象主義，自然主義。此無簡別之過也。詳論見下。

> 疑：「念無主，意有主，心有主而無主。固不可以念爲意，尤不可以意爲心。」曰：「心既有主而無主，正是主宰之妙處。決不是離卻意之有主，又有個心之有主而無主。果有二主，是有二心也。」
>
> 疑：「《大學》誠意後，尚有正心工夫。」曰：「誠意一關，是學問立命靈符。雖其間工夫有生熟，然到頭只了得誠意本分。故誠意之後，更無正心工夫。」
>
> 疑：「毋意解，恐當從朱子說。」曰：「聖人毋意，所謂有主而無主也。朱子曰：私意也。必下個私字，語意方完。畢竟意中本非有私也。有意而無意，有主而無主也。」

案：有主而無主是毋意所顯者。朱子說私意，是就所毋者言。此不同是遮表兩面說。

> 疑：「竊觀前後宗旨，總不出以意爲心之主宰。然必舍良知而言意者，緣陽明以後諸儒，談良知之妙，而考其致處，全不相掩，因疑良知終無憑據，不如意字確有可依耳。」曰：「鄙意則謂良知原有依據。依據處即是意。故提起誠意而用致知工夫，庶幾所知不至蕩而無歸也。」

案：依戢山，誠意即是致知，此兩者合一，都是先天工夫。若云提

起誠意而用致知工夫，則此語反可用於陽明之致知誠意。而於自己所說之誠意反成重疊，一似有本末因果關係者。故此語措辭不諦。

〈答葉廷秀〉云：

> 然則好惡者，正指心之所存言也。此心之存主，原有善而無惡。何以見其必有善而無惡也？以好必於善，惡必於惡。好必於善，如好好色，斷斷乎必於此。惡必於惡，如惡惡臭，斷斷乎必不於彼。必於此而必不於彼，正見其存主之誠處。故好惡相反而相成，雖兩用而止一幾。所謂幾者，動之微，吉之先見者。蓋此之好惡，原不到作用上看。雖能好能惡，民好民惡，總向此中流出，而但就意中，則只指其必於此，必不於彼者，非七情之好惡也。

八、性天之旨

前第二段曾言心體與性體。茲再就此以言性天之奧秘。

蕺山曰：

> 性情之德有即心而見者，有離心而見者。即心而言，則寂然不動，感而遂通。當喜而喜，當怒而怒。哀樂亦然。由中道和，有前後際，而實非判然分為二時。離心而言，則維天於穆，一氣流行。自喜而樂，自樂而怒，自怒而哀，自哀而復喜。由中道和，有顯微際，而亦非截然分作兩在。然即心離心，總見此心之妙；而心之與性不可以分合言也。

案：此段所說與前第二所引「從性體看來，則曰莫見莫顯，是思慮未起，鬼神莫知也。從心體看來，則曰十目十手，是思慮既起，吾心獨知時也。」一段相類比。「性情之德有即心而見，有離心而見。」「即心而見」即是從心體看，「離心而見」即是從性體看。前者是自覺的，即，性情之德（或性天之體）是在心覺中呈現，故云：「寂然不動，感而遂通。」，又云：「是思慮既起，吾心獨知時也。」心、意、知是一路，皆是心。心，若形上學地言之，是「實現原理」，若踐履地言之，是覺悟原理。性情之德即心而見即是性情之德通過心覺而成爲「對其自己」，而「對其自己」即實現原理也。性情即是宇宙人生的本體，故亦曰性天。此性天之體（即性天之爲本體），一著性情二字以彰著之，便見充實飽滿、具體活潑，有內容、有定向（此即天則）。此性天之體，若內在於其身而言之，即所謂從性體看；而所謂離心而見，此離實並非眞離，實只是超自覺也。故云：「維天於穆，一氣流行。」，又云：「是思慮未起，鬼神莫知也。」依是，此所謂離心而見，或從性體看來，實只是體性學地或客觀地以言此「性天之自己」，即性天之體之「在其自己」。而「在其自己」是「存有原理」。

「然性體即從心體中看出」，又云：「即心離心，總見此心之妙，而心之與性，不可以分合言也。」此即示：在工夫過程中，「在其自己」必通過「對其自己」而呈現，而「對其自己」必復返於「在其自己」而消融，因而成一「在而對其自己」之融合：在不斷的「在而對其自己」中，工夫純熟，心體貞定（意知俱如其性），性體透顯。心體不斷地擴充朗現貞定，而性即在此中不斷地透顯彰著與昭明。蕺山於此似表示心性不即不離，不一不二，而有

極爲深遠之嚮往。不即：心覺是實現原理，或形著原理，而即此形
著中，此心體總是「有限而無限」，而性體是存有原理，總是自存
自足自身如如之無限。不離：此自身如如之無限並非外於意知心體
而截然不同者，其爲性天之體，其爲性情之德，即由意知心體而見
其爲性天，見其爲性情。不一由不即見，不二由不離見。不離，則
性體內在於心體；不即，則性體總超越乎心體而保持其深遠義與超
越義。在不斷的「在而對其自己」之工夫過程中，蕺山似極能表示
性天之體之「內在而超越」性。此若與程朱陸王比觀，則當易於了
解。

　　在程子或朱子，性即理也，在物爲理，在人爲性，性理充其極
而至其超越性與普遍性，而心體不能充極，停在潛存而自然之狀
態，而只用靜時之涵養以養之，而眞正落實之工夫則全在格物窮理
之道問學，此爲心體所投射出之智力，而即成爲心力之外用，心體
與性體之內在關聯，即內聖之踐履上的內在關聯，遂打斷而歧出，
而只成爲道問學（心力之外用）與性體之外在關係：如是，性體雖
可保持其超越性，然而不能內在於心體，故心與性（理）爲離爲
二。至乎陸王，則心體充其極，頓時涵蓋乾坤，故性體亦全幅內在
于心體，心體與性體之內聖踐履上的內在關聯亦恢復而成立，而先
天的工夫亦開出而成立。然此先天的工夫是靠心體（良知）之彰顯
而前用（前擴），即所謂「致良知」，而在良知之呈現處則是一了
百了的：良知呈現，全幅是心，即全幅是理，心理之間並無即離之
可言，亦即心體性體之間並無即離之可言。如是，性體全幅內在於
心體，心體全幅滲透於性體而一起昭明朗現，更無幽深邃遠之意，
此即所謂「顯教」，而性體之超越義即不顯，即只有內在義，而無

超越義。此從體上說，本可有此圓通無礙之化境。然至蕺山，則歸顯於密，先天工夫亦成立，而心體與性體之間則保持一內聖踐履上之不即不離、不一不二之內在關係，如是則性體既內在亦超越，既非程朱之只超越而不內在，亦非陸王之只內在而不超越。此則為蕺山之獨特的深造自得者。惟於此須注意，即蕺山亦扭轉朱子之外在的經驗工夫，而為內在的先天工夫，是則與陸王為相承，與程朱為相反。相承，則誠意與致良知相得而益彰，從良知之虛用說，則心體與性體永永合一，性體全內在於心體，而無超越義，此為圓而神之顯教，而若歸顯於密，攝知於意，則心體與性體不即不離、不一不二，性體既超越亦內在。從良知之虛用，則為前擴之顯教；從誠意之慎獨，則為內斂之密教。至若相反，則棄其外在的經驗工夫，而攝性體於心體，而亦保持其超越性。既內在亦超越，則性天之體遂得成絕對之真實，亦得極成而不搖動矣。是以心體與性體之內在關係必須首先建立起，如是方可有內聖之踐履，有先天之工夫：由本體開工夫，由工夫證本體。故云：「學者只有工夫可說。其本體處，直是著不得一語。纔著一語，便是工夫邊事。然言工夫，而本體在其中矣。大抵學者肯用工夫處，即是本體流露處。其善用工夫處，即是本體正當處。非工夫之外，別有本體，可以兩相湊泊也。若謂兩相湊泊，則亦外物而非道矣。〔……〕」（〈答秦弘祐〉）

　　以上所說若明，即可進而疏解以下幾段文字：

　　〈原學〉云：

　　　　極天下之尊，而無以尚，享天下之潔淨精微純粹至善，而一物莫之或攖者，其惟人心乎？向也委其道而去之，歸之曰

性。人乃眩騖於性之說，而儴儴然以從事焉。至畢世而不可
遇，終坐此不解之惑以死。可不謂之大哀乎？〔案：此指程
朱一系以及外心以言性者〕。自良知之說倡，而人皆知此心
此理之可貴。約言之曰：天下無心外之理。舉數千年以來晦
昧之本心，一朝而恢復之。可謂取日虞淵，洗光咸池。然於
性猶未辨也。予請一言以進之曰：天下無心外之性。惟天下
無心外之性，所以天下無心外之理也。惟天下無外之理，所
以天下無心外之學也。而千古傳心之統，可歸於一。

案：此後半段即示「即心體以言性體」，復以性體爲媒介以極成無
心外之理。然「即心而見」亦導引出「離心而見」。離心而見，非
云性體眞可外在於心，而成爲心與性隔也。離心而見只是體性學地
或客觀地以言此「性天之自己」，即性天之體之「在其自己」。即
心而見與離心而見，極成性體之既內在亦超越。如是，蕺山即進而
言「性無性」與「存性」。
　〈原性〉云：

告子曰：「性無善無不善也。」此言似之而非也。夫性無性
也。況可以善惡言？〔……〕然則性果無性乎？夫性因心而
名者也。盈天地間一性也。而在人則專以心言。性者心之性
也。心之所同然者理也。生而有此理之謂性。非性爲心之理
也。如謂心但一物而已，得性之理以儲之而後靈，則心之與
性斷然不能爲一物矣。盈天地間，一氣而已矣。氣聚而有
形，形載而有質，質具而有體，體列而有官，官呈而性著

焉。於是有仁義禮智之名。仁非他也,即惻隱之心是;義非他也,即羞惡之心是;禮非他也,即辭讓之心是;智非他也,即是非之心是。是孟子明以心言性也。而後之人必曰心自心,性自性。一之不可,二之不得,又輾轉和會之不得。無乃遁已乎?至《中庸》則直以喜怒哀樂逗出中和之名,言天命之性即此而在也。此非有異指也。惻隱之心喜之變也,羞惡之心怒之變也,辭讓之心樂之變也,是非之心哀之變也。是子思子又明以心之氣言性也。〔……〕而後之人必曰理自理,氣自氣。一之不可,二之不得,又輾轉和會之不得。無乃遁已乎?嗚呼,此性學之所以晦也。

然則尊心而賤性可乎?夫心囿於形者也。形而上者謂之道,形而下者謂之器也。上與下一體兩分,而性若踞於形骸之表,則已分有常尊矣。故將自其分者而觀之,燦然四端,物物一太極。又將自其合者而觀之,渾然一理,統體一太極。此性之所以為上,而心其形之者與?即形而觀,無不上也。離心而觀,上在何處?懸想而已。我故曰告子不知性,以其外心也。先儒之言曰:「孟子以後,道不明,只是性不明」。又曰:「明此性,行此性。」夫性何物也?而可以明之?只恐明得盡時,卻已不是性矣。為此說者,皆外心言性者也。外心言性,非徒病在性,並病在心。心與性兩病,而吾道始為天下裂。子貢曰:「夫子之言性與天道不可得而聞也。」則謂之性本無性焉亦可。雖然,吾固將以存性也。

案:此〈原性〉一文,所涉頭緒極複雜,極有深邃義,亦多隱晦

處。茲提綱挈領，略作疏解如下：

一、告子之說，現在觀之，自有其恰當之意義。當儒家宗旨自不合。前人凡有涉及，皆不相應。本文且不論。

二、蕺山首標性無性，不可以善惡言，其意仍是欲透純粹至善。茲且置之。進而言「性因心而名」。因心而名即因心而見，或亦可云因心而明。此仍是首先建立心體、性體之內在關聯。因心而見，歸本於孟子。孟子明是「以心言性」。此無問題。蕺山之歸本孟子，以心言性，仍是採取現象學的描述說法或綜和說法，故反對心自心、性自性之分解的說法。盈天地間一性，即盈天地間一氣。蕺山說此，顯是綜和的說法、非分解的說法。其說盈天地間一性，不是那分解後抽象的只作為理之性；其說盈天地間一氣，亦不是那分解後抽象的只作為材質之氣。其或說一性，或說一氣，實只是「維天之命，於穆不已」這一綜和渾然的具體陳述之表示，故云：「維天於穆，一氣流行。」既是一氣流行，自然有氣，不但只抽象地有氣，而且是具體的流行，即動用之氣。雖是具體的一氣流行，卻不是形而下的物氣之變化，而是「於穆不已」、「真實无妄」之本體之流行。是以有氣亦有理。自其流行不已，或動用言，即謂之氣，此氣不是分解地、抽象地說。自其於穆、真實，或無妄言，即謂之理，此理亦不是分解地、抽象地說。合而言之，即為「維天之命，於穆不已」，此就是「天命之性」。天命者，直下言之定然如此之意；貫通言之，則定然如此者卻恆是一流行不息之真幾。故此天命之性，雖是現象學地、描述地言之，卻仍是超越的，即，其為現象學的、描述的，仍是超越之現象學的、描述的，而不是經驗地現象學的，亦不是經驗地自然主義的。此義必須注意。否則必有毫

釐千里之差。此義既明，則所謂氣聚、形載、質具、體列、官呈，而性著焉，決不是唯氣論、唯物論的說法，而只是天命之性通過這一些形而下的具體模式而彰著，而體現。其彰著體現於人心也，而有仁義禮智之名。是則仁義禮智者即天命之性透過這一些形而下的具體模式而表現於人心者也。故吾人於內聖之踐履上，即由心以見性也。此由心以見性，仍不是分解的說法，故反對心自心，性自性之支解破裂。即心以見性，心、氣、性、情俱在內，合而為一具體之渾一、具體之整全。說性也，此心、氣、性、情之渾一就是性；說心也，此心、氣、性、情之渾一就是心。說體，此心、氣、性、情渾一就是體，任何支解之一面皆不是體。說心體，單從心意知一面彰顯覺悟工夫；說性體，則就其渾一而彰顯於穆不已。然此現象學地描述地所陳述之渾一之整全仍是超越的，而不是經驗的，決不能拖下來只落在感覺經驗層上而為描述的。若如此，則全失「天命之性」之形上的、道德的意義。歸本於孟子之「以心言性」如此，歸本於《中庸》之「以心之氣言性」亦復如此。喜怒哀樂之未發是縮進來，已發是散出去。無論是縮進來或散出去，皆是心、氣、性、情渾一之呈現，由此逗出中和，即由此而見天命之性。不能有已發屬情，未發屬性之分屬。惟須知，此綜和的說法固善，但亦不礙朱子之分解。在分解上，說心自心、性自性、理自理、氣自氣，亦無不可。惟既分而能善合以歸於具體之真實，方是到家。朱子之弊不在分解，而在不能善合。其所以不能善合，是因為不能建立心體、性體之內在關聯，因而遂歧出而為經驗之工夫（道問學），為尊德性之外在化。其病只在此，不可妄肆周納也。

　　三、由心言性，是尊心。惟由心體之如此如此而見性體之如此

如此。是則性體之本質惟由心體之本質以彰著。由心言性，性體既內在亦超越。然性體之本質既由心體之本質而彰著，則「滿心而發，充塞宇宙，無非斯理」，或由良知之虛用圓神，則一切皆朗現，全幅皆內在，亦無不可。此義與「既內在亦超越」乃相成而不相背者。

　　四、既內在亦超越，則心尊而性更尊。「夫心囿於形者也。形而上者謂之道，形而下者謂之器也。上與下一體兩分，而性若踞於形骸之表，則已分有常尊矣。」案：此數語，末兩語明，前幾語不明。心囿於形可說，然因而謂其爲形而下，則非是。（其意究如此否，難必，故隱晦。）其恰當之意義似當如此：心以覺悟言，無論是意是知，然爲形限所囿，則有覺悟，亦有不覺悟之所矣。復此，心之覺以彰性，而即在覺之中即有限定之作用，此所以性體既內在而又超越。在不斷的破除限定中，一旦滿心而發，則心與性一，此是陸王之所說，然在限定與破除限定之過程中，則總是既內在而又超越，性體總軼出於心體以外。性體踞於形骸之表，客觀而遍在，故分有常尊。然心覺在形限中奮鬥，固非即形而下之謂也。性爲客觀而遍在之實體，「而心其形之者與？」此形爲形著之形，即彰著義、實現義。蓋心以覺悟言，由心以言性，即心以見性，即是由心以彰著性。「從心體看來，則曰十目十手，是思慮既起，吾心獨知時也。」從心體看獨體，則獨體即自覺中，即獨體之「對其自己」。從性體看獨體，則獨體只是於穆不已，在超自覺中，即獨體之「在其自己」。是則由心見性，心本爲實現原理，即所以彰著性也。心實現之，彰著之，心之德即貫注於性之德，故性體之本質即由心體之本質而然也，而性之德亦貫注於心之德，故心體之本質即

是道德的、形上的、創造的天心仁體而與性體相應也。故心之形著性非是外在關係中工具之意義。（「即形而觀，無不上也。離心而觀，上在何處？」前兩語不明，後兩語明。）

　　五、性無性，性不可明。此義確深邃。性體客觀而遍在，超越而自存。性就是如此如此。無性者非外於其自己而另有說之之原理，解之之本質之謂也。即以此義而定「不可明」。若在解悟上，所謂明即是以其自己明其自己。若在體悟上，所謂明即是由心以明。由心以明，即是由內聖之工夫以滲透於性之如此如此，不可說，不可說。所謂「默而識之，存乎德行」。此之謂不可得而聞，而亦可得而聞。此之謂存性。是則性無性而有性，性不可明而可明。孟子只說盡心知性知天，《中庸》亦只說盡性。說「明此性」，固有可疑處。蕺山即據「外心以言性」以明「明此性」之不諦。然《大學》亦說「明明德」。是則「明」字亦未嘗不可說。「外心言性」非，然「明此性」則不必定非。蕺山總有滯礙處，因此常有險語。險則奇特而不穩矣。然由其險奇而凸顯深義，則亦可提升吾人之覺識，是在學者之善會。

　　上義既明，則下段文字便可明矣。

　　　戰國諸子，紛紛言性，人置一喙，而孟子一言斷之曰性善。
　　豈徒曰可以為善而已乎？〔……〕可見此性見見成成，停停
　　當當，不煩一毫安排造作。這便是天命流行，物與無妄之本
　　體。亦即此是無聲無臭，渾然至善之別名。非無善無惡也。
　　〔案：此可見前文性無性，不可以善惡言之意矣。〕告子專
　　在無處立腳，與天命之性，尚隔幾重公案。〔案：告子生之

謂性即成之謂性，此只是「是其所是」之邏輯定義的說法，
它表示一可以到處應用之普遍原則，其底子是自然主義。生
之謂性所表示之理是抽象的、理解的，是形成之理。與儒家
所發展之天命之性根本不同。儒家所說之心性乃至天命之
性，是道德的、形上的、創生的，故是實現之理。又告子所
謂性無分於善惡，只是邏輯定義所表示的性之是其所是，與
後來經過佛老所提煉出的「無」亦根本不同。〕孟子姑不與
之深言，而急急以惻隱羞惡辭讓是非，指出個善字。然猶落
在第二義耳。〔案：此若由心以見性，性體既內在而又超
越，落在第二義亦可說。〕性既落於四端，則義理之外，便
有氣質。紛紜雜揉，時與物構，而善不善之差數覯。故宋儒
氣質之說，亦義理之說有以啓之也。〔案：性既落於四端，
何便義理之外，便有氣質？性不落於四端，義理氣質仍可分
也。象山說心豈只此四端而已哉？孟子不過就此四端以指點
人耳。如是，如透心體之全，則心性合一，由心見性，性亦
不因而落於第二義。縱心、氣、性、情渾一而言心體、性
體，亦仍是超越的，亦仍是義理之性也。不是說其中一有
氣，便可不分義理之性與氣質之性也。維天於穆，一氣流行
之氣是一事，而氣質之性又是一事也。宋儒言氣質之性，是
單就人之生物、生理、心理三串現象所凝結而成之性，此純
是經驗的。所謂「氣質之性」者即純就氣質而說的性也，此
如脾性。故氣質之性，君子不謂性也。義理之性則單指超越
的天命之性而言也。縱然心氣性情合一，亦仍是超越的義理
之性也。焉可混泯不分？此蕺山之所以為鑿也。〕要而論

之，氣質之性即義理之性，義理之性即天命之性。善則俱
善。〔案：前「即」字非是，善則俱善亦非是。案：蕺山
云：「心只有人心，而道心者，心之所以爲心也。性只有氣
質之性，而義理之性者，氣質之所以爲性也。」此言「氣質
之性」意即「氣質底性」，「之」字表所有格。氣質底性即
理也。氣質之所以爲此氣質者即義理也。亦如桌子之所以爲
此桌子者即桌子底性也。此性即桌子所以爲桌子之理也。依
是，只有氣質底性，而並無義理底性，即義理以上或性以上
不再有一層以爲其所以然。故義理之性即氣質之所以爲性
也。此「義理之性」中的「之」字不表示所有格。蕺山於義
理之性與氣質之性中兩「之」字，義解不一致，而特於「氣
質之性」上著了意。而宋儒說此兩語，其中「之」字皆不表
所有格，皆是虛繫字，即義理這個性，或從義理上看的性，
氣質這個性，或從氣質上看的性。蕺山於氣質之性中「之」
字解爲所有格，於義理之性中「之」字則仍保其舊，視義理
即爲氣質之所以爲性者，即氣質外所以解析或成就此氣質之
所以者，如是而至理氣合一，而只由「氣質底性」一語以泯
義理之性與氣質之性之分。此固亦通，然非宋儒說此兩詞之
意也。但雖通而有問題，即：所謂「氣質之所以爲性」，此
「所以」有表示內在義，有表示超越義。表示內在義之「所
以」即內在於氣質而只成一「氣質的性」，如脾性，內在於
桌子而只就桌子之種種現象群之結構以成爲是其所是之桌
子，此則爲定義中之性，定義中之所以。表示超越義之「所
以」，則是外於氣質而又入於氣質，而爲形上地直貫，以主

宰乎氣，生化乎氣，此是動態的實現之理之所以。凡朱子所
說之理或太極皆是此超越義之所以，凡儒家所說之心性、天
心仁體、天命之性，亦皆是此超越義之所以。蕺山之意若如
此，則是；若是內在義之所以，則非。若是超越義之所以，
則不礙宋儒之分義理之性。若自宇宙論上普泛言之，則分理
氣可，合而歸於具體，說理即在氣中，理即是氣之理，亦
可。不必於此多起穿鑿。蕺山於此，於法疏矣。〕子思曰：
喜怒哀樂之未發謂之中，非氣質之粹然者手？〔案：不可如
此說。氣無論如何粹然，仍是氣質。孰謂天理流行即只是好
氣質乎？〕其有不善者，不過只是樂而淫，哀而傷，其間差
之毫釐，與差之尋丈，同是一個過不及，則皆自善而流者
也。〔案：此亦不妥。前言心之為念，心之餘氣。豈可謂皆
自善流出？〕

惟是既有過不及之分數，則積此以往，容有十百千萬，倍蓰
而無算者，此則習之為不善，而非其性之罪也。故曰性相
近，習相遠。〔此亦是隨機一說〕。故性無不善〔此與相近
不同〕。而心則可以為善，可以為不善〔即有善有惡心之
動〕。即心亦本無不善〔此就超越一面說〕，而習則有善有
不善。種種對待之相，總從後天而起。諸子不察，而概坐之
以性，不已冤乎？為善為不善，只為處便非性。有善有不
善，只有處便非性〔案：此數語甚諦〕。合虛與氣，有性之
名。氣本是虛。其初誰為合他來？五行不到處，父母未生
前，彼家亦恐人逐在二五形氣上討頭面，故發此論。後人死
在言下，又舍已生後，分外求個未生前，不免當面錯過。總

之，太極陰陽只是一個。但不指點頭腦，則來路不清。故
《中庸》亦每言前定、前知、前處，正是無聲無臭一路消息
〔案：此上亦甚諦〕。學者從此做工夫，方是真能為善去
惡。希聖達天，庶幾在此。

案：由心見性，透悟至此，則《易·繫》、《中庸》，孟子陸王，
程朱橫渠，皆會通而無礙矣。枝枝相對，葉葉相當，法不可亂。中
有偏弊或不及處，則相補相成，會通為一。

九、述見

蕺山歷述往聖前賢以見己志曰：

吾學亦何為也哉？天之生斯民也，使先知覺後知，使先覺覺
後覺。彼天民而先覺者，其自任之重，固已如此矣。生斯世
也，為斯民也，請學之為後覺焉，以覺先覺之所覺。曰：堯
舜之道，堯舜之心為之也。堯舜之心，即吾人之心。同此
心，同此覺也。吾亦覺其同者而已矣。凡夫而立地聖域；一
時而遠契千秋，同故也。

今之言覺者，或異焉。理不必分真妄，而全遁於空。事不必
設取舍，而冥求其炤。至曰：空生大覺，如海發漚，安往而
不異？所惡於智者，為其鑿也。又曰：學者之病，莫大乎自
私而用智。今之言覺者，鑿焉而已矣。〔……〕

嗟乎！人心之晦也。我思先覺其人者，曰孔氏。孔氏之言道

也，約其旨曰《中庸》，人乃知隱怪者之非道，而庸德之行，一時弒父與君之禍息，則吾道之一大覺也。

歷春秋而戰國，楊墨橫議。孟子起而言孔子之道以勝之，約其旨曰性善，人乃知惡者之非性，而仁昭義立，君父之倫益尊於天壤。則吾道之一大覺也。

然自此言性者，人置一喙，而天下皆淫於名理，遂有明心見性之說。夫性可得而見乎？

又千餘載，濂溪乃倡無極之說。其大旨見於《通書》，曰：「誠者聖人之本。」可謂重下注腳。則吾道之一覺也。〔……〕

今天下爭言良知矣。及其弊也，猖狂者參之以情識，而一是皆良。超潔者蕩之以玄虛，而夷良於賊。亦用知者之過也。夫陽明之良知，本以救晚近之支離。姑借《大學》，使《大學》之旨晦。又借以通佛氏之玄覺，使陽明之旨復晦。又何怪其說愈詳，而言愈龐，卒無以救詞章訓詁之錮習，而反之正乎？

時節因緣，司世教者又起而言誠意之學，直以《大學》還《大學》耳。爭之者曰：「意，稗種也。」余曰：「嘉穀。」又曰：「意，萌芽也。」余曰：「根荄。」是故知本所以知至也，知至所以知止也。知止之謂致良知，則陽明之本旨也。今之賊道者，非不知之患，而不致之患。不失之情識，則失之玄虛。皆坐不誠之病。而求於意根者疏也。故學以誠意為極則，而不慮之良於此起。照後覺之任，其在斯乎？〔……〕（〈證學雜解〉）

案：以上所簡述者，即中國之學統也。在中國以往，學統即道統。
中國固無西方希臘傳統之學統也。希臘傳統以智爲領導原則。故曰
智的文化系統。智之下注而外用，則爲分門別類之研究，其結果爲
科學，智之環繞科學知識而上提，則爲西方之哲學（希臘傳統之哲
學），其結果爲觀解的形上學。智之成就爲學統（道問學）。而中
國之學統即道統，此則以仁爲領導原則，故曰仁的文化系統，亦曰
德性之文化系統。是則仁學必尊德性。而成道統尊德性之仁學即所
謂主觀實踐之學也。此則以成聖爲宗極。而客觀實踐之學則以建國
創制爲宗極，此則歷史哲學、政治哲學，所有事。而智之純理思辨
之學，則環繞科學而滋生之西方哲學也。而儒者本內聖外王並言，
又主尊德性而道問學。則此三者必不相悖而相融也。此又今日司世
敎者之責任也。關此三者，本文不欲多論。惟茲仍願就主觀實踐之
「心性之學」，以言其於中西文化中之意義與作用。

　　主觀實踐之「心性之學」，吾意即是道德宗敎上之修持之學。
吾友唐君毅先生曰：「西方宗敎重信與祈禱，而不重瑜伽行與證。
此即不免有神而不重神何由降，有明而不重明何由出。」（《人文
精神之重建》，下冊，頁479）。案：此言甚善。《莊子・天下》
曰：「神何由降？明何由出？聖有所生，王有所成。皆原於一。」
中國儒、釋、道三敎皆重神何由降，明何由出之修持之學。此即有
宗有敎。而耶敎則只重信與祈禱，而不重修持之學，此即有宗而無
敎。其敎也只是敎會中所僻執的那些敎條或敎義，藉以審判異敎
者，或有自由靈魂者，而不是修持上之「心性之學」之敎。無此意
義之敎，即不能知神何由降，明何由出。《大學》曰：「富潤屋，
德潤身。心廣體胖。故君子必誠其意。」朱子注曰：「胖，安舒

也。言富則能潤屋矣，德則能潤身矣。故心無愧怍，則廣大寬平，而體常舒泰。德之潤身者然也。」有「心性之學」之敎，則可迎接神明於自己之生命內而引發自己生命中神明以成爲潤身之德，「從根上超化一切非理性、反理性者」（唐先生語），如是，吾人之生命可以恆常如理順性，調適上遂，而直通於超越之神明。此爲徹上徹下，既超越而又內在，一理貫之而不隔者。此是心性之學最本質的意義與最大之作用。普通耶敎徒甚至佛敎徒，都以爲儒敎只限於人事人世，拘拘於人倫日用，或只限於人性範圍內，想絕對化此人性之自我以爲宗極，而不復知有超越境或出世義。然彼等不知，自外部言之，儒者固肯定人事人世，人倫日用。然其肯定是依一超越而遍在之天理（性天之體）以肯定。此一觀念頓時即引吾人從外部之人事人倫日用而轉至內部之心性之學。此心性之學固必須自人極處之心體、性體出發，自孟子性善之性之人性出發，固亦必須即就人事人世人倫日用而指點，不離人事人世人倫日用而即成就人事人世人倫日用，然而其如此而成爲心性之學卻並不爲外部之人事人世人倫日用所限，只停在此外部之事上，而只爲講此外部之事之學，亦不是只限於人性之自我而想絕對化之以爲宗極，成爲一被有限之我所限住之假絕對（當其就心體性體講心性之學時，並無一個夾雜著事的東西所成之限制或界限）。其如此而成爲心性之學乃是徹上徹下，直通超越之神明，以明神何由降，明何由出。故一方既能肯定超越之神明，一方復能開出人文世界，肯定人文世界，且復能將超越之神明與自己生命之神明通而爲一，打成一片。此固是心性之學之最本質的意義與最大之作用、最終之目的，即其本質固在上下通以明神何由降，明何由出也。此誠是大成圓敎之極致。生命間隔

殘缺搖蕩而僻執者，何足以語此？不但宋明儒者出，開爲心性之學，是如此，即在孔孟之踐履，由肫肫其仁、淵淵其淵、浩浩其天，與夫盡心知性知天，已見爲如此。何言爲人事人世人倫日用所限耶？何言只停在人性自我之假絕對耶？

　　耶教不能成立心性之學以通神明，只重信與祈禱，故其風格終只停在激情上。此固有極大之作用，亦可產生不可思議之威力（然依佛教，業力本不可思議），而芸芸衆生固亦常靠一外在之物事而在激情上昇化其生命，抒發其理想，而使不退轉，然稱理而談，總不根本，亦總不洽浹，未可云已至終極，盡美盡善，而落在事上，其利亦不勝弊，未可云不須再有改進也。關此，可參看唐君毅先生《人文精神之重建》中〈西方哲學精神與和平及悠久〉一文。吾茲不必多論。

　　原其所以不能成立心性之學，並非其本質上根本不能。相應耶穌精神而正可開出心性之學。然其歷史以至今日，卻總未開出。中世紀之學並不是相應耶穌之精神而開出之心性之學，乃是繼承柏拉圖、亞里士多德之觀解形上學而仍爲外在的、觀解的。此與耶穌精神根本相隔者。聖多瑪雖對於神性，如神心、神智、神意等，有極精善之體會，然對於自己生命處之心體、性體，卻全虛脫，依是其全部神學只成一外在之理論，而落在存在之踐履上，還是信與祈禱，其外在之理性根本不能疏通神明以明神何由降，明何由出。康德之哲學，於實踐理性（心體）固有精當之闡發，然彼只是哲學思辨的建立、形式的陳述，而並不是自存在的踐履、內聖的踐履，由證悟徹悟而開出者。故彼所成者只是哲學，而不是道德宗敎之修持上之心性之學。黑格爾的精神哲學對於心體、性體自更透徹，然彼

只妙觀精察其發展以盡說明全部精神世界與自然世界之責，故其所
成亦仍只是哲學，而不是儒者心性之學。黑格爾認哲學代表最高之
智慧，宗敎藝術且不能及。然哲學只是智之事。黑氏哲學之放光，
只是其智之放光，不是其踐履之仁之放光。故哲學代表最高之智
慧，只是智之智慧，不是仁之德慧；是思辨的，不是踐履的；是理
論的不是存在的。此智之光納於踐履之仁中，方是眞實的。故智不
能是最高的，仁方是最高的。此可見黑氏之哲學亦尙不能充當道德
宗敎之修持上之「心性之學」。將其智之精察妙觀收攝於內聖之踐
履上方是道德宗敎之修持上之心性之學。如是，自不說哲學代表最
高之智慧，而踐履的道德宗敎之優越性可得而保矣。唐君毅先生
曰：「實際上順康德、黑格爾理想主義的發展，正應當於向上發現
一超越自我，向外看理性之客觀化於自然歷史之後，即轉而向內，
去求如何開拓人之道德理性的心，去向下體察一切非理性、反理性
者，而由道德實踐與社會人文之裁成，以加以超化。然而此未作
到。於是有西方理性主義、理想主義，在黑格爾以後百年來之衰
落，及非理性主義、反理性主義之興。此中思想上之降落的關鍵，
亦可說始於黑格爾之理想主義，把一切現實，都視爲理性、理想之
客觀化，把一切非理性、反理性之私欲，野心死亡戰爭之現實，都
重在事後於其形上的根基，或歸宿至之將來上，肯定追認其價值。
由是而使一切非理性、反理性者之現實，皆不復需如其爲罪惡與非
理性以認識之，因而不復眞成爲在理想上必須主觀內在的加以超化
者。由是而黑格爾之哲學，亦可是一使人之道德理性無事可作，而
只收縮於其自身之哲學。而後起之哲學，便亦不能不是偏重客觀的
認識事實，或只重實際問題之哲學，或片面的發掘一切非理性、反

理性者之哲學。然而東方的智慧，由儒、道、佛敎、印度敎所代表者，則自來對於一切屬個人或屬社會之非理性、反理性者，皆著重直接如其爲非理性或罪惡以認識之，而又不只把他們視作客觀外在的事實，而理智地分析之；卻都隸屬之於我們之主體自我之自身，視之爲主觀內在的待超化者。同時，其思想與其說重在本理性以建立理想，不如說重在『如何用工夫，使理性之久大的相續流行於現實生命』成可能，從根上超化一切非理性、反理性者。東方宗敎思想，無永在地獄中的人，即此精神之最好的象徵。東方思想中，道家重在致虛守靜，以開拓我們心之虛靈明覺。佛家重在觀空破執，以超化煩惱。儒家重在體證仁心，於人心見天心，而存理去欲，變化氣質，都不是只重在以理性建立理想，而是求爲我之理性自身久大的相續流行於現實生命備足可能條件，而謀從根上超化非理性、反理性者。」（《人文精神之重建》，頁478-479）。

唐先生所說黑氏哲學「使人之道德理性無事可作，而只收縮於其自身之哲學」，即示黑氏哲學只是哲學，並不能充當道德宗敎之修持上之「心性之學」。所說順康德、黑格爾之理想主義的發展，本應「轉而向內，去求如何開拓人之道德理性的心，去向下體察一切非理性、反理性者，而由道德實踐與社會人文之裁成，以加以超化」，即示向修持上之心性之學轉。然而西方竟未能如此轉。彼後面所述之東方之智慧，即是踐履的心性之學以通超越之神明，以明神何由降，明何由出者。

近時由契爾克伽德所開出之存在主義（尤其契氏本人），正是欲向內轉者。然彼等距心性之學之開出尚遠，即契氏本人亦只相應耶敎而說。近時之發展又有許多歧出，復有只當作哲學講爭立哲學

派別之趨勢。可見其心量智慧之萎縮矣。彼等實應猛醒，正視東方之心性之學，以為其宗教建立修持上之通路。如是西方文化方可有轉機。而吾人遭逢時代之艱難，重振斯學以為綱領，其對於中西文化之作用，亦不言而喻矣。中國自有中國之問題，中國文化亦自有不足處，然此一學脈則必有其永恆之價值。

宋明儒學的問題與發展

2003年7月初版
2020年9月二版
有著作權・翻印必究
Printed in Taiwan.

定價：新臺幣650元

著　　　者	牟	宗	三
叢書主編	沙	淑	芬
校　　　對	楊	祖	漢

出　版　者	聯經出版事業股份有限公司	副總編輯	陳	逸	華
地　　　址	新北市汐止區大同路一段369號1樓	總編輯	涂	豐	恩
叢書主編電話	(02)86925588轉5310	總經理	陳	芝	宇
台北聯經書房	台北市新生南路三段94號	社　長	羅	國	俊
電　　　話	(02)23620308	發行人	林	載	爵
台中分公司	台中市北區崇德路一段198號				
暨門市電話	(04)22312023				
台中電子信箱	e-mail：linking2@ms42.hinet.net				
郵政劃撥帳戶第	0100559-3號				
郵撥電話	(02)23620308				
印　刷　者	世和印製企業有限公司				
總　經　銷	聯合發行股份有限公司				
發　行　所	新北市新店區寶橋路235巷6弄6號2F				
電　　　話	(02)29178022				

行政院新聞局出版事業登記證局版臺業字第0130號

國家圖書館出版品預行編目資料

宋明儒學的問題與發展 / 牟宗三著 . 二版 .
新北市 . 聯經 . 2020.09 . 360面 . 14.8×21公分 .
ISBN　978-957-08-5613-2 (平裝)
[2020年9月二版]

1.儒學　2.宋代　3.明代　4.文集

121.207　　　　　　　　　　　　　109013619